总主编：张　敏　[韩]崔诗晓

韩中中韩经贸翻译技巧与实践

한중 중한 경제 무역 번역 기법과 실제

丁　一　[韩]边成妍 ／ 著

外语教学与研究出版社

北京

图书在版编目 (CIP) 数据

韩中中韩经贸翻译技巧与实践 ／ 丁一，（韩）边成妍著. —— 北京 ：外语
教学与研究出版社，2022.12
（新经典韩国语翻译系列 ／ 张敏等总主编）
ISBN 978-7-5213-4120-1

Ⅰ. ①韩… Ⅱ. ①丁… ②边… Ⅲ. ①贸易－朝鲜语－翻译－高等学校－教材
Ⅳ. ①F7

中国版本图书馆 CIP 数据核字 (2022) 第 230279 号

出 版 人　王　芳
项目策划　高　静
责任编辑　高　静
责任校对　王　媛
封面设计　高　蕾
版式设计　锋尚设计
出版发行　外语教学与研究出版社
社　　址　北京市西三环北路 19 号（100089）
网　　址　https://www.fltrp.com
印　　刷　北京捷迅佳彩印刷有限公司
开　　本　710×1000　1/16
印　　张　17.5
版　　次　2023 年 2 月第 1 版　2023 年 2 月第 1 次印刷
书　　号　ISBN 978-7-5213-4120-1
定　　价　62.00 元

如有图书采购需求，图书内容或印刷装订等问题，侵权、盗版书籍等线索，请拨打以下电话或关注官方服务号：
客服电话: 400 898 7008
官方服务号: 微信搜索并关注公众号"外研社官方服务号"
外研社购书网址: https://fltrp.tmall.com

物料号: 341200001

记载人类文明
沟通世界文化
www.fltrp.com

编写委员会

主　编

张　敏　　[韩]金珍我

编　委

朴光海　　李丽秋　　李　民　　杨　磊　　丁　一
[韩]边成妍

顾　问

太平武

总 序

"一带一路"，文化先行，翻译搭桥。为助力"一带一路"建设，培养适合国际市场需求的复合型韩国语翻译人才，我社隆重推出"新经典韩国语翻译系列丛书"。本套丛书适合从事中韩·韩中翻译学习与研究的本科高年级学生、韩国语翻译MTI专业研究生、翻译学方向的硕博士研究生，以及具备一定翻译实践经验并希望提升个人翻译能力的自学者作为翻译教材使用。该系列丛书涉及中韩·韩中翻译理论综述、口笔译翻译技巧与实践的培训、韩国语翻译入门与高级翻译的阶段性培养模式指导，以及专业化翻译训练和文学翻译要领讲解等内容。

"新经典韩国语翻译系列丛书"总体设计，由外研社韩语部成员配合本套丛书主编——北京大学博士生导师张敏教授、韩国外国语大学博士生导师金珍我教授和总顾问中央民族大学太平武教授，召集国内外活跃在翻译教学第一线的教授、翻译名家学者携手合作完成。参与教材编写的所有作者都具有从事中韩·韩中口笔译翻译的丰富实践经验，并且多年从事韩国语翻译研究与教学工作，对翻译人才的培养有独到的教育方法和集中进行专业性培训的教学经验。

该套丛书的翻译教程设置与安排，依据2007年12月中国国务院学位委员会颁布的《翻译硕士专业学位研究生指导性培养方案》和韩语专业本科教学质量国家标准，选择了最主要的基础课程作为系列编写大纲。其中"专业必修课"包括翻译概论、基础口笔译；"方向必修课"包括口译方向的交替传译与同声传译，笔译方向的文学翻译与非文学翻译；"专业选修课"包括专题口译与视译，经贸翻译、法律翻译、外交翻译、科技翻译、传媒翻译等。丛书的编写原则是保证各册教材的实用性、应用性、趣味性、科学性和有效性；编写目的是使读者在短期内快速提升韩国语口笔译的翻译能力；并为使用本系列丛书的读者和教师提供各种相关电子版参考书与辅助学习资料。

　　本系列丛书是目前国内外中韩·韩中翻译教材中一套比较全面、比较完善的实用韩国语翻译教科书，同时又是一套体现韩国语翻译学术研究最新成果的系列丛书。我们愿与广大读者共享，为加速培养中韩·韩中各级别翻译人才，推进中韩人文交流，服务公共外交做出积极的贡献！

外语教学与研究出版社

2022年12月

前　言

　　中韩两国1992年建交，1998年达成"合作伙伴关系"，2003年升级为"全面合作伙伴关系"，2008年确立为"战略合作伙伴关系"，2015年《中韩自由贸易协定》正式生效……

　　中韩有着悠远的交流历史，建交后的三十载岁月里，更是在多领域展开了深层次的合作，尤其是经贸领域的成绩令人瞩目。如今，中国已连续多年保持韩国第一大贸易伙伴国地位，韩国也连续多年位居中国第三大贸易伙伴国。经贸翻译是经贸交流的纽带和桥梁，近年来中韩经贸互译的需求持续增长，中韩翻译人才的供需矛盾日益突出。没有集中学习过经贸翻译，没有接触过经贸语篇，缺乏中韩经贸知识的韩国语人才和译者，恐难顺利完成经贸翻译任务。

　　有鉴于此，我们尝试编写了这本《韩中中韩经贸翻译技巧与实践》，它是"新经典韩国语翻译系列"中的一册。在编写的原则上，本书强调"五抓二放"。

　　五抓。一抓互译，即韩译汉和汉译韩并举并重，将韩汉互译均衡地放在书中。二抓文体，即广泛择取经贸领域具代表性的常见文体，课文语篇与练习语篇选择的也是近年来的真实语料。三抓一般性翻译技巧。因为经贸翻译同样离不开韩汉互译中会广泛涉及的一般性问题，比如译词的选择、句子成分的转换、分译等，离开这些一般性翻译技巧所谈的经贸翻译就如无根之木、无源之水。四抓经贸翻译技巧。即依托于所选的各经贸语篇，书中尽可能丰富地囊括了经贸翻译中所需的翻译知识点和会使用到的翻译方法。五抓中韩经贸知识。培养复合型外语人才，培养学生良好的综合素质，既顺应当前的时代需求，也是2018年教育部发布的《普通高等学校本科专业类教学质量国家标准》（"新国标"）中明确提出的要求。再者经贸翻译发生在现实经济生活中，因此本书在讲授翻译的同时，辅以适量的中韩经贸领域相关知识，以便学习者了解经贸活动的人文背景，提高从事经贸翻译的业务能力。

二放。一放是"避免重复"之放，即指避免韩汉双向翻译技巧讲解的重复。本书是包括韩译汉和汉译韩的双向翻译书，如果针对某一翻译技巧的讲解已经在韩译汉中出现，那么在汉译韩中就不再重复讲解。同理，如果是在汉译韩中讲解了的翻译技巧，在韩译汉中也不予重复。即，每一个翻译技巧的讲解在书中只会出现一次，而该翻译技巧，是否同样适用于另一方向的翻译中，交由学习者自主思考。二放是"力求精简"之放，即指本书在择取翻译技巧时虽尽量细致入微，但在每一个翻译技巧的讲解上，则求于精简。书中翻译技巧的讲解紧密贴合于课文语篇，力求讲解清晰，有理有据，同时也会在课文译例的基础上进行理论性提升，总结成翻译实践中可广泛应用的一般性规律。但限于内容布局和篇幅原因，有未能从容剖析之处，难免病于言不尽意、存而未论，还望谅之。同时希望可以借此促进学习者积极思索，在翻译实践中自主探析、自主扩充。

本书力求体现翻译人才所应具备的素质、能力、知识结构和翻译技能，可作为MTI韩国语翻译硕士经济类翻译教材，也可供广大韩国语经贸翻译工作者参考学习。因书中内容广泛包含了韩汉互译的一般性翻译技巧，因此也可作韩国语专业本科翻译课教材使用，同时适用于广大韩国语翻译爱好者。

尽管已尽努力，但书中难免会有不臻完善的地方，在此恳切希望各位专家学者和广大师生、读者能够给予包容和指正。希望此书能够为中国的韩国语教学与研究、韩国语翻译教学与研究事业尽一份绵薄之力。

语言文字如浩瀚星辰，广博、深邃、神秘，又充满了魅力。跨越两种语言好似穿越虫洞——一个连接两个不同时空的狭窄隧道。穿越虫洞到达另一个时空是困难的，因为会被虫洞周围强大的引力场潮汐撕成碎片。翻译又何尝不是如此呢？没有强大的翻译功底，一种语言的源语文本经译者之手成为译文跨越到另一种语言时，或许也就支离破碎了。但只要好之乐之，在奇趣横生的翻译天地间，不断学习、不断实践、不断感悟，就终将走向完满。

编　者

2022年12月于北京烟树园

本书共由六单元组成，各单元文体分别是新闻、报告、讲稿、外宣、网站、合同。文体的多样性意在使学习者了解不同文体语篇的特点、功能，使学习者体会到不同类型语篇的翻译原则和所需采取的翻译策略。在各单元课文源语语篇和练习语篇的主题上，则尽可能丰富地选择了经济生活中会接触到的多个领域和行业，如国际专利申请、宏观经济体制、国际贸易、物流、人工智能、医药等等。

每个单元由两课构成，韩译汉一课，汉译韩一课。对韩译汉和汉译韩的编排上"求同存异"，即在文体选择上求同，在内容所涉领域择取上求异，以求得"韩译汉"与"汉译韩"之间的"统一"和"互补"。

每课由源语语篇、译词储备、参考译文、译法解析、翻译练习、经贸知识六个主要部分构成。

□**源语语篇**全部源自真实材料，出于对本书特性、篇幅、难易度等因素的考量也进行了适当的修改。

源语语篇中带有下划线的部分，是该课中需留意的主要词汇（或词组），在译词储备部分可以找到这些主要词汇（或词组）的解释。源语语篇中加阴影的部分，是点明该处涉及了翻译技巧知识点，各加阴影部分右上角的数字编号按该处知识点在该课中出现的顺序排序。

이번 회의는 기구 내 한국 위상강화의 전환점이 될 것으로 기대된다⑤. 김 부총리는 개막 하루 전날 진 총재와 만나 AIIB 사업준비 특별기금에 800만 달러 출연을 약속하기도 했다. 이에 따라 한국은 중국에 이어 두 번째 출연국이 된다.

□**译词储备**部分给出的不是词汇（或词组）在语篇中的对应译法，而是词汇（或词组）的基本意义，学习者需要结合语篇语境主动思考如何翻译这些词汇（或词组）。除了基本意义外，部分词汇还给出了相关的背景知识。

> 한은：韩银，韩国银行
>
> 韩国银行(韩语全称：한국은행；英语：Bank of Korea)，简称韩银，是韩国的中央银行，1950年6月12日根据韩国银行法创办，发行韩元。

□**参考译文**部分的译文只作参考，译无完译，译无定法，因此本书给出的课文译文并不是标准答案和唯一的译法。

参考译文中的阴影与数字编号和源语语篇中的一一对应，以便于学习者通过直观比对看出翻译中采用的处理方法。参考译文中还加有批注，批注内写有该处知识点的名称。对于这些翻译技巧知识点的具体讲解则放在译法解析中。源语语篇中以下划线标出的词汇（或词组）在参考译文中未予标出，因为经过翻译转换这些词语有时已经融合到前后表达之中，不再会以某一个词（或词组）的形式对应地体现在译文中了。

□**译法解析**是对语篇中翻译技巧知识点的讲解，其中包括了一般性翻译技巧和经贸翻译技巧。一般性翻译技巧是在各文体和主题语篇中都广泛适用的，而经贸翻译技巧是指不具备广泛性，主要出现在某一类特定文体语篇中的翻译技巧，如"经贸报告书中的图表表达及其翻译""合同中的条件句及其翻译"等等。

译法解析贴合课文语篇展开分析，译法解析中课文译例的编号就是该知识点在源语文本和参考译文中阴影部分的编号。

源语语篇中：

> 人工智能的发展引发全球的关注。乐观者看到新的机会，认为人工智能可以帮助我们克服目前面对的诸多难题，如养老看护、疑难杂症、终身教育、气候变化等等。持谨慎态度者担心人工智能和自动化会带来失业问题。Elon Musk（埃隆·马斯克）甚至警告人工智能的发展有可能威胁到人类本身的种族存续。

参考译文中：

인공 지능의 발전은 전 세계의 이목을 집중시켰다.**⑥** 낙관론자들은 새로운 기회를 보고 인공 지능이 노인간호, 난치병, 평생교육, 기후변화 등 현재 우리가 직면하고 있는 많은 난제들을 해결하는 데 도움을 줄 수 있을 것이라고 여긴다. 그러나 신중론자들은 인공 지능과 자동화가 가져올 실업 문제를 우려한다. 엘론 머스크(Elon Musk)는 인공 지능의 발전이 인간 자체의 종족 보존을 위협할 수도 있다고까지 경고한 바 있다.

⑥ 翻译中语态的转换

译法解析中：

3. 翻译中语态的转换

语态是动词的一种形式，用来展现主语和谓语动词之间的关系。韩语的"语态"指谓语动词的主动态、被动态和使动态。

⑥ 人工智能的发展<u>引发</u>全球的关注。

인공 지능의 발전은 <u>전 세계의 이목을 집중시켰다</u>.

译法解析中有一些补充译例，它们的编号处以△代替。

△ '라면 한류' ··· 수출액 10년 새 3배↑, 3억 달러 시대 눈앞

"拉面韩流"风靡全球：韩国拉面出口额增为十年前三倍，即将迎来3亿美元时代

　□**翻译练习**同样节选自真实材料，形式同样为语篇形式，旨在培养学习者结合语篇语境完成翻译任务的能力。一些词句的意义或参考译法、相关背景知识以脚注的形式给出。

　□**经贸知识**部分选取了一些与中韩经济贸易有关的两国经贸发展史、重要经济人物介绍、贸易摩擦事件、经济一体化合作组织等内容，为学习者的背景知识给予补充。

目 录

第一单元 新 闻

学习目标

1. 了解经贸新闻的文体和语言特点，明确经贸新闻翻译的基本要求和原则。

2. 熟识中韩经贸新闻在用词习惯、句式构成、语篇结构、语气风格等方面的异同，掌握中韩经贸新闻翻译方法和策略。

新闻的文体特点和翻译

　　新闻是通过媒体传播的信息，常用概括的叙述方式，以直白扼要的文字，迅速及时地报道新近发生的、有价值的事实。新闻文体具有时效性、真实性、客观性、准确性的特点，在语言上客观、确切、简练、通俗。

　　翻译经贸新闻时，出于新闻时效性的特点，往往翻译时间受限，对翻译速度要求较高。在译语上，要体现冷静、公正的态度，要用简单、平直、明了的语言表述出事情的来龙去脉，要以便于读者阅读的语言向读者传达确切的信息。

　　经贸新闻中常出现经贸专业术语、机构名称、缩略语等专有名词，进行翻译时要切实做到准确无误，避免造成曲解，谨防生成不准确的译文。中韩新闻标题的语言形式不同，译者翻译时要按照译入语的语言习惯加以调整。另外，经贸新闻中常出现数字、时间等信息，中韩新闻在数字和时间的表述规范上也不尽相同，译者要有准确清晰的把握，确保译文符合译入语的语言规范。经贸新闻中，还经常使用一些"行话"，如汉语中的"统计数据显示，……""据悉，……""……指出，……""另有消息称，……"等，韩语中的"……에 따르면""……(으)로 예측하고 있다""……(으)로 나타났다""……에 달한다"等。对这些"行话"的了解和熟悉，将有助于迅速地理解和翻译文章。

AIIB 연차총회 제주도에서 개막

AIIB <u>연차총회</u> 제주도에서 개막

金 부총리 "AIIB 전폭 지지"… 中 재무장관과 양자 면담❶

2017.06.16.

김 부총리 "AIIB 전폭 지지"

김동연 경제부총리 겸 기획재정부 장관은 16일 제주 <u>서귀포시 제주국제컨벤</u><u>션센터(ICC)에서</u> 열린 '2017 AIIB 연차총회 개회식' 개회사를 통해 "새 정부의 <u>경제정책방향은 AIIB 연차총회의 핵심 테마인 '지속가능한 인프라'와 연계돼</u> 있다"며 "한국 정부는 AIIB의 노력을 전폭적으로 지지하겠다"고 말했다.❷❸

<u>진리췬(金立群)</u>❹ AIIB 총재와 중국·인도 재무장관 등 77개 AIIB 회원 대표 단과 국제기구 대표 및 <u>국내외</u>❺ 금융·기업인 등 약 2,000명 앞에서 <u>대외행보</u> 를 본격화한 셈이다. 김 부총리는 이번 연차총회의 <u>의장</u> 역할을 맡았다.

이번 회의는 기구 내 한국 위상강화의 전환점이 될 것<u>으로 기대된다</u>❻. 김 부 총리는 개막 하루 전날 진 총재와 만나 <u>AIIB 사업준비 특별기금</u>에 800만 달러 <u>출연</u>을 약속하기도 했다. 이에 따라 한국은 중국에 이어 두 번째 출연국이 된다.

이와 함께 김 부총리는 이번 연차총회에서 두 차례 개최되는 <u>거버너 회의</u>(회 원 수석대표들이 참석하는 AIIB의 최고 의사결정 기구) 의장으로서 AIIB 주요 의사결정 사항에 대한 논의와 '아시아 인프라 투자 활성화'를 주제로 하는 수석 대표들 간의 토론도 <u>주재할</u> 예정이다. 특히 김 부총리는 이날 중국 샤오제(肖 捷) 재무장관과 양자 면담을 했다. 이날 예정된 양국 재무장관의 면담 시간은 30분이었지만 약 1시간 대화를 나눈 것<u>으로 전해졌다</u>.❼

한·중 양국 재무장관이 양자 면담을 진행한 것은 작년 7월 24일 유일호 전

부총리와 러우지웨이(樓繼偉) 전 중국 재무장관이 중국 청두에서 열린 <u>주요 20개국(G20)</u> 재무장관회의에서 만난 이후 약 11개월 만이다. 기획재정부는 "한·중 수교 25주년을 맞아 양국의 견고한 경제협력 관계를 재확인했다❻"고 발표했다.

韓기업, 亞 인프라 진출 확대

이번 총회를 통해 국내 기업들의 아시아 인프라시장 진출 가능성을 높일 수 있을 것으로 기대된다. 이번 포럼에선 국내 인프라 관련 기업과 금융기관이 AIIB 관계자와 각국 사업 <u>발주처</u>를 직접 만날 수 있는 비즈니스 미팅과 개도국 투자포럼이 열린다는 점도 이런 기대를 높이는 부분이다.

우리 나라❾는 당장 올 하반기 10억 달러❿ 규모의 조지아 넨스크라 수력발전소 사업에 참여하기로 했다. 한국수자원공사는 AIIB 8,700만 달러,⓫ <u>아시아개발은행(ADB)</u> 1억 5,000만 달러⓬ 등과 함께 1억 2,000만 달러⓭를 투자할 예정이다. 무엇보다 중국의 <u>일대일로(一帶一路)</u> 사업 본격화에 따른 민간기업 참여 확대는 우리 기업들에게 큰 기회다. 아시아개발은행(ADB)이 지난 2월⓮ 낸 보고서에 따르면 지난해부터 2030년까지 15년 동안 아시아 지역의 개발 수요는 연간 1조 7,000억 달러⓯에 이르는 반면 투자액이 그에 미치지 못해 연간 4,590억 달러가 부족할 것으로 예측됐다.

AIIB는 설립 후 16개 프로젝트에 25억 달러 규모의 융자를 지원했다. 에너지(46%)를 포함해 교통(31%), 도시(15%) 등에 주로 투자됐다. 심연정⓰ 한은 중국경제팀 조사역은 "아시아는 국내 건설사의 <u>수주</u> 비중이 전통적으로 높고 대형 프로젝트를 수주할 능력이 되는 기업도 제한적이어서 우리 기업 진출이 유리할 수 있다"고 봤다.

아울러 일대일로 사업이 진행되는 과정에서 우리 금융부문 경쟁력도 올릴 수 있을 것으로 전망된다. <u>실크로드 기금</u> 조성 등 일대일로 사업을 위한 금융 지원 과정에서 위안화 수요가 늘어날 것으로 예상되기 때문이다. 이에 따라 한국은 원·위안 <u>직거래</u>가 가능해 한국의 <u>청산결제 기능</u>과 원화의 위상도 한 단계 올릴 수 있다.

한편, 현대경제연구원에 따르면 2016년부터 2030년까지 아시아, 태평양지역의 인프라 개발 수요가 22조 5,510억 달러⓱에 달할 것으로 전망된다. 원화로 따지면 2경 6,000조 원⓲대에 이른다.

연차총회：年会，年度大会

서귀포시 제주국제컨벤션센터(ICC)：西归浦济州国际会展中心(ICC)

개회식：开幕式，开幕典礼

테마：主题，论题

인프라：基础设施

대외행보：对外活动

의장：大会主席，会议主席，会议主持人

AIIB 사업준비 특별기금：亚投行项目准备特别基金

> 2016年6月，亚投行项目准备特别基金在北京成立，该特别基金以中国出资的5,000万美元为基础，接受各成员国捐资，用于支持发展中国家基础设施项目准备。

출연：捐助，捐赠

거버너 회의：理事圆桌研讨会

주재하다：主持，主宰

주요 20개국(G20)：20国集团(G20)

> 20国集团(G20)是一个全球经济合作的主要论坛，宗旨是推动已工业化的发达国家和新兴市场国家之间就实质性问题进行有建设性的讨论和研究，以寻求合作并促进国际金融稳定和经济的持续增长。成员国包括：七国集团(G7)成员国——美国、日本、德国、法国、英国、意大利、加拿大，以及中国、欧盟、俄罗斯、澳大利亚、韩国、南非、阿根廷、巴西、印度、印度尼西亚、墨西哥、沙特阿拉伯、土耳其。20国集团的成员涵盖面广，代表性强，国土面积占全球的60%，人口近世界总人口的三分之二，国内生产总值(GDP)占全球的90%，贸易额占全球的80%。

발주처：招标单位，订货单位

아시아개발은행(ADB)：亚洲开发银行(ADB)

> 亚洲开发银行(ADB)是致力于促进亚洲及太平洋地区发展中成员经济和社会发展的区域性政府间金融开发机构，它不是联合国下属机构，但是作为联合国亚洲及太平洋经济社会委员会赞助建立的机构，同联合国及其区域和专门机构有密切的联系。亚洲开发银行有来自亚洲和太平洋地区的区域成员和来自欧洲和北美洲的非区域成员，截至2020年，有68个成员，其中49个来自亚太地区。1986年3月10日，中国正式成为亚行成员，目前中国仅次于日本和美国，是亚行第三大股东国。韩国于1966年加入亚行，是创始成员国。

일대일로(一帶一路): 一带一路

> "一带一路"（The Belt and Road，缩写B&R）是"丝绸之路经济带"和"21世纪海上丝绸之路"的简称。中国政府积极推动"一带一路"建设，加强与沿线国家的沟通磋商，推动与沿线国家的务实合作，包括在基础设施互联互通、产业投资、资源开发、经贸合作、金融合作、人文交流、生态保护、海上合作等领域的重点项目。

한은: 韩银，韩国银行

> 韩国银行（韩语全称：한국은행；英语：Bank of Korea），简称韩银，是韩国的中央银行，1950年6月12日根据韩国银行法创办，发行韩元。

수주: 接受订货，接受订单

실크로드 기금: 丝路基金

> 丝路基金是"一带一路"建设的重要资金来源之一，以国有资本为主导，由中国外汇储备、中国投资有限责任公司、中国进出口银行、国家开发银行共同出资。它是依照《中华人民共和国公司法》，按照市场化、国际化、专业化原则设立的中长期开发投资基金，重点是在"一带一路"发展进程中寻找投资机会并提供相应的投融资服务。2014年12月29日，丝路基金有限责任公司在北京注册成立，并开始运行，注册资本6,152,500万元人民币，即100亿美元。
>
> 　2017年5月14日至15日举办的"一带一路"国际合作高峰论坛上，中国宣布将加大对"一带一路"建设资金支持，向丝路基金新增资金1,000亿元人民币。一方面，这意味着丝路基金在前期工作取得进展，需要吸收更多的资金为未来的项目提供融资服务。另一方面，新增1,000亿元人民币而非美元，意味着丝路基金未来很有可能减少对外汇的依赖、直接使用人民币投资，借助"一带一路"的契机推动人民币国际化。之所以如此解读，是因为丝路基金成立时的注册资金为6,152,500万元人民币，当时刚好折合100亿美元，可见是要采用一个整百大数。此次新增的人民币资金是整千大数，折合美元显得零散，这很可能意味着要通过人民币来投资"一带一路"。

직거래: 直接贸易，直接交易

청산결제 기능: 清算结算功能

亚投行年会在韩国济州岛开幕

韩国副总理金东兖表示全面支持亚投行，与中国财长进行双边会晤❶

2017.06.16.

❶ 经贸新闻标题翻译

韩副总理表示"全面支持亚投行"

6月16日，"亚投行2017年年会开幕式"在韩国济州岛西归浦市济州国际会议中心（ICC）举行。韩国经济副总理兼企划财政部部长金东兖在开幕式致辞中表示，韩国新政府的经济政策方向与亚投行年会的核心主题"可持续基础设施"相一致，韩国政府将全力支持亚投行。❷❸

❷ 句界调整——分译
❸ 标点符号的差异和翻译——引号
❹ 人名翻译
❺ 国别转换

亚投行行长金立群❹、中国和印度财长等77个亚投行成员代表团，以及国际机构代表和包括韩国在内的各国❺金融、企业界人士约2,000人参加了本次年会，这也是金东兖作为韩国副总理首次正式亮相国际外交舞台。金东兖副总理担任了本次年会的大会主席。

❻ 经贸新闻中的常见表述

本次年会有望❻成为转折点，促成韩国在亚投行内部地位的提高。开幕式前日，金东兖与金立群举行了会晤，韩国承诺向亚投行项目准备特殊基金捐款800万美元。至此，韩国成为继中国之后，第二个向亚投行特殊基金捐款的国家。

同时，金东兖还将担任本届年会两轮理事圆桌研讨会（成员首席代表参加的亚投行最高决议机构）的主席，主持就亚投行相关主要议题进行的探讨，以及首席代表间题为"为基础设施动员资金"的讨论。当天金东兖副总理还与中国财政部部长肖捷进行了双边会谈。据悉❼，两位财长原计划会晤30分钟，之后延长到1个小时。

❼ 经贸新闻中的常见表述

中韩两国财长的此次双边会晤距上次时隔11个月，上一次会晤是在去年7月24日，时任韩国副总理柳一镐在中国成都举行的二十国集团（G20）财长会议上会见中国时任财长楼继伟。韩国企划财政部表示，两国财长在会晤中再度确认❽，两国经济合作关系在中韩建交25周年之际仍然稳固。

❽ 言语形式的显化与隐化转换——显化

韩国企业积极参与亚洲基础设施建设

此次年会将有望提高韩国企业进军亚洲基础设施市场的可能性。这是因为此次年会期间还将举行商务会谈和发展中国家投资论坛，韩国基础设施领域的企业、金融机构以及亚投行资深人士将有机会和各国企业发包方直接进行会面。

韩国❾今年下半年就将参与到格鲁吉亚Nenskra水力发电站项目当中，该项目规模达10亿美元❿。韩国水资源公社预计投资1.2亿美元⓭，亚投行（AIIB）和亚洲开发银行（ADB）将分别投资8,700万美元⓫、1.5亿美元⓬。随着中国"一带一路"事业的全面开展，民间企业参与度不断提高，对韩国企业来说是一次很好的机会。据亚洲开发银行（ADB）今年2月⓮公布的报告书显示，从去年开始直至2030年的15年间，亚洲基建投资年均需求将达1.7万亿美元⓯，预计每年投资额将有4,590亿美元的缺口。

❾ 译时国名的调整

❿ 数字翻译——数位和计数方式的差异

⓫ 数字翻译——数位和计数方式的差异

⓬ 数字翻译——数位和计数方式的差异

⓭ 数字翻译——数位和计数方式的差异

⓮ 新闻中日期的翻译

⓯ 数字翻译——数位和计数方式的差异

亚投行成立之后，已向16个项目提供了25亿美元规模的融资，投资主要面向能源（46%）、交通（31%）、城市（15%）。韩国银行中国经济组分析师沈延政（音）⓰表示："韩国建筑公司在亚洲的接单比

⓰ 人名翻译

重过往一直相对较高，而亚洲具有大型项目承揽能力的企业有限，这对韩国企业进入基础设施市场都是有利的条件。"

与此同时，随着"一带一路"事业的不断推进，韩国金融行业的竞争力也有望进一步提升。这是由于丝路基金等在为"一带一路"提供金融支撑的过程中，对人民币的需求将增加。韩币与人民币可直接交易，韩国的清算结算功能、韩币的地位也将再上一个台阶。

另一方面，韩国现代经济研究院表示，2016年至2030年，亚洲及太平洋地区的基础设施建设需求将达22.551万亿美元[17]，折合韩币约达2.6万万亿韩元[18]。

⑰ 数字翻译——数位和计数方式的差异
⑱ 数字翻译——数位和计数方式的差异

译法解析

1. 经贸新闻标题翻译

新闻标题用词言简意明、概括性高。新闻标题按照结构来分，有单一式和复合式两种。单一式标题只有主题无辅题，复合式标题有主题和辅题，辅题包括引题和副题两种。引题位于主题之前，主要作用是引出主题；副题位于主题之后，主题不能完全表述的重要内容，由副题来承担。

韩语新闻标题的语言形式多样，可以是名词性短语，也能以助词、词根、连接语尾、终结语尾等形式结尾，其中以名词性短语的形式最为常见。相比较，汉语新闻标题则普遍使用完整的句子。在本课中，

❶ AIIB 연차총회 제주도에서 개막

金 부총리 "AIIB 전폭 지지"… 中 재무장관과 양자 면담

亚投行年会在韩国济州岛开幕

韩国副总理金东兖表示全面支持亚投行，与中国财长进行双边会晤

本课新闻的标题是复合式标题，有主题和副题，主题和副题都以名词结尾，是韩语新闻中典型的用名词性短语做标题的例子。在翻译为汉语时要注意语句措辞的完整，译为整句，这样才符合汉语新闻标题的习惯和规范。

另外韩语新闻标题力求精简明确，通常只给出指向最核心信息的名词，常会省略部分信息或使用符号代替部分措辞，如本课副标中将"'AIIB를 전폭적으로 지지하겠다' 고 말했다"精缩为"'AIIB 전폭 지지' …"。在翻译为汉语时，要将这部分省略或用符号代替的信息补全，力求标题在简练的同时，做到信息完整、表述缜密。

再如下例中，

△ '라면 한류' … 수출액 10년 새 3배↑, 3억 달러 시대 눈앞

"拉面韩流"风靡全球：韩国拉面出口额增为十年前三倍，即将迎来3亿美元时代

上例韩语标题为措辞精简的名词性短语，且使用了符号"…"代表潜含信息"세계적으로 불고 있다"，用符号"↑"代替"증가했다"。翻译时一方面要注意将韩语标题的名词性短语形式译为汉语的整句形式，另一方面要将省略的措辞和用符号代替的信息以语言形式补全。

2. 标点符号的差异和翻译——引号

引号有单引号和双引号。汉语引号使用标准是，先用双引号，内部如需再引用，再用单引号，若再需引用，使用双引号，以此类推。汉语引号的基本用法包括"引用""特定称谓或强调""反语、讽刺和嘲笑"三种。

韩语中的双引号一般在表示"文中的对话""直接引用所说的话或句子"时使用，如果要表示"着重强调"，习惯上会使用单引号。但如果表示特别强调的话，韩语也有使用双引号的情况。韩语的单引号还在表示"引用句中包含的引用部分"，以及"心里的想法"时使用。

❸ 김동연 경제부총리 겸 기획재정부 장관은 16일 제주 서귀포시 제주국제컨벤션센터(ICC)에서 열린 '2017 AIIB 연차총회 개회식' 개회사를 통해 "새 정부의 경제정책방향은 AIIB 연차총회의 핵심 테마인 '지속가능한 인프라'와 연계돼 있다"며 "한국 정부는 AIIB의 노력을 전폭적으로 지지하겠다"고 말했다.

6月16日，"亚投行2017年年会开幕式"在韩国济州岛西归浦市济州国际会议中心（ICC）举行。韩国经济副总理兼企划财政部部长金东兖在开幕式致辞中表示，韩国新政府的经济政策方向与亚投行年会的核心主题"可持续基础设施"相一致，韩国政府将全力支持亚投行。

上例源语语篇中，'2017 AIIB 연차총회 개회식'的单引号表示强调，在译为汉语时需转换为双引号。而"새 정부의 경제정책방향은 AIIB 연차총회의 핵심 테마인 '지속가능한 인프라'와 연계돼 있다"和"한국 정부는 AIIB의 노력을 전폭적으로 지지하겠다"是两个直接引用句，因此使用了双引号，而前一个引用句中的'지속가능한 인프라'部分一方面是要强调的会议主题，另一方面是引用中的引用，所以采用了单引号。这几处引号的使用上，韩语和汉语用法相同，原则上来说在翻译为汉语时可以不做调整。但在上面给出的参考译文中可以看到，译文中去掉了引用句外的双引号，在汉语译文中变直接引用为间接引用，并将两个引用句合二为一，只在"可持续基础设施"部分加了表强调的双引号。这是因为汉语新闻报道中在引用某人或某机构的想法、观点、话语时，常采用间接引用，即在"表示""指出""强调"这一类动词后加逗号，逗号后给出要引用部分的内容。如：

△ 公司总裁胡宁先生表示，中国AI技术已经率先应用到产业实践中，为世界越来越多的城市提供服务。
△ 李斌主任在讲话中强调，省食安委各成员单位要牢牢把握新时代食品药品安全监管的定位和方向，努力开创食品药品监管事业新局面。

3. 经贸新闻中的常见表述

中韩经贸新闻报道中都有一些惯用的表达方式，也就是所谓的"套话"，这些"套话"极具新闻语言特色，译者掌握"套话"不仅会使译文看起来更专业，还会大大提高翻译速度，满足新闻翻译时效性的要求。比如下面课文中的两处，

> ❻ 이번 회의는 기구 내 한국 위상강화의 전환점이 될 것으로 기대된다.
>
> *本次年会有望成为转折点，促成韩国在亚投行内部地位的提高。*
>
> ❼ 이날 예정된 양국 재무장관의 면담 시간은 30분이었지만 약 1시간 대화를 나눈 것으로 전해졌다.
>
> *据悉，两位财长原计划会晤30分钟，之后延长到1个小时。*

　　上例中的"으로 기대된다"和"으로 전해졌다"分别译为"有望"和"据悉"，无论是韩语还是汉语，都是在新闻报道中常见的表述。译者可以通过日常的新闻阅读来积累这方面的知识。

4. 言语形式的显化与隐化转换——显化

　　显化是译者使原文中的一些潜含信息在译文中明晰化，是在译文表层上出现原文表层没有出现的要素。由于源语和译语之间语言逻辑、表现方法的不同，有些信息在原文中即使不表达也不影响理解，但在译语中如果不提及会使意义所指不清，使潜含信息有所遗漏，这时就需要将隐含信息显化，使译文更加具体，更具逻辑性。在下面的课文译例中，

> ❽ 한·중 양국 재무장관이 양자 면담을 진행한 것은 작년 7월 24일 유일호 전 부총리와 러우지웨이(樓繼偉) 전 중국 재무장관이 중국 청두에서 열린 주요 20개국 (G20) 재무장관회의에서 만난 이후 약 11개월 만이다. 기획재정부는 "한·중 수교 25주년을 맞아 양국의 견고한 경제협력 관계를 재확인했다"고 발표했다.
>
> *中韩两国财长的此次双边会晤距上次时隔11个月，上一次会晤是在去年7月24日，时任韩国副总理柳一镐在中国成都举行的二十国集团（G20）财长会议上会见中国时任财长楼继伟。韩国企划财政部表示，两国财长在会晤中再度确认，两国经济合作关系在中韩建交25周年之际仍然稳固。*

上例中，韩语文本中省略了"재확인했다"的主语，在韩语语境下去理解文意不存在问题，但如果在翻译成汉语时不在结合了上下文之后添加被隐化了的"两国财长在会晤中"，直接将这句话译为"两国经济合作关系在中韩建交25周年之际仍然稳固得到了再次确认"，这样的句子表意含糊晦涩，不明确。又如下例中，

△ 왕언거(王恩哥) 총장은 중국과학원 물리연구소 연구원과 소장을 거친 중국의 대표 과학자<u>이면서도</u> "21세기에 세계 평화와 문명 발전을 이어가기 위해선 대학이 사회적, 역사적 책임을 다해야 한다"고 강조했다.

王恩哥校长历任中国科学院物理研究所研究员、所长，是中国科学家的代表人物，同时，<u>对于教育他也有着独到的见解</u>。王校长强调，为了促进21世纪世界和平与文明的持续发展，大学必须承担起社会和历史的责任。

上例中的"이면서도"前面的内容交代了王恩哥校长的身份——物理研究领域中国首屈一指的科学家，"이면서도"后边的内容是他对于教育的观点。这句话中间用"이면서도"连接，表达的是王校长虽然是物理学领域的专家，但对于教育也有着自己独到的见解。翻译时可以将潜含在"이면서도"中的这一信息显性化译出，使逻辑更清晰，也更完整地传达了源语文本的信息内容。

5. 数字翻译——数位和计数方式的差异

经贸类文章中常常会有关于金额和数量的内容，这就涉及数字翻译。当数额较大时，韩语和汉语在数位和计数方式上有着不一样的表达规范。韩语习惯使用各数位上的整数加各数位计数单位的韩语文字，如"12억 2,813만 달러""5억 2,000만 개"。汉语中的表达习惯有明显的差异，汉语对应的写法应该是"12.2813亿美元"和"5.2亿个"。课文中，

对比课文原文和译文可以看出，"10억 달러"和"8,700만 달러"相应地分别译为"10亿美元"和"8,700万美元"，但"1억 5,000만 달러"和"1억 2,000만 달러"的翻译上，要按照汉语的表达规范应翻译为"1.5亿美元"和"1.2亿美元"。

另外，在数量单位上，韩语中还会使用"조(兆)"和"경(京)"，但汉语不常使用"兆"和"京"，更倾向于使用"万亿"和"万万亿"。"1조"等于"1万亿"，"1경"等于"1万万亿"。本课中，

"1조 7,000억 달러"写作"1兆7,000亿美元"和"1.7兆美元"不如"1.7万亿美元"更符合汉语的表达习惯。

⓱⓲ 한편, 현대경제연구원에 따르면 2016년부터 2030년까지 아시아, 태평양지역의 인프라 개발 수요가 <u>22조 5,510억 달러</u>에 달할 것으로 전망된다. 원화로 따지면 <u>2경 6,000조 원</u>대에 이른다.

另一方面，韩国现代经济研究所表示，2016年至2030年，亚洲及太平洋地区的基础设施建设需求将达<u>22.551万亿美元</u>，折合韩币约达<u>2.6万万亿韩元</u>。

上例中"22조 5510억 달러"和"2경 6000조 원"在汉译时都要转化为"万亿"的计数单位，翻译为"22.551万亿美元""2.6万万亿韩元"。

6. 新闻中日期的翻译

"지난 ○○일""지난 ○○월"是韩语新闻中常用的日期表达法。"지난"表示的日期概念是相对的，无论是理解时，还是翻译时，都要确定好时间的参照点，在翻译成汉语时要补全"지난"所代指的具体时间。举例来说，如果新闻发布日期是"2月6日"，那么新闻正文中给出的"지난 5일"其所指是"2月5日"，如果新闻的发布日期是"2月4日"，那么"지난 5일"指的是"1月5日"。本课中，

⓮ 아시아개발은행(ADB)이 <u>지난 2월</u> 낸 보고서에 따르면 지난해부터 2030년까지 15년 동안 아시아 지역의 개발 수요는 연간 1조 7000억 달러에 이르는 반면 투자액이 그에 미치지 못해 연간 4,590억 달러가 부족할 것으로 예측됐다.

据亚洲开发银行（ADB）<u>今年2月</u>公布的报告书显示，从去年开始直至2030年的15年间，亚洲基建投资年均需求将达1.7万亿美元，预计每年投资额将有4,590亿美元的缺口。

"지난 2월"在这里指的是"今年2月"，即"2017年2月"。本课新闻的发布时间是"2017年6月"，因此可推定"지난 2월"所指是已经过去的"今年2月"。

'라면 한류'… 수출액 10년 새 3배↑, 3억 달러 시대 눈앞

2017.02.09.

한국식 매운 라면이 'K-푸드'를 대표하는 식품으로 자리 잡았다. 중국을 비롯한 아시아는 물론 미국과 중동, 유럽 지역에서 인기를 끌며 수출액이 대폭 늘었다. 국내 라면 업체들은 <u>현지 마케팅을 강화하며 글로벌 시장 공략에 박차를 가하고 있다</u>[1].

지난 31일 농림축산식품부 및 한국농수산식품유통공사(aT), 한국무역협회가 조사한 결과에 따르면 지난해 라면 수출액은 2억 9,041만 달러(약 3,300억원)로 전년보다 32.7% 증가했다. 이는 2006년 1억 264만 달러 규모에서 10년 만에 <u>3배 수준으로 늘어난 것이다</u>[2]. 특히 중국의 수출이 급격히 증가했고 동남아 국가인 베트남과 태국의 수출액도 각각 90.4%, 155.8% 증가했다.

라면업체, 해외시장 공략 가속화

국내 주요 라면업체들은 해외에 <u>현지법인</u>[3]을 설립하고 직접 생산, 판매를 가속화하고 있다. 농심은 미국과 중국, 일본, 호주에 법인을 두고 있다. 특히 2014년부터는 '중원을 얻는 자가 천하를 얻는다'라는 슬로건을 내걸고 중국 시장 공략에 나섰다. 미국의 경우 2013년 국내 식품업계 최초로 월마트와 직거

---

1 可译为"在深耕本土市场的同时，正加快开拓国际市场的步伐"，这更符合经贸语篇的语言专业性特点。

2 可译为"十年间增长为原来的三倍"。韩语中"‒(으)로 늘어나다"指的是"增长为……"，"‒늘어나다"指的是"增加了……"。

3 可译为"当地法人"。当地法人是跨国企业在外国根据当地的法律设立的法人，是跨国企业对境外的一种直接投资。

래 계약을 맺은 이래 미국 전역 4천 300여 개 전 매장에 라면을 공급하고 있다. 농심은 지난해 세계 100여 개국 시장에서 15% 증가한 약 6억 3천 500만 달러의 매출을 올린 것으로 추산된다. 이 가운데 수출은 1억 5천만 달러로 전년 대비 7% 늘었다.

삼양식품은 주력 품목인 '불닭볶음면'을 앞세워 지난해 7월부터 세계 41개국으로 수출을 대폭 늘렸다. 삼양이 잠정 집계한 지난해 라면 수출액은 <u>950억 원</u>[4]이다. 오뚜기는 동남아시아 지역 중 베트남에 현지 법인을 세워 현지인 공략호에 나섰다. '진라면'과 '진짬뽕'이 수출 증가세를 이끌고 있고, '치즈라면'은 중국 홍콩, 싱가포르, 중국 대만 등지에서 판매량이 늘고 있다. 지난해 수출액은 350억 원 규모로 전년 대비 20% 증가했다.

팔도는 '팔도 불짬뽕', '팔도 짜장면' 등을 판매하며 지난해 80여 개국에 400억 원어치를 수출했다. 특히 컵라면 '도시락'은 미국, 캐나다, 호주, 몽골 등 30개 이상 국가에 수출해 총 17억 달러의 매출을 올렸다. 한국 컵라면 제품 중 가장 많은 수출액이다. '도시락'은 러시아에서 큰 인기를 모았다. 1997년부터 블라디보스토크 내 팔도 사무소를 통해 본격적으로 수출하기 시작해 현재는 러시아 현지 법인을 설립해 러시아, 카자흐스탄, 우즈베키스탄 등의 시장 공략에 나서고 있다.

국내산 라면, 무슬림 국가에서 수출액 '<u>쑥쑥</u>'[5] 올라

한국산 라면이 해외에서 높은 인기를 끈 데에는 5~6년 전부터 라면 업체들이 무슬림 시장 공략을 위해 할랄 인증 취득에 힘쓴 것이 <u>한 몫 했다</u>[6]. 할랄은 이슬람어로 '허용된 것'을 뜻한다. 가공에서 포장, 보관, 운송에 이르는 일련의 과정을 이슬람 율법에 맞춰 진행하는 것이 특징이다. 그동안 국내 주요 라면업체들은 앞다퉈 할랄 인증을 통해 무슬림 시장 진출을 준비해 왔다.

실제 무슬림 인구가 90%에 육박(약 2억 명) 하는 인도네시아에서 한국산 라면의 인기가 높다. 인도네시아 라면 수출액은 지난 2015년 326만 달러에서 지난해 1,126만 달러로 3.5배 증가했다. 같은 기간 UAE에 수출된 한국 라면

4　经贸翻译常涉及金额，翻译时要特别留意金额后的货币单位。人民币的货币单位韩语为"원안"，韩元是"원"，美元是"달러"，欧元是"유로"，日元是"엔"。

5　"쑥쑥"是拟声拟态词，意为"嚕嚕地"，这里可译为"迅速"。

6　"한 몫 했다"的意义是"做贡献""发挥作用"。

도 147만 달러에서 248만 달러로 1.7배 늘었다. 라면업계는 앞으로도 할랄 인증 품목수를 지속적으로 확대해 갈 예정이다. 한국농수산식품유통공사(aT)는 "OEM 방식[7]으로 현지 업체와 제휴해 가격경쟁력을 높이고 할랄 인증 인프라 구축하는 것도 고려해 볼 만한 방안"이라고 했다.

---

7 "OEM"生产，俗称代工(生产)，是指品牌生产者不直接生产产品，而是利用自己掌握的核心技术负责设计和开发新产品，控制销售渠道，具体的加工任务通过合同订购的方式委托同类产品的其他厂家生产。之后将所订产品低价买断，并直接贴上自己的品牌商标。

经贸知识

亚投行的建立及韩国的加入

亚洲基础设施投资银行（Asian Infrastructure Investment Bank，简称亚投行，AIIB），是一个政府间性质的亚洲区域多边开发机构，也是首个由中国倡议设立的多边金融机构。亚投行重点支持亚洲地区基础设施建设，为亚洲的基础设施项目提供资金支持，它将为发展中国家提供新的资金渠道，与现有的多边发展银行相互补充。亚投行不以营利为目的，成立宗旨是为了促进亚洲区域建设互联互通化和经济一体化的进程，促进区域合作与伙伴关系，共同解决发展领域面临的挑战，并且加强中国及其他亚洲国家和地区的合作。亚投行总部设在北京，法定资本1,000亿美元，首任行长金立群。

2014年10月24日，包括中国、印度、新加坡等在内的21个首批域内意向创始成员国的财长和授权代表在北京签署《筹建亚投行备忘录》，共同决定成立亚投行。2015年3月12日，英国财政部宣布英国正式申请加入亚投行，成为首个申请加入的主要西方国家，随后，德、法、意三国也申请加入亚投行。截至2015年3月31日，亚投行意向创始成员国总数达到57个，涵盖亚洲、大洋洲、欧洲、非洲、南美洲等五大洲。2015年6月29日，亚投行"基本大法"《亚洲基础设施投资银行协定》签署仪式在北京成功举行。2015年8月，各方通过共识选举亚投行多边临时秘书处秘书长金立群为亚投行首任行长。2015年11月4日，全国人大常委会批准亚投行协议。2015年12月25日，17个国家已批准《亚洲基础设施投资银行协定》（股份总和占比50.1%），亚洲基础设施投资银行正式成立。2015年12月31日，亚洲基础设施投资银行57个意向创始成员国全部签署《亚洲基础设施投资银行协定》。2016年1月16日至18日，亚投行开业仪式暨理事会和董事会成立大会在北京举行。

亚投行按照多边开发银行的通行做法，设立理事会、董事会、管理层三层治理结构。理事会是最高决策机构，每个成员在亚投行有正副理事各一名，理事会要举行年会。董事会负责指导银行的总体业务，制定银行政策，并行使理事会授予的一切权力。董事会由12名成员组成，其中9名由代表域内成员的理事选出，3名由代表域外成员的理事选出。董事会定期召开会议，不设常驻董事会。管理层负责银行日常管理和运营，由行长和5位副行长组成。行长是银行的法人代表，是最高管理人员，由理事会通过公开、透明、择优的程序投票选出。

2018年1月，亚投行首个独立提供融资的项目——孟加拉国配电系统升级改造项目正式施工。

2013年，亚投行筹建倡议提出后，得到许多国家的积极响应。韩国作为亚洲第四大经济体，参与筹建亚投行也会为其带来切实利益。但美国以"亚投行的管理结构不符合国际金融秩序"为由，呼吁韩国慎重考虑参与亚投行筹建事宜。韩国鉴于韩美间超过半个世纪的同盟关系，在入行决断上陷入两难境地。

2015年3月，外交部部长王毅、外交部部长助理刘建超访韩，表达了中方的诚挚意愿，但韩国未作明确表态，表示正在积极探讨。2015年3月12日，英国不顾美国的反对，申请加入亚投行，并在欧洲引起蝴蝶效应，瑞士、法、德、意等国纷纷跟随。韩国媒体对此马上密集跟踪分析报道，创造韩国加入亚投行的有利环境，减轻政府的外交负担。3月17日，韩国外交部长尹炳世表示，政府将根据各项事宜的性质与本质综合分析国家利益，作出自主决断。

随着国际环境的变化，韩国政府在是否加入亚投行的态度上也相应转圜。2015年3月31日是申请作为意向创始成员国加入亚投行的最终截止日期，2015年3月26日韩国企划财政部对外宣布，韩国政府经过相关部门的研究探讨，决定加入由中国倡导的"亚洲基础设施投资银行"，成为意向创始成员国，将在国际社会中积极发挥与本国经济地位相应的作用，并表示已以书面形式告知中国。根据韩国企划财政部的声明，亚投行将是韩国以创始成员国身份参与的首个国际金融机构。至此，纠结已久的韩国终于搭上亚投行意向创始成员国的"末班车"，成功加入亚投行将有助于韩国扩大在金融外交领域的影响力。

韩国确定加入亚投行后，韩国《每日新闻》《中央日报》《韩国经济》等多家新闻媒体纷纷报道表示，政府的这一决定得到韩国政治界、财经界、企业界等社会各界的广泛欢迎，亚投行有望成为实现双赢发展的契机，也将对韩国经济发展起到推动作用，各界人士呼吁韩国政府在亚投行的决策过程中积极参与，为韩国企业在亚洲基础设施开发中争取最大的实惠，为国家争取利益最大化。韩国积极参与亚洲国家基础设施建设，能够帮助韩国在建设、土木、港湾、交通及通信等领域具有先进技术经验的国内企业进入海外市场，同时可能成为促发韩国经济新增长的突破口。

正式运行后的亚投行，与中国倡导的"一带一路"倡议紧密结合。目前，中国已成为韩国最大贸易伙伴、最大出口市场、最大进口来源国及最大海外投资国。韩中自贸区的谈判已结束，韩国正努力着手建立人民币离岸交易中心。这些资源优势将会为韩国企业在中国"一带一路"倡议中得到无限商机。

参考资料：

1. 宋清辉，丝路基金和亚投行助力"一带一路"，百度百科百家号，2017年5月20日。
2. 장현주, 번역 텍스트의 명시화 현상 – 번역의 보편성 탐색을 위한 가능성 탐색,「중국학연구」제41집, 2007년.
3. 亚投行"基本大法"将签署，新华网，2015年06月28日。
4. 亚投行，中国一带一路网，2016年09月28日。
5. 亚投行开业典礼连办三天 理事会、董事会、管理层治理结构公布，观察者网，2016年01月16日。
6. 韩国加入亚投行，听听韩媒怎么说，新华网国际频道，2015年04月15日。

2016年国际专利申请增长7.3%
中兴和华为分列一、二位

2016年国际专利申请增长7.3%
中兴和华为分列一、二位

2017.03.16.

世界知识产权组织3月15日在日内瓦发布的报告显示，2016年国际专利、商标和工业品外观设计申请连续第7年保持增长，创下新的纪录。其中，中国的国际专利申请量增长了44.7%，中兴通讯股份有限公司和华为技术公司❶分列国际专利申请人第一位和第二位。

世界知识产权发布的这份报告主要是就知识产权申请国际保护进行的统计，包括三个领域即专利、商标和工业品外观设计。世界知识产权组织总干事弗朗西斯·高锐❷在日内瓦举行的新闻发布会上表示，与世界经济的低速增长相比，国际专利、商标和工业品外观设计申请则持续快速增长态势。❸他说："世界经济增长疲软令人失望，我们这里的情景则完全不同。国际专利申请同比增长7.3%，国际商标申请增长了7.2%，工业品外观设计的国际申请增长了35%。"❹

其中，国际专利申请依据的是《专利合作条约》❺。申请人只需提交一份"国际"专利申请，即可在多个不同国家或地区获得专利保护。2016年，世界知识产权组织共受理了23.3万份国际专利申请，同比增长7.3%。

从国家排名来看，美国连续39年位列榜首，共提交了近5.66万件申请，约占全部申请量的四分之一❻；其次日本，约4.5万件；中国排第三位，共4.3万件。德国和韩国列第四和第五位。

世界知识产权组织指出，中国国际专利申请量自2002年以来一直保持两位数增长，2016年更是达到44.7%。高锐总干事❼表示："中国的表现非常出色。在国际专利申请方面，中国的申请量增长了44.7%。我们知道中国经济发展非常迅速，中国国际专利申请量一直保持两位数的增长，但44%的增幅还是很不寻常的。"

高锐[8]指出，中国正在推进从"中国制造"转为"中国创造"的进程，在企业国际化方面迈出了一大步。如果这一趋势继续保持下去，中国将在两、三年内成为第一大国际专利申请国。

另外，从公司申请人排名来看，中国的中兴通讯和华为分列第一和第二位，其后是美国的高通公司[9]、日本的三菱电机株式会社[10]和韩国的LG电子。报告显示，2016年的国际商标申请增长了7.2%，申请量达5.2万多件。排名上依次为美国、德国、法国、中国和瑞士。其中中国增速最高，达68.6%；其次是俄罗斯，增长32.7%。从申请人来看，法国欧莱雅[11]以150件申请位列榜首，其次是英国的葛兰素集团[12]、德国宝马公司[13]。另外，2016年的工业品外观设计国际申请增长了35%。申请量排名依次为德国、瑞士、韩国、美国和荷兰。日本和土耳其尽管基数很低，但增幅均超过了100%。家具在外观设计总数中所占比例最高，其次是录音和通信设备、运输工具和钟表。

弗朗西斯·高锐[14]指出，在一个相互关联的知识型全球经济中，创作者和创新者越来越依赖知识产权，以促进和保护其全球竞争优势。

国际专利：국제특허

申请：출원

世界知识产权组织：세계지적재산권기구(WIPO)

> 世界知识产权组织(World Intellectual Property Organization)，简称WIPO，总部设在日内瓦，是联合国保护知识产权的一个专门机构，与世界贸易组织、联合国教科文组织是现今三个最主要的管理知识产权条约的国际组织(后两个国际组织不是知识产权专门机构)。该组织根据《成立世界知识产权组织公约》而建立，该公约于1967年7月14日在斯德哥尔摩签订，于1970年4月26日生效，1974年成为联合国组织系统的专门机构。中国于1980年，韩国于1979年加入该组织。世界知识产权组织致力于利用知识产权(专利、版权、商标、外观设计等)激励创新与创造。

日内瓦：제네바

商标：상표

工业品外观设计：공산품 외형 디자인

创下新的纪录：신기록을 세우다

国际专利申请量：국제 특허 출원 건수

新闻发布会：기자 회견

增长态势：성장세

疲软：둔화

《专利合作条约》：〈특허협력조약〉

> 《专利合作条约》(Patent Cooperation Treaty)，简称PCT，它是专利领域的一项国际合作条约，具体来说它是主要涉及专利申请的提交、检索及审查，以及其中包括的技术信息的传播的合作性和合理性的一个条约。该条约于1970年6月19日由35个国家在华盛顿签订，1978年6月1日开始实施，由总部设在日内瓦的世界知识产权组织管辖。通过《专利合作条约》(PCT)，可以只提交一份"国际"专利申请，即在许多国家中的每一国家同时为一项发明申请专利保护。PCT缔约国的任何国民或居民均可提出这种申请。一般可以向申请人为其国民或居民的缔约国的国家专利局提出申请，也可以按申请人的选择向设在日内瓦的WIPO国际局提出申请。

同比：전년 동기 대비

增幅：증가폭

中国制造：메이드 인 차이나(Made in China)

中国创造：크리에이티드 인 차이나(Created in China)

运输工具：수송도구

2016년 국제특허 출원 7.3% 증가
ZTE와 화웨이 각각 1, 2위

2017.03.16.

3월 15일 세계지적재산권기구(WIPO)가 제네바에서 발표한 보고서에 따르면 2016년 국제특허, 상표, 공산품 외형 디자인 출원은 7년 연속 성장세를 이어가며 신기록을 세웠다. 그 중 중국의 국제특허 출원 건수는 44.7% 증가했으며 ZTE와 화웨이[1]는 각각 국제특허 출원에서 1위와 2위를 차지했다.

❶ 企业名称、商标名称的翻译

WIPO가 발표한 이 보고서는 주로 지적재산권의 국제 보호 신청에 대한 통계로 특허, 상표, 공산품 외형 디자인 등 3개 분야를 포함한다. 프랜시스 거리(Francis Gurry)[2] WIPO 사무총장은 제네바에서 열린 기자 회견에서 세계 경제의 저속 성장에 비해 국제특허, 상표 및 공산품 외형 디자인 출원은 지속적으로 빠른 성장세를 보이고 있다고 했다.[3] 그는 "세계 경제 성장 둔화는 실망스럽지만 우리의 상황은 전혀 다르다. 국제특허 출원 건수는 전년 동기 대비 7.3% 증가했고, 국제 상표 출원 건수는 7.2%, 공산품 외형 디자인 국제 출원 건수는 35% 증가했다."라고 말했다.[4]

❷ 人名翻译

❸ 新闻中引用句式的翻译

그중 국제특허 출원은 <특허협력조약>[5]에 의거하는데 출원인이 '국제' 특허 출원만 제출하면 여러 국가 또는 지역에서 특허 보호를 받을 수 있다. 2016년 WIPO는 총 23만 3천 건의 국제특허 출원을 접수하였으며 이는 전년 동기 대비 7.3% 증가한 것이다.

❹ 新闻中引用句式的翻译

❺ 标点符号的差异和翻译——书名号

❻ 数字翻译——分数

국가 순위별로 보면 미국이 39년째 연속 1위로 5만 6,600건에 달하는 특허 출원을 했으며 이는 전체 출원 건수의 1/4❻을 차지한다. 다음으로는 일본이 약 4만 5천 건으로 2위, 중국이 약 4만 3천 건으로 3위를 차지했으며, 독일과 한국은 각각 4위와 5위를 차지했다.

❼ 新闻中多次提及当事人时
的称谓翻译

WIPO는 중국의 국제특허 출원 건수가 2002년 이후 줄곧 두 자릿수의 성장세를 유지하며 2016년에는 44.7%로 급증했다고 밝혔다. 거리 사무총장❼은 "중국의 활약이 대단하다. 국제특허 출원 분야에서 중국의 출원 건수는 44.7% 증가했다. 중국 경제가 빠른 속도로 발전하고 국제특허 출원 건수 역시 계속 두 자릿수의 성장세를 이어가고 있다는 것은 알고 있었지만 44%라는 증가폭은 대단한 것이다"라고 했다.

❽ 新闻中多次提及当事人时
的称谓翻译

거리 사무총장❽은 중국이 '메이드 인 차이나(Made in China)'에서 '크리에이티드 인 차이나(Created in China)'로의 전환을 추진하고 있으며 기업 글로벌화에 있어 큰 도약을 하였다고 지적하면서 이러한 추세가 계속된다면 중국은 2~3년 안에 세계 제1의 특허 출원국이 될 것이라고 했다.

❾ 企业名称、商标名称的翻
译
❿ 企业名称、商标名称的翻
译

이외에도 기업별 출원인 순위에서는 중국의 ZTE와 화웨이가 각각 1위와 2위를 차지하였으며 미국의 퀄컴❾, 일본의 미쓰비시❿와 한국의 LG전자가 그 뒤를 이었다. 보고서에 따르면 2016년 국제 상표 출원 건수는 5만 2천여 건으로 7.2% 증가했다. 국가별로 보면 미국, 독일, 프랑스, 중국, 스위스 순이다. 그중 중국이 68.6%로 가장 높은 성장세를 보였으며, 러시아가 32.7%의 증가세를 보이며 그 뒤를 이었다. 기업별 상표권 출원인으로 보면 프랑스의 로레알⑪이 150건의 출원으로 1위를 차지했으며 그 다음이 영국의 GSK⑫, 독일의 BMW⑬였다. 또한 2016년 공산품 외형 디자인 국제특허 출원 건수도 35% 증가했다. 출원 건수는 독일, 스위스, 한국, 미국, 네덜란드 순으로 많았다. 일본과 터키의 경우 기존 출원 건수는 낮지만 100%가 넘는 성장세를 보였다. 외형 디자인의 수에서는 가구가 차지하는 비중이 가장 높았으며 그 다음으로 녹음통신설비, 수송도구, 시계 순이었다.

거리 사무총장⑭은 상호 연관된 지식형 글로벌경제에서 창작자와 혁신자는 더욱더 지적재산권에 의존하여 글로벌 경쟁 우위를 촉진하고 보호할 것이라고 했다.

⑪ 企业名称、商标名称的翻译

⑫ 企业名称、商标名称的翻译

⑬ 企业名称、商标名称的翻译

⑭ 新闻中多次提及当事人时的称谓翻译

译法解析

1. 企业名称、商标名称的翻译

随着国际经贸合作的发展，国际商品流通日益活跃，大型企业的触角伸向国外。经贸翻译中会常常遇到外国企业名称和商标名称，企业名称和商标名称属于专有名词，翻译时要保持企业名称、商品名称的统一性，以保持统一的企业和产品形象。因此翻译时不能想当然地擅自动手去翻译，而是应当先通过查阅资料、利用网络资源找到这些名称在译语中的官方固定表达。

❶ **中兴通讯股份有限公司和华为技术公司分列国际专利申请人第一位和第二位。**

ZTE와 화웨이는 각각 국제특허 출원에서 1위와 2위를 차지했다.

"中兴通讯股份有限公司" 和 "华为技术公司" 在韩语中的官方名称是英文缩写 "ZTE" 和音译名 "화웨이"，翻译时要遵照这样的表述惯例。另外，汉语在表

述企业名称时，除了明确指出法人名称外，多数带有"有限公司""集团""株式会社"字样，但韩语中通常省略法人名称后的"유한공사""그룹""주식회사"等字样。如在本课中，

❾❿ 其后是美国的高通公司、日本的三菱电机株式会社和韩国的LG电子。

…… 미국의 퀄컴, 일본의 미쓰비시와 한국의 LG전자가 그 뒤를 이었다.

⓫⓬⓭ 从申请人来看，法国欧莱雅以150件申请位列榜首，其次是英国的葛兰素集团、德国宝马公司。

기업별 상표권 출원인으로 보면 프랑스의 로레알이 150건의 출원으로 1위를 차지했으며 그 다음이 영국의 GSK, 독일의 BMW였다.

上面的两处课文句例中，"高通公司""三菱电机株式会社""葛兰素集团""宝马公司"在翻译成韩语时只译出"퀄컴""미쓰비시""GSK""BMW"，省略后面的"회사""주식회사""그룹"，这样符合韩语的表达习惯。

但当企业或产品最初进军海外时，不可避免地需要去翻译企业名称和商标名称，这时的翻译就是带有创造色彩的翻译了。中韩企业名称和商标名称的翻译策略有音译、意译、音译意译结合、改译、不译。

音译是在译语中选择读音相似的字词。企业名称或商标名称除了指称作用，还有宣传作用，因此在选字择词时要注意企业和商品的特点及用途，还要从美学角度加以斟酌，选择贴近企业、商品的字词。音译韩国商标的例子有："바닐라코—芭妮兰"。

意译是把原商标的意思翻译出来。意译的例子有"현대자동차—现代汽车""삼성테크윈—三星光电子""두산인프라코어—斗山工程机械"。

音译意译结合是选字时既考虑读音相近，同时外加普通名词的含义，或者取原文读音的一部分加上意思一部分，其中"意思"不一定是原商标词本身的意义，但一定是普通名词的意思。音的取法是要上口、吉利；意的取法，既要体现产品的性能和特点，又要让人能够产生美好的遐想，与译语文化融合。如"처음처럼—初饮初乐""이랜드—衣恋"。

改译是在译语中选择另外一个词，既不取原文的谐音，也不代表原来的意思。一般说来，如果商标词的发音和意思都不能很好地传达企业和产品形象，就需要采用改译的策略。如"HUROM—惠人""Mamonde—梦妆""오리온—好丽友"。

不译一般是企业或商标名称使用缩写形式的英文的情况，这时不译反而使商标简单易记。如SK、LG。

以上是韩国企业名称或商标名称翻译为汉语的情况。中国企业名称和商标名称翻译为韩语时最常采用的是音译法和用英文名的不译法。如，

音译：海尔——하이얼；小米——샤오미；淘宝——타오바오。

不译：联想(LENOVO)——LENOVO；顺丰速运(SF EXPRESS)——SF EXPRESS；百度(BAIDU)——BAIDU。

2. 人名翻译

人名也属于专有名词的范畴，翻译时不能草率，要查找权威资料，加以确认。在下面的课文语句中，

❷ 世界知识产权组织总干事弗朗西斯·高锐在日内瓦举行的新闻发布会上表示，与世界经济的低速增长相比，国际专利、商标和工业品外观设计申请则持续快速增长态势。

프랜시스 거리(Francis Gurry) WIPO 사무총장은 제네바에서 열린 기자 회견에서 세계 경제의 저속 성장에 비해 국제특허, 상표 및 공산품 외형 디자인 출원은 지속적으로 빠른 성장세를 보이고 있다고 했다.

在翻译本课中世界知识产权组织总干事"弗朗西斯·高锐"的名字时，可以通过其职务和职位等信息在韩国网站查找其名字的韩语写法。此外，在韩语中一般还会在外国人名的韩语名字后加括号标出名字的本国语写法。

如果当事人不是知名人士或可在网站、资料中查询得到的权威人士，译者需要掌握外国人名的韩语标记法。目前，外国人名的韩语标记法没有统一的规范，但根据韩国国立国语院(http://www.korean.go.kr)的"外来语标记法(외래어표기법)"进行人名翻译是公认的方法。

翻译中国人名的情况，可以按拼音在韩国国立国语院给出的"外来语标记法"中——查出名字中的每一个字的对应韩文，然后再在韩文名字后加括号标出名字的繁体汉字。如，张国庆：장궈칭(張國慶)。但以1911年辛亥革命为时间节点，之前的人物名称可以按照汉字读音进行标记。如，"孔子"可以标记为"공자"，"孟子"可以标记为"맹자"。中国以外的外国人名，可以按音节在韩国国立国语院的"外来语标记法"中查找对应的韩文进行标记，然后再在韩文名字后加括号标出该名字的本国语写法。比如，大卫·贝克汉姆：데이비드 베컴(David Beckham)。

3. 新闻中引用句式的翻译

新闻报道中常有引用或转述别人主张的情况，这样一来翻译时就会涉及引用句式的翻译问题。引用句有直接引用和间接引用两种，韩语引用句的组成成分一般包括主语、被引用句、引用助词、谓语，汉语中主要包括主语、谓语、引用句。本课中，

❸ 世界知识产权组织总干事弗朗西斯·高锐在日内瓦举行的新闻发布会上<u>表示</u>，与世界经济的低速增长相比，国际专利、商标和工业品外观设计申请则持续快速增长态势。

프랜시스 거리(Francis Gurry) WIPO 사무총장은 제네바에서 열린 기자 회견에서 세계 경제의 저속 성장에 비해 국제특허, 상표 및 공산품 외형 디자인 출원은 지속적으로 빠른 성장세를 보이고 있<u>다고 했다</u>.

❹ <u>他说：</u>"世界经济增长疲软令人失望，我们这里的情景则完全不同。国际专利申请同比增长7.3%，国际商标申请增长了7.2%，工业品外观设计的国际申请增长了35%。"

<u>그는</u> "세계 경제 성장 둔화는 실망스럽지만 우리의 상황은 전혀 다르다. 국제특허 출원 건수는 전년 동기 대비 7.3% 증가했고, 국제 상표 출원 건수는 7.2%, 공산품 외형 디자인 국제 출원 건수는 35% 증가했다." <u>라고 말했다</u>.

新闻报道中引用句的谓语动词，汉语和韩语都有一些常用的固定措辞，

这使得引用句也成了新闻报道中的"套话",无论从效率还是从规范的角度出发,译者都有必要熟悉。汉语新闻报道中常出现的引用句谓语有"表示""说""称""指出""主张""强调"等,韩语有"(말)했다""밝혔다""언급했다""지적했다""주장했다""강조했다"等,有时在一则新闻中会多次出现引用句,这时引用句的谓语要尽量避免重复。

另外,新闻报道中,有时会接连引用说话人的话,即引用的可能是说话人的一段话,这段话中包含了两个或两个以上的句子。这种情况,韩语新闻报道中除了分列出两个或两个以上的成分结构完整的引用句外,对于内容上联系很密切的两句(或两句以上)的引用内容,还经常会将引用内容合并为一个由并列连接语尾"며""고"等连接而成的直接引用并列复句。如下例,

△ 왕 총장은 또 "오늘날 여러 가지 위기를 해결하려면 새로운 사상과 지도자가 필요한데, 이런 사상과 지도자를 배출하는 곳이 바로 대학"이라고 했다. 그는 "베이징대는 학생들을 국가와 세계의 지도자급 인재로 키우는 데 주력하고 있다"며 "역사와 철학에 대한 깊은 이해와 넓은 시야를 갖추도록 하는 것에 교육의 초점을 맞추고 있다"고 말했다.

汉语新闻报道的情况有些不同,一般会把内容意义紧密的两个引用句合为一句,句子太长或复杂而不能合并的,就直接将说话人所说的内容列出来,不额外再提出说话人和表引用的谓语,译者在翻译时可以考虑汉语和韩语的这些表达习惯,进行适当的处理。如下例,

△ 深交所副总经理李鸣钟在会议中指出,新经济和科技创新发展对资本市场提出了新诉求。目前资本市场所探索的发行制度等为后续推进创新试点制度化、常态化积累了有益经验,为构建资本市场服务创新企业长效机制创造了有利条件。

참고译文1: 리밍중(李鳴鐘) 선전(深圳) 증권거래소 부사장은 회의에서 "신경제와 과학기술의 혁신 발전이 자본시장에 새로운 요구를 제기하고 있다"고 했으며 "현재 자본시장이 모색하고 있는 발행제도 등은 이노베이션의 제도화, 일상화를 후속 추진하기 위해 유익한 경험을 축적하였으며, 자본시장 서비스 혁신 기업의 장기적이고 유효한 메커니즘을 구축하기 위한 유리한 여건을 마련하였다"고 말했다.

참고译文2: 리밍중(李鳴鐘) 선전(深圳) 증권거래소 부사장은 회의에서 신경제와 과학기술의 혁신 발전이 자본시장에 새로운 요구를 제기하고 있다고 했다. 그는 현재 자본시장이 모색하고 있는 발행제도 등은 이노베이션의 제도화, 일상화를 후속 추진하기 위해 유익한 경험을 축적하였으며, 자본시장 서비스 혁신 기업의 장기적이고 유효한 메커니즘을 구축하기 위한 유리한 여건을 마련하였다고 말했다.

上例汉语源语文本中的第二句话也是说话人（副总经理李鸣钟）所说的话，在汉语新闻中是会遇到这样的引用句形式的。在翻译成韩语时，参考译文1和参考译文2都是可以采用的翻译方法。

4. 标点符号的差异和翻译——书名号

书名号是用于表明书名、篇名、报刊名、文件名、戏曲名、歌曲名、图画名等的标点符号，也用于电影、电视剧等与书面媒介相关的文艺作品。

汉语书名号分为双书名号（《》）和单书名号（<>），书名号里还有书名号时，外面一层用双书名号，里面一层用单书名号；若单书名号里还有书名号，则单书名号里再用双书名号。

韩语中对应的标点有竖排引号和书名号。竖排引号有双竖排引号（『 』）和单竖排引号（「 」）；书名号有双书名号（《》）和单书名号（<>）。

双竖排引号和双书名号表示书或报刊等的名称，并且可以用双引号（""）代替。单竖排引号和单书名号表示小标题、绘画、歌曲等艺术作品的标题，以及商号、法律、规定等，并且可以用单引号（' '）代替。

⑤ 其中，国际专利申请依据的是《专利合作条约》。

그 중 국제특허 출원은 〈특허협력조약〉에 의거한다.

上面的课文句例中，《专利合作条约》的双书名号按照韩语标点的使用规则被调整为了单书名号，写作<특허협력조약>，此外此处还可以使用单竖排引号和单引号，写作「특허협력조약」或'특허협력조약'。

5. 数字翻译——分数

语篇中表达"分数"时，汉语习惯使用汉字，如"三分之二""四分之一"；韩语中有"2/3""1/4"和"3분의 2""4분의 1"两种规范的表达方法。本课中，

⑥ 从国家排名来看，美国连续39年位列榜首，共提交了近5.66万件申请，约占全部申请量的<u>四分之一</u>；其次日本，约4.5万件；中国排第三位，共4.3万件。德国和韩国列第四和第五位。

국가 순위별로 보면 미국이 39년째 연속 1위로 5만 6,600건에 달하는 특허 출원을 했으며 이는 전체 출원 건수의 <u>1/4</u>을 차지한다. 다음으로는 일본이 약 4만 5천 건으로 2위, 중국이 약 4만 3천 건으로 3위를 차지했으며 독일과 한국은 각각 4위와 5위를 차지했다.

课文上例中，将"四分之一"翻译为"1/4"。翻译语篇中的分数时，还需要注意分数后面的助词选择，"1/4"读作"사분의 일"，分数后的助词要依"分子"有无收音来决定。

6. 新闻中多次提及当事人时的称谓翻译

新闻有时会涉及一些有所属单位和职位的主要人物，中韩文新闻中第一次提到这些人物时，都习惯将姓名、职位、所属这三个信息全部给出，汉语中采用"所属单位＋职位＋姓名"，韩语中采用"姓名＋所属单位＋职位"的形式。但当后文中反复提及该当事人时，汉语会倾向于避免重复，在一篇新闻里会有的地方用"姓名＋职位"或"姓氏＋职位"，有的地方只说"姓名"，有的地方使用人称代词。韩语相较之下更倾向于保持前后一致，通常采用"姓氏＋职位"的形式，以体现出尊重，有时也会用人称代词。如本课中，

❷ 世界知识产权组织总干事弗朗西斯·高锐在日内瓦举行的新闻发布会上表示，……。……。……。

프랜시스 거리(Francis Gurry) WIPO 사무총장은 ……다고 했다. …….

❼ 高锐总干事表示："中国的表现非常出色。在国际专利申请方面，中国的申请量增长了44.7%。我们知道中国经济发展非常迅速，中国国际专利申请量一直保持两位数的增长，但44%的增幅还是很不寻常的。"

거리 사무총장은 "중국의 활약이 대단하다. 국제특허 출원 분야에서 중국의 출원 건수는 44.7% 증가했다. …….

❽ 高锐指出，中国正在推进从"中国制造"转为"中国创造"的进程，在企业国际化方面迈出了一大步。如果这一趋势继续保持下去，中国将在两三年内成为第一大国际专利申请国。

거리 사무총장은 중국이 '메이드 인 차이나(Made in China)'에서 '크리에이티드 인 차이나(Created in China)'로의 전환을 추진하고 있으며 기업 글로벌화에 있어 큰 도약을 하였다고 지적하면서 …….

⓮ 弗朗西斯·高锐指出，在一个相互关联的知识型全球经济中，创作者和创新者越来越依赖知识产权，以促进和保护其全球竞争优势。

거리 사무총장은 상호 연관된 지식형 글로벌경제에서 창작자와 혁신자는 더욱더 지적재산권에 의존하여 글로벌 경쟁 우위를 촉진하고 보호할 것이라고 했다.

文中多次引用了世界知识产权组织总干事弗朗西斯·高锐的观点，弗朗西斯·高锐作为当事人被多次提及时汉语中每次提及时称谓都不尽相同，但译为韩语时，除第一次翻译全名之外，第二、三、四次提及时，都一致译为"거리 사무총장"，这样更符合韩语新闻中的表达习惯。

翻译练习

新兴市场回暖 贸易保护和劳动力下降成隐患

2018.01.25.

据英国《金融时报》[1]1月21日报道，发展中国家经济形势正在好转，但全球贸易中的结构性问题仍然存在。在前几年的世界经济动荡中，巴西、俄罗斯和尼日利亚等国家陷入衰退，这也引发了人们对中国经济"硬着陆"的担忧。如今，新兴市场国家再次兴起，那么，增长会持续吗？

投资者们似乎给出了肯定的答案。在经历了5年的熊市之后，MSCI[2]新兴市场指数[3]自2016年初以来上涨了75%，远远超过同期发达市场股市50%的上涨幅度。

宏观经济数据似乎也印证了这种乐观预期。世界银行[4]的数据显示，尽管发达经济体的增速预计将从去年的2.3%放缓至2018年的2.2%，但新兴经济体和发展中国家的增速将从4.3%上升至4.5%。

但是，许多分析师警告称，新兴市场的前景绝非一片光明。

"在短期内，这些数据看起来相当不错，新兴市场的增长很难在第一季度

1　"〈파이낸셜 타임스（Financial Times）〉"。《金融时报》1888年创办于英国，2015年《金融时报》被日本经济新闻社（Nikkei）收购。《金融时报》是全世界最著名的财经媒体之一，以权威性、真实性、准确性享誉世界，为全球商业社会提供不可或缺的新闻、评论、数据及分析，该报在伦敦、法兰克福、纽约、巴黎、洛杉矶、中国香港等地同时出版。

2　MSCI（Morgan Stanley Capital International），摩根士丹利资本国际公司，财经俗称"大摩"，是一家成立于美国纽约的国际金融服务公司，提供包括证券、资产管理、企业合并重组和信用卡等多重金融服务。MSCI也是一家股权、固定资产、对冲基金、股票市场指数的供应商，其旗下编制了多种指数。MSCI指数（摩根士丹利资本国际指数）是摩根士丹利编制的一系列股价指数，涵盖不同的行业、国家以及区域，是全球投资组合经理最多采用的基准指数。

3　MSCI新兴市场指数是MSCI指数系列的一种，主要面向新兴国家资本市场。

4　"세계은행（World Bank）"，是世界银行集团的简称，是联合国经营国际金融业务的专门机构，同时也是联合国的一个下属机构。成立于1945年，1946年6月开始营业。

大幅下降。不过，经济低迷期的到来比许多人预期的要快。我们预计今年将出现低迷情况，新兴市场的增速将从去年的4.4%放缓至今年的4.2%，明年降至4%。"凯投宏观咨询公司（Capital Economics）首席新兴市场经济学家奈尔·席林（Neil Shearing）说。

席林认为，新兴市场同步增长的现象，分散了人们对其"异构性"[5]的注意力，即不同的新兴市场之间存在很大的差异。巴西和俄罗斯等国正处于经济周期的早期阶段，但中欧和东欧的较小国家已经走得很远。随着中国政府退出财政刺激计划，并试图为过热的房地产市场降温，中国的经济增长正在放缓。

牛津经济咨询公司（Oxford Economics）首席经济学家亚当·斯莱特（Adam Slater）表示，尽管贸易和经济的好转普遍存在，但没有任何长期性的方向变化。事实上，全球贸易增长正处于结构性衰退[6]。原因之一可能是全球化进程的停滞，全球供应链[7]的增长可能已经达到了极限，甚至可能出现逆转。尽管这对贸易不利，但对经济活动未必是坏事。另一个致命原因可能是日益抬头的贸易保护主义。

监测全球贸易政策的全球贸易预警组织[8]（Global Trade Alert）的数据显示，贸易保护主义确实有所抬头[9]，在过去3年中，恶意干预措施的使用有所增加。

瑞士圣加伦大学国际贸易和经济发展教授西蒙·伊文奈特（Simon Evenett）表示，出口补贴措施的使用也越来越多，尤其是在新兴市场国家。自次贷危机以来，世界贸易额稳步上升，但价格上涨的速度并不快，其他出口商不得不降低商品价格与接受补贴的公司进行竞争。这使人担心新兴市场出口商的未来。

再考虑到人口因素，新兴市场作为全球经济增长的引擎动力还能持续多久？斯莱特指出，15年前，新兴市场劳动力每年以约2%的速度增长，但目前的增速已经降至不到1%。牛津经济预计，2025年，新兴市场劳动力增速将降至0，10年后转为负增长。新兴市场将无法弥补发达国家劳动力缺失的问题。

5　可译为"구조적 차이"。

6　可译为"구조적으로 쇠퇴"。

7　可译为"공급 사슬（supply chain）"。供应链是围绕核心企业，从配套零件开始到制成中间产品及最终产品、最后由销售网络把产品送到消费者手中的一个由供应商、制造商、分销商直到最重用户所连成的整体功能网链结构。

8　可译为"세계무역경보（GTA: Global Trade Alert）"。

9　可尝试用"고개를 들다"或"두드러지다"来翻译。

经贸知识

苹果三星专利之争

美国苹果公司和韩国三星电子公司是全球两大智能手机厂商，利润曾占全球智能手机市场份额的90%以上。这两大智能手机巨头之间的"专利大战"持续数年，被称为"世纪诉讼"。

2007年，苹果推出首款iPhone，几年间横扫市场，改变了手机市场格局。苹果公司崛起的同时，三星公司也在智能手机市场迅速壮大，销售一发不可收。三星Galaxy问世后，三星在手机市场的领先优势不断扩大，数度击败苹果，销售份额屡列全球第一。

三星刚推出手机Galaxy时，乔布斯即指三星Galaxy手机与iPhone相似程度极大，存在抄袭，并派一组律师飞往韩国。但双方沟通并不顺利。苹果指出，考虑到两家公司广泛的业务关系——三星是苹果公司关键零件供应商之一，协商是最好的解决之道。但三星被激怒，反控苹果也使用三星的某种专利。这次谈判破裂后，苹果和三星的律师在韩国、美国进行了一系列会谈。苹果律师试着设定授权使用费，2010年10月得出结论，苹果认为三星应该为每只手机支付24美元，每台平板电脑支付32美元。三星根据利润估计，这样其利润将被苹果公司的专利使用费吃掉一半以上。三星不甘于苹果的压力，反过来声明自己的专利权，包括移动装置通过无线网络收发技术。三星要求苹果支付2.4%的专利金，或每只手机支付14.4美元。到2010年年底，因认知相距太大，双方会议停止。随后，苹果开始寻求用"专利战"解决问题。之后，随着安卓系统在市场上的占有率越来越高，苹果遏制安卓的决心也空前迫切。

2011年4月，苹果在位于加利福尼亚州圣荷西的美国联邦地区法院向三星提起专利诉讼，两家智能手机巨头开始了不断的诉讼和反诉战争。苹果认为三星智能手机侵犯了iPhone五项专利，包括iPhone正面的黑色屏幕面板、背面、Home

界面的应用程序布局方式三项外观设计专利，以及点击缩放（tap-to-zoom）、反弹滚动效果（Bounce-Back Effect）两项功能专利。苹果提出高达25亿美元的巨额索赔，同时要求在美国市场禁销三星的智能手机和平板电脑。三星在应对这一诉讼的同时，也对苹果提出反诉讼，称苹果的产品侵犯了其包括3G传输在内的五项专利，要求苹果支付3.99亿美元侵权费，但三星的指控很快被陪审团驳回。

随后，三星和苹果分别在韩国、日本、德国、澳大利亚、美国等世界各地发起诉讼，直到2012年8月两家公司同时站在加州圣荷西美国联邦法院展开激烈辩论。2012年8月24日，美国联邦法院做出判决，陪审团裁定三星侵犯苹果多项专利，应向苹果赔偿10.51亿美元损失。但另一边，日本东京法庭在8月31日驳回了苹果的诉讼，裁定三星并未侵犯苹果公司专利。这让三星在专利战中扳回一局。

在美国败诉后，三星选择继续上诉，但侧重点不在专利上，而是转移到赔偿的款项上。2012年10月，三星就圣荷西联邦法院的裁决向美国联邦巡回上诉法院提起上诉。2014年12月，美国联邦巡回上诉法院表示，商业外观是针对产品包装或呈现方式的法律术语，如果法院给予苹果这样的保护，那么苹果将永久垄断这些功能。巡回上诉法院驳回了2012年圣荷西联邦法院的裁决，要求重新考虑与商业外观侵权相关的赔偿金额。2015年，三星赔偿金额经两次下调，最终裁决金额是5.48亿美元。但三星仍选择了将这一系列案件上诉至美国最高法院。2016年6月，美国司法部要求美国最高法院推翻上诉法院关于苹果和三星专利案的裁决，并要求最高法院将案件退回初审法院进一步审理。美国司法部表示，在计算损害赔偿时，苹果认为赔偿应依照整机价值来计算，而三星则认为只应支付和专利相关的零部件价值即可，即应该按手机组件计算，而不是整部手机。司法部认为，最高法院应该将该案件发回初审法院，决定是否应该围绕此问题进行重新审理。美国最高法院在2017年12月做出有利于三星的判定，认为苹果的设计专利只涵盖个别智能机零部件，而不是整个移动设备。这一裁定意味着该案打回下级法院，重新评估赔偿金额。

2018年5月，美国陪审团重新审理此案，并达成一致裁决，将赔付金额改为5.386亿美元，其中530万美元是因为侵犯苹果两项功能专利，余下金额因为侵犯苹果三项设计专利。三星对相关判决表示不满，坚持上诉。但6月26日，美国加州北部地区法庭公布的法律文书显示，两家手机制造商已就专利诉讼达成和解。因双方达成和解，三星撤销了相关上诉。长达7年时间的苹果与三星的专利诉讼案终于画上了句号。

苹果、三星的专利大战耗费了大量的时间、精力、诉讼费用，没有办法完全评说谁胜谁负。专利大战的影响不仅仅在于企业的营收，更是品牌维护、商业策略和理念执着的交锋。苹果三星专利案也再次向世界重申了专利意识的重要性。

参考资料：

1. 世界知识产权组织网站。

2. 彭萍，《实用商务翻译》，北京：中国宇航出版社，2015年。

3. 金海月，《韩汉翻译实践》，北京语言大学出版社，2005年。

4. 吴玉梅，《汉韩翻译教程》，上海外语教育出版社，2016年。

5. 网络资料：苹果三星专利案给中国手机的启示。

6. 网络资料：苹果三星专利大战:苹果舞剑 意在谷歌安卓系统。

7. 网络资料：苹果三星专利大战握手言和。

8. 网络资料：苹果三星专利大战落幕 三星被判赔偿苹果5.39亿美元。

9. 网络资料：苹果同意三星专利和解，意味着什么？

第二单元　报　告

第三课	KOTRA 월간 수출 동향
第四课	人工智能和数字内容产业全球发展概述

学习目标

1　了解中韩报告的语言特点和在信息呈现方式上的异同。

2　了解翻译报告时需要怎样的背景知识，学会从语篇视角进行报告翻译。

经贸报告的文体特点和翻译

在经贸领域，书面报告是针对某种商务目的对事实进行的公正客观的陈述，报告的内容很广，从个人工作计划、企业年报，到行业发展报告、政府工作报告都属于报告的范畴。

报告有助于了解情况、审时度势，根据情况做出决策。特别是随着国际化和全球化进程的加快，为了了解市场行情，需要通过各种渠道了解信息，经贸报告就是重要的信息源。另一方面，许多跨国公司、国际组织、驻外机构也会将报告，特别是年度报告翻译成其他语言，以更好地宣传自己。因此，不论了解他人，还是推介自己，经贸报告的翻译都格外重要。

一份完整的报告一般会包括题目、目录、摘要、引言、正文、结论、建议、署名和日期、参考文献（参考资料）、附件等，但根据使用目的和范围的不同，也会有所不同。经贸报告在内容上讲求客观、忠于事实；观点上要求思路清晰、引证准确；结构上要求语篇完整、布局合理。在语言方面，报告的特点在于简洁性、客观性、准确性，这就要求译语同样简洁明确，具有较高的凝练度，甚至要达到惜字如金的程度。此外，报告中的词汇通常具有国际通用性，具有专业化特点，一般没有感情色彩和歧义，这就要求译者具有背景知识，或具备通过查阅资料准确确定词汇在译语中的对应语的能力。

KOTRA 월간 수출 동향

KOTRA 월간 수출 동향
지역별 수출 호부진 및 특이동향

2017.11.

I. 개요

□ (10월 수출입 동향)[1] 수출 449.6억 달러(전년 동기 대비+[2]7.1%)[3], 수입 378.2억 달러(+7.9%)[4], 무역수지 71.4억 달러 흑자 기록(69개월 연속 흑자)[5]

◦ 추석연휴로 인한 조업일수 감소(-4.5일)에도 불구하고 전년 동기 대비 7.1% 증가하여 수출 증가 추세는 유지

<10월 수출입 실적>

(단위: 억 달러, %)

구분	2016 년		2017 년		
	10 월	1~10 월	9 월	10 월	1~10 월
수 출	420(△ 3.2)	4,050(△ 8.0)	551(+ 34.9)	450(+ 7.1)	4,751(+ 17.3)
수 입	351(△ 4.7)	3,306(△ 9.9)	417(+ 22.6)	378(+ 7.9)	3,928(+ 18.8)
무역수지	69	744	134	71	824

* 자료원: 한국무역협회(K-Stat)[6]

□[7] (지역별 수출 동향) 조업일수 영향으로 대부분 지역 수출 감소했으나 對중국·아세안·베트남·EU 수출은 증가세 지속, 對인도·CIS 수출은 소폭 감소, 對미국·일본·중남미·중동 지역으로의 수출은 두 자릿수 감소로 전환

(품목별 수출 동향) 13대 주력 품목 중 반도체·선박류·석유화학 등 7개 품목

수출 증가, 일반기계·자동차·자동차부품 등 6개 품목 수출 감소

반도체(94.8억 달러)는 9월에 이어서 역대 2위 수출 실적 기록[8]

(기업규모별 수출 동향) 10월에는 중견기업과 대기업의 수출은 증가세를 유지했으나 중소기업의 수출은 금년 들어 처음으로 감소로 반전되었음.

이에 따라 중소기업의 수출비중은 전월보다 1.3%p[9] 하락한 16.7%를 차지함.

* 전년 동기 대비 수출 증감률: 중견기업(25.2%) > 대기업(7.5%) > 중소기업(△10.6%)

* 중소기업 수출비중: '16.10월(20.0%) → '17.9월(18.0%) → '17.10월(16.7%)[10]

II. 지역별 수출 호부진 및 특이동향

중국	수출실적 및 증감률(억 달러,%)		수출비중(10월) [11]
	금월(10.01~10.31)	누계(1.1~10.31)	28.0
	125.8(13.5)	1,142.7(13.4)	

* 자료원: 한국무역협회 (K-Stat)

(10월 동향) 내수와 수출 호조로 견조한 성장세를 유지하는 가운데 반도체 수요가 지속 증가하여 10월에도 두 자릿수 수출 증가율 달성

(품목별 동향) 13대 주력 품목 중 7개 품목 수출이 전년 동월 대비 감소했음에도 불구하고 반도체 수출 실적이 두드러져 전체 수출 증가세를 견인

반도체(86.6%↑[12]): 낸드플래시 등 모바일 기기 중심의 수요 증가 및 수출 단가 상승 영향으로 수출 호황 지속

현장 정보
* 중국의 반도체 산업이 세계 선진 기술과의 격차 좁히는 데 10년 정도 소요 예상함. 하지만 패키징의 경우 기술 문턱이 비교적 낮고 중국의 국내 발전 기초가 탄탄하여 동분야의 발전 속도가 설계나 제조 분야보다 빠를 것으로 전망함. 중국 반도체에서 세계적 기업이 나온다면 패키징 분야일 것으로 예상함. (중국의 대표적 반도체 후공정 기업인 JCET의 왕신차오 회장)

석유제품(56.3%↑): 유가 상승에 따른 수출단가 상승, 중국內 자동차 배기가스 배출 기준 강화에 따른 고품질 경유 수요 확대로 수출 증가세 지속

> 현장정보
>
> ＊중국은 심각한 대기오염을 개선하기 위해 '17년부터 자동차 배기가스 배출기준인 '국(國) V' 규정을 전국적으로 시행. '17년 10월부터 베이징, 톈진, 허베이 등 6개 지역은 더욱 엄격한 '국(國) VI' 규정 적용 시작

컴퓨터(10.8↑): 대용량 SSD수요 증가 등에 힘입어 수출 호조세 지속

> 현장정보
>
> ＊10월 초 국경절, 추석 황금연휴 기간 컴퓨터 판매가 호조를 보였고, 대학생 등 젊은 층의 수요가 늘어남. 최근 중국에서 선풍적인 인기를 끌고 있는 배틀그라운드 등 3D 컴퓨터 게임은 컴퓨터 사양이 높아야 가능해 젊은 층의 고사양 컴퓨터 구매를 간접적으로 유도하고 있으며 이는 최근 컴퓨터 판매량 증가의 주된 원인으로 분석됨. (廣州太平洋電腦 李經理)

평판디스플레이(31.2%↓[13]): 베트남 스마트폰 생산공장으로 OLED 공급이 집중되면서 對중 OLED 공급량 제한, 중국 로컬브랜드 약진으로 수출 감소

> 현장정보
>
> ＊10월 26일, 중국 최대 디스플레이 제조업체인 징둥팡(BOE)은 청두 공장의 제6세대 AMOLED 생산라인(총투자액 465억 위안)이 정식으로 양산체제에 돌입했다고 발표함.

일반기계(11.7%↓): 중국 브랜드의 기술력과 인지도 제고로 수업 수요 줄어 수출 감소

> 현장정보
>
> ＊<중국제조 2025(中国制造2025)>, <'13-5'기계공업품질규획("十三五"机械工业质量规划)>등 기계 산업 발전 정책과 기술, 품질 제고 정책을 바탕으로 중국 기계 브랜드의 영향력이 강화되고 주요 제품 생산량이 증가함. 현재 중국 기계제품 자급률은 85% 이상에 달함. (중국기계공업연합회)

(특이동향)

。중국 기업 반도체 공장 건설 현황

- 칭화유니그룹은 '16년 말부터 우한에 3차원 낸드플래시 공장 건설 중, 내년 말 양산 예정

- 푸젠진화반도체는 370억 위안을 투입해 D램 공장 건설 중, 내년 9월 양산 계획
- 창장메모리반도체와 중국과학원 마이크로 전지연구원에서 함께 진행하는 32층 낸드플래시 제품이 테스트 단계 거쳐 '19년 상반기 정식 출시 예정

미국	수출실적 및 증감률(억 달러,%)		수출비중(10월)
	금월(10.01~10.31)	누계(1.1~10.31)	10.5
	47.3(△12.4)	569.4(3.5)	

* 자료원: 한국무역협회(K-Stat)

(10월 동향) 허리케인(하비, 어마) 영향을 벗어나며 완만한 경기 성장세가 지속되고 있으나, 자동차·무선통신기기 등의 수출 부진으로 4개월 만에 감소로 전환
(품목별 동향) 반도체·컴퓨터·석유화학제품 외 모든 품목의 수출 감소, 특히 對미 주력 품목인 자동차·일반기계·무선통신기기·자동차부품의 수출이 부진
◦ 자동차(22.6%↓): 미국 시장 내 신차 출시 없었고 플릿 판매(Fleet, 관공서나 기업에 대량으로 판매) 감소 등으로 수출 감소

현장 정보
＊미국시장은 픽업트럭이나 크로스오버차량(CUV)·스포츠유틸리티차량(SUV) 등이 인기를 끌고 있으며, 승용차에 주력하는 현대·기아차는 판매가 부진할 수밖에 없는 상황
＊최근 가솔린 가격 증가로 에너지 효율성이 높은 소형 차종과 크로스오버, 소형 스포츠유틸리티 차종의 수요 증가가 지속될 것으로 보이며, 신형 모델이 나오는 올해 하반기에 수요가 증가할 것으로 보임. (로스앤젤레스 지역 현대차 딜러)

◦ 무선통신기기(2.5%↓): 9월 출시된 아이폰8의 선전, 11월의 블랙프라이데이 및 신제품 출시에 대한 구매 대기 수요로 인해 수출 감소

현장 정보
＊9월 출시된 iPhone8의 선전으로 삼성 Galaxy S8, Galaxy Note8의 매출이 감소한 것으로 보임. 또한 11월에 출시될 iPhoneX에 대한 정보, 프로모션에 대한 문의를 많이 받고 있으며 이들 신제품에 대한 대기수요가 높을 것으로 전망됨.(BestBuy)

> ＊미국 내 11월 블랙프라이데이 기간에는 무선통신기기를 비롯한 전자기기의
> 세일 폭이 가장 높아, 구매를 대기하는 수요 또한 많음.

◦ 가정용전자제품(30.2%↓): 신규주택 착공 감소, 한국산 세탁기에 대한 세이프가드 발동 우려에 따른 수요 부진으로 수출 감소

> 현장 정보
> ＊허리케인 하비와 어마의 영향이 신규 주택 착공에 영향을 주었으며, 이는 가전의
> 수요 감소로 이어짐.
> ＊한국 세탁기의 세이프가드 조치 가능성에 대한 불안감이 바이어의 구매에도
> 영향을 미치고 있음.(바이어 H사)

◦ 반도체(5.4%↑): 메모리·낸드플래시 가격 상승과 수요 증가세 지속돼 수출 증가

> 현장 정보
> ＊IoT 및 스마트폰 탑재 메모리 사용 증가 및 기업 서버용 낸드플래시 사용량
> 증가로 올해 DRMA 평균가격은 77% 상승, 낸드플래시 평균 가격은 38%
> 상승(시장조사기관 IC insight, 10.18)

◦ 컴퓨터(28.1%↑): 데이터센터用 기업 수요와 高사양 노트북·PC 등의 일반 수요가 늘면서 SSD중심으로 수출 증가

> 현장 정보
> ＊북미 지역은 전자업체들이 계속해서 자사 제품에 SSD를 장착하면서 당분간
> SSD마켓 비중이 유지될 전망임. 최근 데이터센터를 중심으로 한 기업 수요가
> 꾸준히 증가하면서 고사양의 노트북, 태블릿, PC 등의 일반 수요가 늘어나고
> 기존 HDD 대체 움직임이 가속화되고 있음. 참고로 HDD 시장은 2017년 3분기
> 기준 전년 대비 최대 9.3% 하락함.(Trendfocus, inc발표 자료)
> ＊또한 Samsung이 SSD 신제품 출시와 기술 경쟁이 이어지면서 HDD와의 가격
> 차이가 크게 줄어 시장 확대가 당분간 이어질 것으로 전망(UNH InterOperability
> Laboratory List, Storage Newsletter)

(특이동향)
◦ 미 ITC, 한국산 가정용 세탁기(삼성, LG) 수입으로 인한 산업피해 유효 판정(10.5)

월간: 一月内，月度

호부진: "호조"和"부진"的合写，"호조"意为"景气，好兆头，好势头"，
"부진"意为"不兴旺，不景气，不活跃"

전년 동기 대비: 同比

> "同比"和"环比":
> "同比"是今年第n月与去年第n月比，即与去年同期相比。用以说明本期发展水平与去年同期发展水平对比而达到的相对发展速度。如，2018年6月与2017年6月相比是"同比"。"环比"是现在的统计周期与上一统计段比较，反映本期比上期增减了多少，表明逐期的发展速度。如，2018年6月与2018年5月相比是"环比"。

무역수지: 贸易收支

흑자: 贸易顺差

조업일수: 开工天数，工作天数

아세안: 东南亚国家联盟，东盟

> 东南亚国家联盟(Association of Southeast Asian Nations)，简称东盟(ASEAN)。成员国有马来西亚、印度尼西亚、泰国、菲律宾、新加坡、文莱、越南、老挝、缅甸和柬埔寨。

CIS: 独联体

> 独立国家联合体(Commonwealth of Independent States, CIS)，是由苏联大多数加盟共和国组成的进行多边合作的独立国家联合体，简称"独联体"。

주력: 主力，主打

중견기업: 中型骨干企业

낸드플래시: 闪存

호황: (经济)繁荣，景气

패키징: 包装

문턱: 门槛

탄탄하다: 坚固，牢固；可靠，稳妥

선풍적: 旋风式，爆棚的，火爆

배틀그라운드: 绝地求生

고사양：高配置

형판디스플레이：平板显示器

로컬브랜드：当地品牌

약진：跃进，跨进，腾飞

디스플레이：显示屏

양산체제：批量生产

자급률：自给率

허리케인：飓风（hurricane）

하비：哈维（飓风名）

어마：艾玛（飓风名）

완만하다：缓慢，迟缓

플릿 판매：大宗销售

픽업트럭：敞篷车

크로스오버차량(CUV)：CUV，跨界休旅车

스포츠유틸리티차량(SUV)：SUV，运动型多用途车

로스앤젤레스：洛杉矶（Los Angeles）

딜러：批发商

블랙프라이데이：黑五

프로모션：推销，宣传

대기수요：潜在需求，潜在需要

착공：（工程）动工，开工

세이프가드：保护措施（safeguard），进口限制

태블릿：平板

KOTRA 2017年10月韩国出口月度报告

分地区出口概况及特别动向

2017年11月

I. 概况

2017年10月❶，韩国商品出口额为449.6亿美元，同比增长❷7.1%❸；进口378.2亿美元，同比增长7.9%❹。贸易顺差71.4亿美元，已连续69个月实现贸易顺差❺。

由于中秋假期，韩国10月份工作日减少四天半，但出口额依旧保持增长，与去年同期相比增长7.1%。

❶ 经贸报告中信息呈现方式的差异及其翻译

❷ 经贸报告中的符号表达及其翻译

❸ 经贸报告中信息呈现方式的差异及其翻译

❹ 经贸报告中信息呈现方式的差异及其翻译

❺ 经贸报告中信息呈现方式的差异及其翻译

10月实际进出口额

（金额单位：亿美元）

时间		出口	同比（%）	进口	同比（%）	差额
2016年	10月	420	−3.2	351	−4.7	69
	1—10月	4,050	−8.0	3,306	−9.9	744
2017年	9月	551	34.9	417	22.6	134
	10月	450	7.1	378	7.9	71
	1—10月	4,751	17.3	3,928	18.8	824

* 资料来源：韩国贸易协会 (K-Stat)❻

❻ 经贸报告中的图表表达及其翻译

❼ 经贸报告中的符号表达及其翻译

❼从国别（地区）看，受10月份工作日天数较少的影响，韩国对大部分贸易伙伴的出口有所下降，但对中国、东盟、越南、欧盟的出口仍继续保持上升态势，对印度和独联体国家的出口小幅减少，对美国、日本、中南美、中东地区的出口呈两位数锐减。

从商品种类看，13类主要出口商品中，半导体、船舶、石油化学等七类出口增长，普通机械、汽车、汽车零部件等六类商品出口减少。其中，半导体的出口额达94.8亿美元，仅低于今年9月，居史上第二高位。⁸

❽ 韩语经贸报告中的名词化句子翻译

从企业规模看，10月份中坚骨干企业和大企业的出口额继续保持上升趋势，但中小企业的出口出现了今年以来的首次下降，中小企业出口比重为16.7%，环比下降1.3个百分点⁹。各类企业出口情况与去年同期相比，中型骨干企业出口增长25.2%，大企业增长7.5%，中小企业下降10.6%。中小企业出口额在所有企业出口额中的占比，2016年10月占20.0%，2017年9月占18.0%，2017年10月占16.7%。¹⁰

❾ 数字翻译——百分点的翻译
❿ 经贸报告中的符号表达及其翻译

II. 分国家（地区）出口情况分析及特别动向

1. 中国

今年10月，韩国对中国的实际出口额同比增长13.5%，达125.8亿美元。2017年1月1日至10月31日，累计出口1,142.7亿美元，同比增长13.4%。韩国10月份对中国出口额占10月韩国总出口额的28.0%。（信息来源：韩国贸易协会K-Stat）¹¹

⓫ 经贸报告中信息呈现方式的差异及其翻译

10月，韩国的内需和出口持续向好，对中国的出口继续保持强劲的增长势头。特别是中国对半导体的需求持续增温，10月出口增长率取得了两位数的大幅提高。

从商品种类看，虽然13类主要商品中有7类出口同比减少，但得益于半导体的实际出口额大幅上涨，10月份韩国对中国整体出口仍保持了强劲的增长势头。

⓬ 经贸报告中的符号表达及其翻译

10月，韩国半导体产品的对华出口额激增¹²

86.6%，受NAND闪存等移动设备需求量增加，以及出口单价上涨的影响，半导体出口继续保持良好态势。

当地情况

中国半导体要赶上世界先进水平大约还需要十年时间，但封装技术门槛相对较低，国内发展基础相对较好，所以封测业追赶速度比设计和制造更快。中国半导体第一个全面领先全球的企业，最有可能在封测业出现。

——中国先进半导体封装企业长电科技董事长王新潮

石油产品的出口同样取得大幅上涨，增长率达56.3%。油价上涨带动出口单价上升，加之中国在全国范围内实施严格的汽车尾气排放标准，促使高质量燃油需求增加，石油产品出口保持持续上升态势。

当地情况

从2017年开始，中国在全国范围内执行机动车尾气排放"国五"标准，以改善大气污染状况。2017年10月起，北京、天津、河北等六个地区开始执行更为严格的"国六"标准。

计算机10月出口增长10.8%。计算机出口额受大容量SSD固态硬盘需求增长影响，保持稳步向好势头。

当地情况

十月初的国庆、中秋黄金周期间，计算机销售火爆，大学生等年轻客户群体的购买需求增加。最近，"绝地求生"等3D电脑游戏在中国人气火爆，电脑游戏对电脑配置要求高，间接地促进了高配置电脑的销售，这也是电脑销售量提高的主要原因。

——广州太平洋电脑 李经理

⑬ 经贸报告中的符号表达及其翻译

平板显示器出口下降⑬31.2%。随着韩国集中向越南手机生产商供应OLED显示屏，对中国的OLED供应量受限。加之中国本土品牌发展势头迅猛，对中国的平板显示器出口减少。

> 当地情况
>
> 10月26日，中国最大的显示器制造商京东方（BOE）成都工厂第6代柔性AMOLED生产线（总投资465亿元人民币）正式宣布投入批量生产。

普通机械出口下降11.7%，下降原因主要是随着中国国内品牌的技术和认知度不断提高，对普通机械的进口需求降低。

> 当地情况
>
> 依托《中国制造2025》《"十三五"机械工业质量规划》等机械产业发展政策，以及技术和质量提升政策，中国品牌机械的影响力不断加强，主要产品生产量提高。目前，中国机械产品的自给率达85%以上。
>
> ——中国机械工业联合会

10月份，对华出口需要留意的特殊动向体现在中国企业半导体工厂建设上。清华紫光集团2016年末开始在武汉建设3D闪存芯片工厂，预计明年年末投入量产。福建晋华集成电路有限公司投资370亿元人民币，启动存储器集成电路生产线建设项目，预计明年9月投放量产。长江存储科技有限责任公司和中国科学院微电子研究所联合承担的32层3D NAND闪存芯片通过各项指标测试，预计2019年开始量产。

2. 美国

今年10月，韩国对美国实际出口额为47.3亿美元，同比下降12.4%。1月1日至10月31日，累计出口569.4亿美元，同比增长3.5%。韩国10月份对美国出口额占10月总出口额的10.5%（资料来源：韩国贸易协会K-Stat）。

10月份，虽然美国从飓风哈维、艾玛的影响中逐渐恢复，经济开始缓慢复苏，但由于汽车和移动设备等产品出口低迷，韩国对美国的出口总额在经历了四个月的上涨之后首次出现下降。

从商品种类看，除半导体、计算机、石油化工类产品之外，各类产品的出口均有所减少，特别是对美主要出口商品——汽车、普通机械、移动设备、汽车零部件的出口呈低迷态势。

在对美国的汽车出口上，受韩国在美国市场没有新车型上市、大宗（政府部门和大企业）销售量减少的影响，10月出口下降了22.6%。

> **当地情况**
>
> 　　美国市场敞篷车、跨界休旅车（CUV）、运动型多用途车（SUV）人气攀升，主打小型轿车的现代、起亚的汽车销售低迷。
>
> 　　汽油价格上涨，能源利用率高的小型车款、跨界休旅车（CUV）、小型运动型多用途车（SUV）的需求持续走高，韩国今年下半年将有新车型在美上市，预计销售会有所上升。
>
> 　　　　　　　　　　　　　　　　　——洛杉矶地区现代汽车经销商

　　移动设备出口下降2.5%。受9月份iPhone8上市、11月黑五，以及不少消费者等待购买即将上市的新产品的影响，10月份韩国对美的移动设备出口下降。

> **当地情况**
>
> 　　9月iPhone8上市，三星的Galaxy S8和Galaxy Note8受其影响，销量减少。另外，11月份iPhoneX即将上市，产品细节、产品宣传受到很大关注，不少消费者正等待新机型上市，准备购买iPhone新产品。（BestBuy）
>
> 　　美国11月黑五期间，移动设备等电子产品的促销力度最大，不少消费者正等待打折促销期间购买。

　　家电产品出口方面，由于美国新建住宅减少，以及美国对韩国实施洗衣机进口限制，10月份韩国对美国家电产品的出口下降30.2%。

> **当地情况**
>
> 　　飓风哈维和艾玛给美国房屋建筑新开工带来不利影响，随之带来的是家电需求的减小。
>
> 　　韩国洗衣机在美受到进口限制，引发多方忧虑，间接影响了消费者的购买。（进口商H公司）

　　半导体出口上升5.4%，内存卡、NAND闪存卡价格提高，需求增大，促进了半导体出口额的提升。

> **当地情况**
>
> 　　loT和智能手机搭载内存使用量增加、企业服务器用NAND闪存使用量增加，今年DRMA平均价格上涨77%，闪存平均价格上涨38%。
>
> 　　　　　　　　　　　　　　——美国市场调查机构IC insight，10月18日

计算机出口增长28.1%。企业的数据中心需求，以及高配置笔记本电脑和个人电脑等的一般性需求上升，SSD固态硬盘出口增加。

> 当地情况
>
> 　　随着北美地区电子企业继续在本公司商品中加装SSD硬盘，预计一段时期内SSD固态硬盘的出货占比将继续保持。近来，企业的数据中心需求不断增加，高配置的笔记本电脑、平板电脑、个人电脑等一般需求提高，使得硬盘驱动器正在被加速取代。据此，2017年第三季度的硬盘驱动器市场将比上年同期最多降低9.3%。
> 　　　　　　　　　　　　　　　　——TrendFocus公司公布的调研资料
> 　　三星推出SSD新产品、提高技术竞争力，并降低SSD与HDD之间的价格差距，预计三星短期内将持续扩大所占市场份额。
> 　　　　　——美国新罕布什尔大学互操作性实验室(存储行业网站Storage Newsletter)

　　10月份，对美出口需要留意的特殊动向体现在家电产品领域。10月5日，美国国际贸易委员会裁定，美国公司受到了来自进口韩国家用洗衣机(三星、LG)的不利影响。

译法解析

1. 经贸报告中信息呈现方式的差异及其翻译

　　韩语报告更强调清晰、醒目，会将一些信息作为提示性标语置于段首，一些信息还会被放到括号中，还有一些会以表格形式呈现。在汉语里，这些被标语化、注释化、图表化的信息，往往都属于正文内容，以完整语句的形式呈现。如本课中，

> ❶❸❹❺ (10월 수출입 동향) 수출 449.6억 달러(전년 동기 대비 +7.1%), 수입 378.2억 달러(+7.9%), 무역수지 71.4억 달러 흑자 기록(69개월 연속 흑자)
>
> 2017年10月，韩国商品出口额为449.6亿美元，同比增长7.1%；进口378.2亿美元，同比增长7.9%。贸易顺差71.4亿美元，已连续69个月实现贸易顺差。

一般在汉语中，括号内的内容是对正文内容的补充。但在上例课文源语文本中，括号内的内容在对应的汉语报告中一般情况下是属于正文很重要的一部分。翻译时按照汉语报告的表述习惯，可去掉括号，将内容译为正文。又如在下例中，

❶

중국	수출실적 및 증감률(억 달러,%)		수출비중(10월)
	금월(10.01~10.31)	누계(1.1~10.31)	28.0
	125.8(13.5)	1,142.7(13.4)	

1. 中国

今年10月，韩国对中国的实际出口额同比增长13.5%，达125.8亿美元。2017年1月1日至10月31日，累计出口1,142.7亿美元，同比增长13.4%。韩国10月份对中国出口额占10月韩国总出口额的28.0%。

以上韩语报告的内容以图表化的形式给出，这符合了韩语报告醒目明了的书写原则。在译为汉语时，应在准确解读的基础上，译为整句，这样符合汉语经贸报告常用的表达惯例。

2. 经贸报告中的符号表达及其翻译

符号常见于经贸类语篇，特别是报告类文本。不同语种在符号的使用上有异有同，准确规范地翻译符号是高质量经贸译文的重要保证。下面结合本课的内容，看一下中韩报告的符号使用情况。

❷ (10월 수출입 동향) 수출 449.6억 달러(전년 동기 대비 ±7.1%), 수입 378.2억 달러(+7.9%), 무역수지 71.4억 달러 흑자 기록(69개월 연속 흑자)

2017年10月，韩国商品出口额为449.6亿美元，同比增长7.1%；进口378.21亿美元，同比增长7.9%。贸易顺差71.4亿美元，已连续69个月实现贸易顺差。

此例中的韩语语篇中"＋"表示增长，上升。翻译时可将符号转为文字。符号的使用上，本课又有下例的情况，

❼ □ (지역별 수출 동향) 조업일수 영향으로 대부분 지역 수출 감소했으나 對중국·아세안·베트남·EU 수출은 증가세 지속, 對인도·CIS 수출은 소폭 감소, 對미국·일본·중남미·중동 지역으로의 수출은 두 자릿수 감소로 전환

从国别（地区）看，受10月份工作日天数较少的影响，韩国对大部分贸易伙伴的出口有所下降，但对中国、东盟、越南、欧盟的出口仍继续保持上升态势，对印度和独联体国家的出口小幅减少，对美国、日本、中南美、中东地区的出口呈两位数锐减。

如上课文内容中，韩语报告为力求清晰、醒目，段落前有时会加"□"等符号起提示性作用，汉语报告强调文字表达的完整、工整，译时可以去掉特殊的符号。本课中，起类似作用的还有"＊""○"等。除了此类符号外，还有一些有实在意义的符号，如：

❿ ＊ 전년 동기 대비 수출 증감률: 중견기업(25.2%) 〉 대기업(7.5%) 〉 중소기업(△10.6%)
   ＊ 중소기업 수출비중: ʼ16.10월(20.0%) → ʼ17.9월(18.0%) → ʼ17.10월(16.7%)

各类企业出口情况与去年同期相比，中型骨干企业出口增长25.2%，大企业增长7.5%，中小企业下降10.6%。

中小企业出口额在所有企业出口额中的占比，2016年10月占20.0%，2017年9月占18.0%，2017年10月占16.7%。

上面这例课文内容中，使用了多处符号。"＞"表示"大于"。"'16.10월"中的"'"表示年份前两位，年份后两位用阿拉伯数字，汉语中则用四位阿拉伯数字完整地表达。"△"作用相当于负号"—"。"→"则表示了一种时间的顺延和变化趋向。更常见的是下面两例中的符号"↑"和"↓"。

⑫ 반도체(86.6%↑): 낸드플래시 등 모바일 기기 중심의 수요 증가 및 수출 단가 상승 영향으로 수출 호황 지속

10月，韩国半导体产品的对华出口额激增86.6%，受NAND闪存等移动设备需求量增加，以及出口单价上涨的影响，半导体出口继续保持良好态势。

⑬ 형판디스플레이(31.2%↓): 베트남 스마트폰 생산공장으로 OLED 공급이 집중되면서 對中 OLED 공급량 제한, 중국 로컬브랜드 약진으로 수출 감소

平板显示器出口下降31.2%。随着韩国集中向越南手机生产商供应OLED显示屏，对中国的OLED供应量受限。加之中国本土品牌发展势头迅猛，对中国的平板显示器出口减少。

数值的增减如果出现在标题、提示语中，韩语有时会使用"↑""↓"来表示"增""减"，而汉语还是用文字叙述。

经贸报告中大量使用符号是韩语的一个特点，再进行翻译时首先要认真确认符号所表达的意义，之后准确地转换为符合汉语规范的表达。

3. 经贸报告中的图表表达及其翻译

图表是经贸类语篇里一个重要的内容，图表可以替代文字表示事物的动态趋势，能够说明事实，并进行形象化的解释和直观的概括。正确理解图表的含义是保证译文准确的先决条件。常见的图表类型有表格、柱形图、曲线图、饼图等。翻译图表时，要优先保证译文中的图表信息与源语文本中无差，要确保准确无误，包括数值、单位、图表标题，以及图表下方的资料来源等，细节上不得有任何出入。此外，还应该考虑按照译入语的习惯进行图表的翻译。

如在翻译下面表格时，如果查阅中文进出口相关权威报告会发现，韩语文本中表格的呈现形式和汉语习惯有差异，翻译时可按中文权威报告中的惯例翻译。如下：

❻ 〈10월 수출입 실적〉

(단위: 억 달러, %)

구분	2016년		2017년		
	10월	1~10월	9월	10월	1~10월
수출	420 (△3.2)	4,050 (△8.0)	551 (+34.9)	450 (+7.1)	4,751 (+17.3)
수입	351 (△4.7)	3,306 (△9.9)	417 (+22.6)	378 (+7.9)	3,928 (+18.8)
무역수지	69	744	134	71	824

* 자료원: 한국무역협회 (K-Stat)

参考译文:

10月实际进出口额

（金额单位：亿美元）

时间		出口	同比（%）	进口	同比（%）	差额
2016年	10月	420	−3.2	351	−4.7	69
	1—10月	4,050	−8.0	3,306	−9.9	744
2017年	9月	551	34.9	417	22.6	134
	10月	450	7.1	378	7.9	71
	1—10月	4,751	17.3	3,928	18.8	824

* 资料来源：韩国贸易协会（K-Stat）

4. 韩语经贸报告中的名词化句子翻译

　　韩语经贸报告中的句子广泛使用名词化结构，这种结构使行文简洁、表达客观。但汉语与之不同，报告中使用的是完整的句子，因此翻译时要按照汉语的表达习惯进行转换。如本课中韩语通篇都名词化的句子，翻译时应译为表意准确、清晰的汉语整句。如，

❽ 반도체(94.8억 달러)는 9월에 이어서 역대 2위 수출 실적 기록

　　半导体出口额达94.8亿美元，仅低于今年9月，居史上第二高位。

5. 数字翻译——百分点的翻译

百分点是指在不同时期以百分数的形式表示的相对指标（如：速度、指数、构成等）的变动幅度，用以表达不同百分数之间的差。韩语用数学符号"%p"表示百分点，汉语用汉字来表示。本课中，

> ❾ 이에 따라 중소기업의 수출비중은 전월보다 <u>1.3%p</u> 하락한 16.7%를 차지함.
>
> 中小企业的出口比重为16.7%，环比下降<u>1.3个百分点</u>。

TIP

针对本课"译法解析"中的第 1-3 点，即"经贸报告中信息呈现方式的差异及其翻译""经贸报告中的符号表达及其翻译""经贸报告中的图表表达及其翻译"，翻译时需要考虑翻译任务中的具体要求进行处理。

作为翻译人员，如果只是被要求进行语言文字上的转换，不需考虑其他要素，那就不需要进行本课"译法解析"中 1-3 点的处理；如果译者被要求译出一篇符合汉语经贸报告写作规范、符合汉语读者阅读习惯的经贸报告，则需依照本课的讲解，进行翻译。

아세안 연계성(ASEAN Connectivity)[1] 추진 현황 및 과제

나. MPAC[2] 2010의 주요 내용과 추진체계

MPAC 2010의 연계성 사업들은 물리적(Physical), 제도적(Institutional), 인적(People to People)[3] 3대 부문별 주요 이니셔티브들로 구성됨.

−[물리적 연계성] 아세안 고속도로 네트워크(AHN:ASEAN Highway Network), 싱가포르·쿤밍 철도연결프로젝트(SKRL:Singaproe-Kunming Rail Link)등 7대 전략 이하 55개 이니셔티브로 구성됨.

−[제도적 연계성] 무역 장벽 해소를 통한 상품서비스 이동 자유화 및 비용 감소로, 물리적 연계성의 효율성 극대화를 목표로 총 10개 전략 이하 50개 이니셔티브로 구성됨.

−[인적 연계성] 물리적 연계성 증진 및 제도 개선을 지원하기 위한 2개 사회·문화 전략 이하 20개 이니셔티브로 구성됨.

다. MPAC 2010 추진성과와 한계

1) 물리적 연계성 이행 현황

■ MPAC 2010에서 계획된 물리적 연계성 사업은 총 7개 전략 이하 55개 이니셔티브가 계획·추진 중이며, 이 중에 18개 프로젝트가 완료된 상황임.

− 가장 대표적인 물리적 연계성 사업으로 볼 수 있는 아세안 고속도로 네

---

1 是"东盟互联互通（ASEAN Connectivity）"。

2 是《东盟互联互通总体规划（MPAC）》。

3 指"物理联通，机制联通，人文交流"。

트워크(AHN) 구축사업은 MPAC 2010 추진 기간인 2010~2015년 동안 총 2,559km(2010년 대비 10.6% 규모 증가) 구간의 도로 건설이 진행되었음.

ㅇ 도로 등급별로는 비포장 협소 2차로인 Class III가 18.4%(1,484km) 감소한 반면 Primary 및 Class I이 각각 31.3%(437km), 36.8%(1,569km) 증가해 점차 도로 환경이 개선되는 추세이나 전체 도로망에서 차지하는 비중은 여전히 30% 미만 수준임.

(단위 : km)

규모 · 비중		합계	Primary	Class I	Class II	Class III	Class III 이하
규모	2010	24,035	1,397	4,267	8,213	8,071	2,087
	2015	26,594	1,834	5,836	10,028	6,587	2,309
	증가	2,559	437	1,569	1,815	−1,484	222
	증가율	10.6%	31.3%	36.8%	22.1%	−18.4%	10.6%
비중	2010	100%	5.8%	17.8%	34.2%	33.6%	8.7%
	2015	100%	6.9%	21.9%	37.7%	24.8%	8.7%

주: Primary 4차선 이상의 자동차 전용 고속도로, Class I 4차로, Class II 2차로, Class III 비포장 협소 2차로. 자료: UNESCAP(2015);ASEAN 2016 p.40에서 재인용.

– 싱가포르-쿤밍 철도연결사업(SKRL: Singapore-Kunming Rail Link)은 1995년 제5차 아세안 정상회의에서 주요 개발 의제로 채택된 이후, 아세안 역내에서 가장 상징적인 연계성 사업으로 인식되어 왔으나 재원조달[4] 및 낮은 예상 수익성 등으로 인해 사업이 지연됨.

ㅇ MPAC 2010 채택 당시 계획된 건설 구간은 총 8개 구간 약 1,285km에 달했으나 실제 건설이 진행된 구간은 태국의 Aranyaprathet-Klongluk 6km 신설, 태국-캄보디아 국경 28km 개선사업에 그쳤으며, 여타 대규모 구간의 경우 대다수 이행기간이 2020년까지 장기계획으로 추진되고 있음.

– 내륙수로 및 해양 물동량은 꾸준히 증가하는 추세이나 정책 효과보다는 시장 상황에 따라서 증감하는 경향을 보이며, 해양물류 부문의 경우 2017년 초 소지역협력 BIMP-EAGA(Brunei-Indonesia-Malaysia-Philippine East

---

4 可译为 "资金筹措"。

Asia Growth Area)의 일환으로 Davao-General Santos 구간에 RoRo(Roll on- Roll off)[5]노선이 신설됨.

- ICT 부문에서는 아세안 브로드밴드회랑(Broadband Corridor), 아세안 인터넷 교환 네트워크(AIX: ASEAN Internet Exchange Network) 등 주요 사업이 다수 진행됨.

- 에너지 부문의 경우 9개 ASEAN Power Grid(APG) 송전선 연결, 13개 Trans ASEAN Gas Pipeline (TAGP) 건설이 완료되는 등 진전이 있었으나 재원조달, 수익성, 기술적·제도적 제한 등 과제가 남아 있음.

2) 제도적 연계성 이행 현황

■ MPAC 2010에서 계획된 제도적 연계성 사업은 물류 및 무역 활성화 조치가 주를 이루며, 10개 전략 이하 50개 이니셔티브 중 15개 이니셔티브가 완료됨.

- 물류 활성화 관련 사업은 역내 물류 활성화를 위한 기본 협정, 해운 및 항공시장 단일화를 위한 조치들이 주를 이루고 있으며 협정 체결을 위한 논의 진전은 더딘 상황임.

◦ 물류 활성화 3대 기본협정: 상품 운송 원활화를 위한 아세안 기본협정 (AFAFGIT: ASEAN Framework Agreement on the Facilitation of Goods in Transit), 국경간 운송 원활화를 위한 아세안 기본협정 (AFAFIST: ASEAN Framework Agreement on the Facilitation on Inter-State Transport), 복합 운송에 대한 아세안 기본협정(AFAMT: ASEAN Framework Agreement on Multimodal Transport)

아세안 단일항공시장(ASAM: ASEAN Single Aviation Market), 아세안 단일해운시장(ASSM: ASEAN Single Shipping Market) 등 항공·해운 부문 단일시장 출범을 위한 연계성 사업의 경우, 상대적으로 항공보다 해운 부문의 이행이 빠르게 진행됨.

- 무역활성화 관련 이니셔티브들은 물류 부문에 비해서 짧은 기간 동안 다수의 이니셔티브가 진행되었으나 사업 추진 기간이 2018년까지로 긴 것이 특징임.

---

5 指滚装，载货汽车或商品汽车可以直接上船。

3) 인적 연계성 이행 현황

■ 인적 연계성 부문은 역내 회원국간 사회·문화 이해 및 인적이동 증진 관련 사업으로 구성되며 총 20개의 이니셔티브 계획 중 6개 사업이 이행됨.

- 역내 회원국간 이해증진사업은 초·중등 강의 교안 아세안 커리큘럼 교재(ASEAN Curriculum Sourcebook) 발간, 아세안 가상학습교재센터(ASEAN Virtual Learning Resource Center) 출범, 아세안 대학 네트워크(AUN: ASEAN University Network) 등 교육 관련 사업이 주를 이룸.

- 인적이동 증진 관련 사업으로는 역내 관광증진 및 숙련인력 이동 자유화를 위한 자격증 상호인증 제도가 추진된 바 있으나, 실질적인 역내 전문인력 이동 자유화를 위한 비자 간소화 및 국내 법률 정비가 지연되고 있음.

经贸知识

中韩之间的贸易往来

中国和朝鲜半岛一海相隔，很早就有了贸易往来，贸易交流的历史源远流长。早在春秋战国时期，齐国就和朝鲜半岛有着较为频繁的商品贸易。那时，两地的贸易往来大部分是朝贡贸易，到唐朝时，边境地区私人贸易开始出现。

据《三国史记》等书记载，新罗向唐赠送的物品有：金属类的金、银、铜、金钗头、金花银针筒、金佛像、银佛像等；纺织品类有朝霞锦、大花牙鱼锦、龙绡等；药材类有人参、牛黄、茯苓等；皮毛类的有海豹皮等。唐赠送新罗的物品主要有金器、茶叶银锦袍、紫袍、紫罗绣袍、押金线罗裙衣、锦彩、绫彩、五色罗彩、茶叶、白鹦鹉、《道德经》、《佛经》、《孝经》等。唐与新罗民间贸易规模亦甚为可观，品种有金、银、铜、锦、绫、丝、布、人参、牛黄和书籍等。

北宋与高丽的官方贸易，尽管受辽、金牵制曾一度中断，但高丽使节累计到北宋"朝贡"仍有63次，北宋遣使到高丽也有24次之多，且彼此交流的品种、数量都大大超过唐时的规模。北宋与高丽的民间贸易，由于双方政府的支持，显得特别活跃。仅北宋而言，就累计有103批商人前往高丽从事贸易活动。宋商运销高丽的货物，以丝和丝织物为大宗。宋生产的瓷器、手工艺品、生活日用品、中药材和出版的书籍也大量运销高丽。

朝鲜时代重视农本主义，半岛与明朝之间贸易缩减。当时贸易形式大多是以物换物的官方贸易，主要为战争和恢复农业生产而设置，尤其是战时所需的耕牛、战马和粮食。1592年至1598年，日本丰臣秀吉发动侵朝战争，明神宗派兵援朝御倭。在此期间，朝鲜王朝为了抗击倭寇侵略，经与明朝当局商定，在鸭绿江兰子岛开设互市市场，以所产之土特产品换取辽东地区大批粮食和战争急需物资，对保证给养和取得战争的胜利发挥了十分重要的作用。

清初为了发展经济和巩固关外的大后方，也为了充实与明残余势力作战的军饷，清进一步发展了与朝鲜的边境贸易。清入关的第三年（1646年），即与朝鲜政府商定，每年春秋两次在兰子岛互市，由凤凰城地方官厅派人与朝方义州、汉城（今首尔）、开城等地特证商人进行交易。交易商品有黄牛、海参、海带、棉布、白纸、盐、犁口、陶器等。后来，这种官商互市逐渐被民间互市所代替，规模还超过了官商互市。

19世纪中叶，半岛对中国开放贸易港口，但下半叶在日本的影响下，贸易再次缩减，直到20世纪初日本占领朝鲜半岛，贸易断绝。冷战期间，中韩两国基本没有经济往来，直到1973年，韩国向共产主义国家开放门户，两国在没有外交关系的情况下，以小规模民间转口贸易（主要是通过中国香港等地中转的间接贸易和少量边境贸易）为起点，逐步发展经济往来。但由于出口基数很低，到1984年中韩双边贸易额占各自进出口贸易总额之比不到1%。后来，随着中国改革开放的不断深化和韩国北方政策的逐步推进，双方的直接贸易有了初步发展，直接贸易比重从1985年以前的0上升到1989年年底的39.2%。1992年2月1日，《中韩民间贸易协定》正式生效，中韩双方互相实施最惠国待遇和最低税率，为两国贸易发展奠定了牢固的基础。

1992年8月24日，中韩两国签署建交公报，达成"友好合作关系"；同年9月，两国签署《中韩政府贸易协定》；1998年达成"合作伙伴关系"；2003年升级为"全面合作伙伴关系"；2008年确立为"战略合作伙伴关系"；2015年12月20日，《中韩自由贸易协定》正式生效。

建交后的中韩贸易发展可以分为1992–2001年的"快速启动阶段"和2002年之后的"高速发展阶段"。[1]

第一阶段里，建交之初的1992年，中韩双边贸易额为50.3亿美元，1993年总额为82.2亿美元，增长率高达62.4%。1994年突破100亿美元。受东亚金融危机冲击，1998年中韩贸易首次出现负增长，降幅达11.6%。1999年情况有所好转，到2001年中韩贸易额达到359.1亿美元，约占中国进出口总额的7.0%和韩国进出口总额的10.8%。

这一阶段，中韩两国的进出口商品结构也发生了明显的变化，初期是互补性产业间贸易，之后逐渐转变为垂直型产业内贸易。韩国主要的出口产品有电子、电器、化工、钢铁等。1993年，钢铁和金属制品的出口比重占21.8%，电

---

[1] 本部分数据来源为"中经网统计数据库"和"韩国国际贸易协会（KITA）"网站。数据转引自"胡艺·沈铭辉（2012）"。

子、电器类商品出口比重占9.1%。到2000年，钢铁和金属制品的出口比重降低到9.4%，电子、电器类商品出口比重上升到了22.9%。此外，机械和汽车类产品出口比重也大幅下降。中国出口产品在初期集中在农林水产品、纺织品和矿物产品等初级产品和劳动密集型产品上，这部分产品占中国对韩出口比重的80%以上。但随后结构发生了根本性的变化，农林水产品出口比重从1993年的31.1%下降到2000年的16.1%，电子、电器类产品出口比重则从1993年的6.5%升至2000年的29.5%，取代农林水产品成为中国出口韩国的第一大商品。

第二阶段里，2002年中韩进出口总额增长24.4%，2003、2004两年的增长率高达41.6%和44.2%。2003年韩国对华出口，继2001年超过对日出口后又超过对美出口，中国开始成为韩国最大的出口市场，同时中韩贸易总额超过韩日贸易总额，中国成为韩国第二大贸易伙伴。2004年中韩贸易总额超过韩美贸易总额，中国开始成为韩国第一大贸易伙伴。2005年，中韩进出口总额突破1,000亿美元，并连续4年保持约20%的增长率。2009年受美国次贷危机的影响，中韩贸易出现第二次负增长，降幅高达16%。但中韩贸易额仍在2010年突破2,000亿美元，这比预计的2012年提前2年达到目标。2011年中韩贸易额已占韩国对外贸易总额的20.4%，对华出口额约为对美日欧出口额的总和，韩国十大出口产品中六类产品的最大出口对象国都是中国。中韩贸易额的最高峰出现在2014年，贸易额为2,904亿美元，接近3,000亿美元大关，比建交时增长约60倍。在之后的2015年和2016年，双边贸易额均略有下降，为2,273.8亿美元和2,113.9亿美元，分别下降3.4%和7.0%。到2017年，双边贸易已呈恢复增长态势，进出口额达2,399.7亿美元，增长13.5%。

这一阶段，中韩两国的贸易结构也发生了变化，从2002年初的垂直型产业内贸易向水平型产业内贸易转变。2002年，韩国对华出口商品主要以电子、电器、石化、钢铁等为主，韩国从中国进口的商品以工业电子制品、矿物燃料、纤维制品和农产品为主。2006年，韩国对华出口产品中，电子零部件、工业电子制品、石化产品、工业机械和钢铁制品位列前五，韩国自华进口商品中，工业电子制品、钢铁制品、电子零部件、纤维制品、矿物燃料和农产品位列前六。此后中韩贸易商品结构基本稳定，表现出明显的产业内贸易特征，特别是电子类产品及零部件贸易的主体地位更为突出。2010年，韩国对华出口产品位列前五的分别是电子零部件、石化产品、工业电子制品、汽车和矿物燃料，韩国自华进口商品位列前五位的分别是电子零配件、工业电子制品、钢铁制品、纺织制品和精密化学品。中韩贸易已经由垂直型产业内贸易逐步朝着水平型产业内贸易发展。2017年，机电产品、化工产品和光学医疗设备是韩国对中国出口的主要产品，三类产品合计占韩国对华出口总额的75.8%。韩国自中国进口排名前三位商品为机电产品、贱金属及制品和化工产品，分别占总额的46.7%、13.2和9.1%。

参考资料：

1. 李晨宇，中韩贸易的历史与中韩自贸区的未来，《农村经济与科技》第27卷第09期（总第389期），2016年，第124～126页。

2. 聂蒲生，中朝边境贸易的历史渊源，《经济研究导刊》第30期（总第68期），2009年，第151～152页。

3. 归秀娥，对中韩贸易发展潜在性问题的思考，《西安财经学院学报》第30卷第3期，2017年，第118～122页。

4. 胡艺，沈铭辉，中韩贸易20年：回顾与展望，《东北亚论坛》总第103期，2012年，第72～79页。

人工智能和数字内容产业全球发展概述

人工智能和数字内容产业全球发展概述

　　过去三年，人工智能技术成为全球风险投资追逐的目标，从❶上游的GPU芯片等硬件，到❷核心环节的机器学习等基础技术开发，再到❸下游的Fintech❹、医疗影像、自动驾驶等落地应用，一个全新的全球人工智能世界正在成型。

　　整体上看，2016年全球创业风险投资较2015年出现明显下降。但在人工智能领域全球融资逆势增长，并在2016年第二季度创出融资16.9亿美元的单季新高❺。

　　人工智能的发展引发全球的关注。❻乐观者看到新的机会，认为人工智能可以帮助我们克服目前面对的诸多难题，如养老看护、疑难杂症、终身教育、气候变化等等。持谨慎态度者担心人工智能和自动化会带来失业问题。Elon Musk（埃隆·马斯克）甚至警告人工智能的发展有可能威胁到人类本身的种族存续。

　　虽然各方对人工智能发展的看法不同，但所做的推论当中有很多相似之处，其中重要的一点，就是相对于机器，人类在艺术、文学、创意等领域是具有明显优势的，而且这些优势不会随着时间而改变。❼从这一观点延伸出来的一个重要结论：未来创业产业是受人工智能影响最小的产业，是人类得以发挥所长，与人工智能相得益彰的完美结合点。

　　在硬币的另一面，娱乐媒体与创意产业对移动互联、大数据、虚拟现实、人工智能❽等技术的敏感度很高❾，娱乐媒体和创意产业往往是新技术最先落地的试验田❿，而每次通信技术革新必然带来媒体行业的重大结构变化。人工智能与媒体和娱乐业的融合发展，很可能在全球范围内再次引发新一波产业革命。

人工智能对传统媒体的影响

新闻出版、音像制作发行、广播电视等传统媒体在社会生活中占据重要位置。即便是在移动互联已经普及的今天，传统媒体仍然是人们最重要的信息来源和内容提供方。虽然受到来自互联网等新兴技术的冲击，但除部分纸媒外，占媒体行业收入大头的电视等板块仍然保持稳健增长。据麦肯锡的预测，这一趋势至少在中期以内不会发生太大改变。

移动互联网的发展在很大程度上改变了人们信息消费的习惯。音像出版、纸媒、电视等行业或多或少受到冲击[11]。但这一波冲击主要集中在分发渠道方面，优质内容仍然是稀缺资源，是各方争夺的焦点。

与移动互联网造成的直接冲击不同，人工智能对传统媒体业的影响相对仍然较小，但其影响可能不会局限于内容分发领域，而是从根本上影响到从内容制作到消费形式的方方面面。[12]

人工智能目前已经可以辅助传统媒体企业将各类创意想法快速落地[13]。例如Wibbitz。这家成立于2011年的以色列初创公司利用人工智能技术自动分析网站文本，再依照分析结果从网上抓取相关的公开视频和图像，在几分钟之内自动生成新的视频短片，并配有自动生成的自然语言配音。[14]目前其客户中包括USA Today Sports、时代杂志、CBS、美国在线以及其他一些新闻网站。

其他开创性的研究案例也正在尝试中，如麻省理工的计算机科学和人工智能实验室(CSAIL)用深度学习的方法训练人工智能[15]，可以通过观察人们互动的方式预测他们下一步的动作。[16]研究人员希望未来可以用这套算法[17]开发出护理机器人。

人工智能：인공 지능(AI)

数字内容产业：디지털 콘텐츠 산업

风险投资：벤처 캐피털(venture capital)

上游：업 스트림(up stream)

GPU芯片：GPU(Graphics Processing Unit) 칩

硬件：하드웨어

机器学习：머신 러닝

下游：다운 스트림(down stream)

医疗影像：의료영상

自动驾驶：자율주행

融资：파이낸스

养老看护：노인간호

疑难杂症：난치병

终身教育：평생교육

移动互联：모바일 인터넷

大数据：빅데이터

虚拟现实：가상 현실

融合发展：융합 발전

纸媒：인쇄 매체

移动互联网：모바일 인터넷

内容分发领域：콘텐츠 전달 분야

以色列：이스라엘

初创公司：스타트업

> 刚刚创立，且没有足够资金以及资源的各类公司。

抓取：캡처하다

配音：더빙

深度学习：심화 학습

> 深度学习是机器学习研究中的一个新的领域，其动机在于建立、模拟人脑进行分析学习的神经网络，它模仿人脑的机制来解释数据，例如图像、声音和文本。

算法：알고리즘

护理机器人：간호 로봇

인공 지능(AI)과 디지털 콘텐츠 산업의 글로벌 발전 개요

지난 3년간 인공 지능기술은 글로벌 벤처 캐피털(venture capital)이 추구하는 목표가 되었으며, 업 스트림(up stream)이었던 GPU(Graphics Processing Unit) 칩 등 하드웨어에서부터❶ 핵심 부분인 머신 러닝 등 기초기술의 개발, 그리고❷ 다운 스트림(down stream)의 핀테크(Fintech)❹, 의료영상, 자율주행 등의 적용 및 응용에 이르기까지❸ 완전히 새로운 글로벌 인공 지능 세상이 모습을 갖추고 있다.

전반적으로 보면, 2016년 글로벌 벤처캐피털은 2015년에 비해 현저하게 줄었다. 그러나 인공 지능 분야에서의 글로벌 파이낸스(Global Finance)는 오히려 성장하는 추세를 보이며 2016년 제2분기에는 16억 9천만 달러를 달성, 분기 최고액을 기록했다❺.

인공 지능의 발전은 전 세계의 이목을 집중시켰다.❻ 낙관론자들은 새로운 기회를 보고 인공 지능이 노인간호, 난치병, 평생교육, 기후변화 등 현재 우리가 직면하고 있는 많은 난제들을 해결하는 데 도움을 줄 수 있을 것이라고 여긴다. 그러나 신중론자들은 인공 지능과 자동화가 가져올 실업 문제를 우려한다. 엘론 머스크(Elon Musk)는 인공 지능의 발전이 인간 자체의 종족 보존을 위협할 수도 있다고까지 경고한 바 있다.

비록 각측이 인공 지능 발전을 바라보는 관점은 다르지만 그 이면에는 많은 유사점이 존재한다. 그 중 중요한 것은 인간이 기계보다 예술, 문학, 창작

❶ 经贸语篇中搭配用语的翻译
❷ 经贸语篇中搭配用语的翻译
❸ 经贸语篇中搭配用语的翻译
❹ 经贸科技领域新词的翻译

❺ 经贸语篇中搭配用语的翻译

❻ 翻译中语态的转换

❼ 分译

❽ 经贸科技领域新词的翻译
❾ 隐喻的翻译
❿ 隐喻的翻译

활동 등의 영역에서 월등하게 우위를 점하고 있으며, 이러한 우위는 시간이 지나도 변하지 않을 것이라는 점이다.❼ 이러한 관점으로 미루어 미래의 창조 산업(creative industry)은 인공 지능의 영향을 가장 적게 받는 산업으로 인간이 가지고 있는 장점을 발휘하여 인공 지능과 윈윈할 수 있는 완벽한 결합점이 될 것이라는 결론을 얻을 수 있다.

다른 한편으로는 엔터테인먼트 미디어와 창조 산업은 모바일 인터넷, 빅데이터, 가상 현실, 인공 지능❽ 등 기술에 민감하게 반응하는❾ 산업으로 신기술이 가장 먼저 적용되는 영역이다❿. 통신 기술 혁신이 이루어질 때마다 미디어 업계는 중대한 구조 변화를 맞게 될 것이다. 인공 지능과 미디어, 엔터테인먼트 산업의 융합 발전은 전 세계적으로 새로운 산업 혁명을 일으킬 가능성이 크다.

인공 지능의 전통 미디어에 대한 영향

신문 출판, 음반·영상 제작 및 발행, 라디오·TV 방송 등 전통 미디어는 사회 생활에서 중요한 역할을 차지하고 있다. 모바일 인터넷이 보편화된 오늘날에도 전통 미디어는 여전히 중요한 정보 출처 및 내용의 제공자이다. 인터넷 등 신기술의 돌격에도 불구하고 일부 인쇄 매체를 제외한 미디어 업계의 수입에서 큰 비중을 차지하는 TV 방송 등의 영역은 여전히 안정적인 성장을 하고 있다. 맥킨지(Mckinsey)는 이같은 추세는 적어도 당분간은 큰 변화가 없을 것이라고 전망했다.

모바일 인터넷의 발전은 사람들의 정보 수집 소비 습관을 크게 바꾸어 놓았다. 음반·영상 출판, 인쇄 매체, TV 등 업종은 많든 적든 **충격을 받았다⑪**. 그러나 이는 주로 경로 전달 방면에 집중돼 있고, 양질의 콘텐츠는 여전히 희소자원으로 양측의 각광을 받고 있다.

모바일 인터넷이 가져온 직접적인 충격과는 달리 인공 지능이 전통 미디어 산업에 미치는 영향은 상대적으로 적지만 그 영향은 콘텐츠 전달 분야에만 국한되지 않고 근본적인 콘텐츠 제작에서부터 소비 형식에 이르기까지 여러 방면에 영향을 미칠 수 있다.⑫

인공 지능은 전통 미디어 기업을 보조해 각종 창조적 아이디어들이 **빨리 적용되도록⑬** 도울 수 있다. 윕비츠(Wibbitz)와 같은 기업을 예로 들 수 있는데, **이 기업은 2011년 설립된 이스라엘의 스타트업으로 인공 지능 기술을 이용하여 웹사이트 텍스트를 자동 분석하며, 분석 결과에 근거해 인터넷에서 관련된 공개 동영상과 이미지를 캡처하여 몇 분 내에 새로운 짧은 동영상으로 생성해 내고 자동으로 생성된 자연 언어로 더빙까지 한다.⑭** 현재 이 기업은 USA Today Sports, TIME, CBS, American Online 및 기타 뉴스 사이트 등을 고객으로 하고 있다.

기타 창의적 연구 사례로 MIT의 컴퓨터과학 및 인공 지능 연구소(CSAIL)가 심화 학습의 방법으로 인공 지능을 훈련시켜⑮ 사람들의 교류 방식을 관찰함으로써 사람들의 다음 동작을 예측하는 실험을 진행한 바 있다.⑯ 연구진들은 미래에 이러한 **알고리즘⑰**을 활용해 간호 로봇을 개발해 낼 수 있기를 희망하고 있다.

1. 经贸语篇中搭配用语的翻译

　　经贸语篇语言专业度高，有一些常见的表达是固定的。词和词互相搭配，结成固定的用语，这些用语在经贸语篇中总是一同出现，久而久之为人所熟知和广泛接受，被吸纳为专业度和认可度极高的搭配用语。本课中有几处，

> ❶❷❸ 过去三年，人工智能技术成为全球风险投资追逐的目标，<u>从上游的GPU芯片等硬件</u>，<u>到核心环节的机器学习等基础技术开发</u>，<u>再到下游的</u>Fintech、医疗影像、自动驾驶等落地应用，一个全新的全球人工智能世界正在成型。
>
> 지난 3년간 인공 지능 기술은 글로벌 벤처 캐피털(venture capital)이 추구하는 목표가 되었으며, 업 스트림(up stream)이었던 GPU(Graphics Processing Unit) 칩 등 하드웨어<u>에서부터</u> 핵심 부분인 머신 러닝 등 기초기술의 개발, <u>그리고</u> 다운 스트림(down stream)의 핀테크(Fintech), 의료영상, 자율주행 등의 적용 및 응용<u>에 이르기까지</u> 완전히 새로운 글로벌 인공 지능 세상이 모습을 갖추고 있다.

　　上例中的"从……，到……，再到……。"在语篇中常被译作"……에서부터 ……, 그리고 ……에 이르기까지"。下例中，

> ❺ 但在人工智能领域全球融资逆势增长，并在2016年第二季度<u>创出</u>融资16.9亿美元的单季<u>新高</u>。
>
> 그러나 인공 지능 분야에서의 글로벌 파이낸스(Global Finance)는 오히려 성장하는 추세를 보이며 2016년 제2분기에는 16억 9천만 달러를 달성, 분기 <u>최고액을 기록했다</u>.

　　"创出新高"经常在经贸类语篇中出现，对应的韩语惯用表达是"최고액을

기록하다".

⓫ 音像出版、纸媒、电视等行业或多或少受到冲击。

음반·영상 출판, 인쇄 매체, TV 등 업종은 많든 적든 충격을 받았다.

"受到冲击"对应的韩语固定表达是"충격을 받다"。

另有一些经贸语篇中常用的固定表达方法及其翻译归纳如下：

进入……轨道	……의 궤도에 진입하다
为……迈出一步，向着……迈出一步	……을 위한 발걸음을 내딛다
发挥……的作用	……의 역량을 발휘하다
应对……的危机	……의 위기에 대응하다(대처하다)
按照……原则，本着……原则，根据……原则	……의 원칙에 입각하여
根据……原则	……의 원칙에 따라
着手……工作	……업무에 착수하다 ……업무에 본격 돌입하다
推动……关系向前发展	……관계를 한층 더 발전시키다
出于……考虑，鉴于……	……을 고려하여
陷入……恐慌之中	……공황 상태에 빠지다
揭开……序幕，拉开……序幕	……의 서막을 열다
看好……前景	……전망을 밝게 보다

2. 经贸科技领域新词的翻译

随着经济、文化、科技的发展，新兴事物不断涌现，这时语言系统顺应新发明、新事物或新社会现象的出现会创制新词。汉韩翻译中，新词的翻译主要有两种：一种是音译该名词的英文名称，一种是按照汉语名称进行直译。以本课的几处为例，

❹ 过去三年，人工智能技术成为全球风险投资追逐的目标，从上游的GPU芯片等硬件，到核心环节的机器学习等基础技术开发，再到下游的Fintech、医疗影像、自动驾驶等落地应用，一个全新的全球人工智能世界正在成型。

지난 3년간 인공 지능 기술은 글로벌 벤처 캐피털(venture capital)이 추구하는 목표가 되었으며, 업 스트림(up stream)이었던 GPU(Graphics Processing Unit) 칩 등 하드웨어에서부터 핵심 부분인 머신 러닝 등 기초기술의 개발, 그리고 다운 스트림(down stream)의 핀테크(Fintech), 의료영상, 자율주행 등의 적용 및 응용에 이르기까지 완전히 새로운 글로벌 인공 지능 세상이 모습을 갖추고 있다.

　　Fintech是金融科技，源语文本中直接用了英文原词，这是汉语语篇在处理新词时也比较常见的情况。翻译成韩语时，可以直接用韩语音译该英文词汇，这些词中被人们普遍熟悉的可以直接音译为韩语，尚未被人普遍熟知的词可在后面加括号写清英文原词。

❽ 在硬币的另一面，娱乐媒体与创意产业对移动互联、大数据、虚拟现实、人工智能等技术的敏感度很高，娱乐媒体和创意产业往往是新技术最先落地的试验田，而每次通信技术革新必然带来媒体行业的重大结构变化。

다른 한편으로는 엔터테인먼트 미디어와 창조 산업은 모바일 인터넷, 빅데이터, 가상 현실, 인공 지능 등 기술에 민감하게 반응하는 산업으로 신기술이 가장 먼저 적용되는 영역이다. 통신 기술 혁신이 이루어질 때마다 미디어 업계는 중대한 구조 변화를 맞게 될 것이다. 인공 지능과 미디어, 엔터테인먼트 산업의 융합 발전은 전 세계적으로 새로운 산업 혁명을 일으킬 가능성이 크다.

　　"大数据"对应的英文名称是"big data"，韩语中更常采用音译英文原词的方法译为"빅데이터"。"虚拟现实"和"人工智能"常采用按照汉语名称直译的方法，译为"가상 현실"和"인공 지능"。

⑰ 研究人员希望未来可以用这套算法开发出护理机器人。

연구진들은 미래에 이러한 <u>알고리즘</u>을 활용해 간호 로봇을 개발해 낼 수 있기를 희망하고 있다.

"算法"一词同样习惯采用的是音译英语单词的方式，译为"알고리즘"。

3. 翻译中语态的转换

语态是动词的一种形式，用来展现主语和谓语动词之间的关系。韩语的"语态"指谓语动词的主动态、被动态和使动态。

⑥ 人工智能的发展<u>引发</u>全球的<u>关注</u>。

인공 지능의 발전은 <u>전 세계의 이목을 집중시켰다</u>.

⑮ 其他开创性的研究案例也正在尝试中，如麻省理工的计算机科学和人工智能实验室(CSAIL)用深度学习的方法<u>训练人工智能</u>，可以通过观察人们互动的方式预测他们下一步的动作。

기타 창의적 연구 사례로 MIT의 컴퓨터과학 및 인공 지능 연구소(CSAIL)가 심화 학습의 방법으로 <u>인공 지능을 훈련시켜</u> 사람들의 교류 방식을 관찰함으로써 사람들의 다음 동작을 예측하는 실험을 진행한 바 있다.

上面两个汉语源语语篇的画线部分"引发关注"和"训练"在汉语里都是主动态的表达，但在翻译时都需要处理为具有使动意义的韩语表达"이목을 집중시키다"和"훈련시키다"。这是因为"집중하다"和"훈련하다"是"集中"和"训练"动作发出者自己去"集中……"和"训练……"，如要表达动作发出者让对方"集中……""训练……"，则需要在谓语动词的语态上做出调整，调整为使动态。

4. 翻译中逻辑关系的分析与再建

经贸语篇中有时会使用长句来表达复杂的概念或内容，这样可以使逻辑严密、结构紧凑。这样的长句往往结构复杂。汉语长句中有时会用关联词等来体现分句间的逻辑关系，但由于汉语"重意合"的特点，一些复句长句中的逻辑关系是隐形的。翻译这些汉语长句时，要弄清长句的句子结构、主干成分和各分句间的逻辑关系，要将"隐形的"逻辑关系在韩语译文中再建。如本课中，

⑫ 与移动互联网造成的<u>直接冲击不同</u>，人工智能对传统媒体业的影响相对仍然较小，<u>但</u>其影响可能不会局限于内容分发领域，<u>而是</u>从根本上影响到从内容制作到消费形式的方方面面。

<u>모바일 인터넷이 가져온 직접적인 충격과는 달리</u> 인공 지능이 전통 미디어 산업에 미치는 영향은 상대적으로 적<u>지만</u> 그 영향은 콘텐츠 전달 분야에만 국한되지 않고 근본적인 콘텐츠 제작에서부터 소비 형식에 이르기까지 여러 방면에 영향을 미칠 수 있다.

在翻译上面的句子时，首先要清晰理解句子意义，理清句子内部的逻辑关系。这句话是一个转折复句，主语部分是"人工智能对传统媒体业的影响"，它前面的"与移动互联网造成的直接冲击不同"是句子整体的状语成分，而从"但……"开始一直到句末都是转折的内容，转折部分中又包括了两个并列的分句。翻译成韩语时，要在层层分析的基础上将这种逻辑关系在韩语中再建立起来。

请通过下面的课文语篇译例，再看看逻辑关系是如何在译语中再建的。

⑯ 其他开创性的研究案例也正在尝试中，如麻省理工的计算机科学和人工智能实验室(CSAIL)用深度学习的方法训练人工智能，可以通过观察人们互动的方式预测他们下一步的动作。

기타 창의적 연구 사례로 MIT의 컴퓨터과학 및 인공 지능 연구소(CSAIL)가 심화 학습의 방법으로 인공 지능을 훈련시켜 사람들의 교류 방식을 관찰함으로써 사람들의 다음 동작을 예측하는 실험을 진행한 바 있다.

翻译练习

中国互联网经济发展概览分析

2016年中国电商市场交易规模超20万亿，增速略有上升

艾瑞咨询最新数据显示，2016年中国电子商务市场交易规模20.5万亿元，增长25.6%，增速略有上升。2016年电子商务市场细分行业结构中，<u>B2B电子商务</u>[1]合计占比超过七成，仍然是电子商务的主体；中小企业B2B、网络购物、在线旅游交易规模的市场占比与2015年相比均有小幅上升。2016年起，艾瑞调整O2O[2]统计口径，新增四个行业，所以2016年本地生活O2O服务行业规模有较大的增长。

2016年中国电商B2B行业市场规模，中小企业增长17.4%

艾瑞咨询最新数据显示，2016年中国中小企业B2B平台服务营收规模为239.9亿元，同比增长17.4%。整体而言，中小企业B2B平台服务营收规模呈稳步增长态势。

2016年中国网络购物行业市场结构，<u>B2C</u>[3]占比达55%，较2015年提高3个百分点[4]

艾瑞咨询的研究数据显示，2016年中国网络购物市场中B2C市场交易规模为2.6万亿元，在中国整体网络购物市场交易规模中的占比达到55.3%，较2015年提

1　可译为"B2B (Business to Business) 전자상거래"。
2　可译为"O2O (One to Offline)"。
3　可译为"B2C (Business to Consumer)"。
4　可译为"3%p (3%포인트) 인상"。

高3.2个百分点；从增速来看，2016年B2C网络购物市场增长32.4%，远超C2C市场16.4%的增速。

艾瑞分析认为，本年度过后，B2C市场占比仍将持续增加。随着网购市场的成熟，产品品质及服务水平逐渐成为影响用户网购决策的重要原因，未来这一诉求将推动B2C市场继续高速发展，成为网购行业的主要推动力。而C2C市场具有市场体量大、品类齐全的特征，未来也仍有一定的增长空间。

2016年中国移动网购规模超3万亿元，占网购总规模70.3%

艾瑞咨询最新数据显示，2016年中国移动购物市场交易规模超3万亿元，同比增长58.3%，依旧保持较高速增长。

艾瑞分析认为，未来几年，中国移动网购仍将保持稳定增长。移动端随时随地、碎片化、高互动等特征使购物受时间、空间限制更小，消费行为变得分散，随着移动购物模式的多样化，社交电商、直播、VR、O2O等与场景相关的购物方式和大数据的应用将成为驱动移动购物发展的增长点。

中国互联网金融发展概览分析

2016年中国第三方互联网支付交易规模达到20万亿元，环比增长68.5%

艾瑞咨询认为：受到"双11"[5]的影响，Q4互联网支付交易规模小幅上涨，且突破单季度交易规模6万亿大关。通过数据对比发现，2016年各季度的交易规模较2015年同比增幅均超50%，虽然移动支付带来的冲击不小，但是目前用户的支付习惯仍处于从PC端向移动端过渡的阶段，这一阶段依旧会持续较长时间。因此，未来一年互联网支付仍能保持12%–15%的环比增速。

---

5 可译为"쌍스이 (雙十一, 광군제, 중국판 블랙프라이데이)"。

2016年中国第三方移动支付交易规模达到58.8万亿元，环比增长381.9%

艾瑞咨询认为：Q4季度由于"双11""双旦"[6]等电商推广促销活动的影响，移动购物会有较快的环比增长。此外，随着智能手机的普及，消费者由PC端向移动端的迁移速度加快，其他场景在移动端的增速同样可观。另一方面，2016年Q3央行首次承认二维码支付[7]的地位，这带来了二维码支付市场新一轮的爆发，同时也促进线下市场进一步升级，加速了无现金社会[8]的进程。

移动消费将成为未来移动支付交易规模增速的支撑

2016年Q4第三方移动支付交易规模结构中，移动金融占比15.1%，个人应用占比68.1%，移动消费占比11.6%。

艾瑞咨询认为：从2016年的整体趋势可以看出，移动消费呈现稳定上升的状态，这说明移动消费逐渐向着移动支付规模增速支柱的方向发展。2016年的春节红包[9]，改变了消费者的转账习惯，大量资金流通于各个虚拟账户[10]之间，同时提现手续费的提出，让用户在消费时会优先使用余额支付，以避免手续费的支付。这样，随着消费者虚拟账户上余额的积累以及线下支付习惯的培养，移动消费的占比将不断提高。

6　可译为"쌍단 (雙旦, 홀리데이 시즌, 크리스마스와 새해 연휴)"。

7　可译为"QR코드 결제"。

8　可译为"무현금사회"。

9　可译为"춘제 (春節, 중국 설) 훙바오 (紅包, 세뱃돈)"。

10　可译为"가상 계좌"。

经贸知识

2000年以来韩国的贸易状况

韩国属于外向型经济，贸易出口在国民经济发展中占据重要地位。下面从进出口额、主要进出口对象国（地区）、主要进出口商品类别来了解一下2000年以来韩国的贸易状况。

表1　韩国2000-2020年进出口概况[1]

金额：千美元；同比：%

年度	出口		进口		差额
	金额	同比	金额	同比	
2000 年	172,267,510	19.9	160,481,018	34.0	11,786,492
2001 年	150,439,144	−12.7	141,097,821	−12.1	9,341,323
2002 年	162,470,528	8.0	152,126,153	7.8	10,344,375
2003 年	193,817,443	19.3	178,826,657	17.6	14,990,786
2004 年	253,844,672	31.0	224,462,687	25.5	29,381,985
2005 年	284,418,743	12.0	261,238,264	16.4	23,180,479
2006 年	325,464,848	14.4	309,382,632	18.4	16,082,479
2007 年	371,489,086	14.1	356,845,733	15.3	14,643,353
2008 年	422,007,328	13.6	435,274,737	22.0	−13,267,409
2009 年	363,533,561	−13.9	323,084,521	−25.8	40,449,040
2010 年	466,383,762	28.3	425,212,160	31.6	41,171,602
2011 年	555,213,656	19.0	524,413,090	23.3	30,800,566
2012 年	547,869,792	−1.3	519,584,473	−0.9	28,285,319
2013 年	559,632,434	2.1	515,585,515	−0.8	44,046,919

1　数据出自"韩国贸易协会"网站。

年度	出口		进口		差额
	金额	同比	金额	同比	
2014 年	572,664,607	2.3	525,514,506	1.9	47,150,101
2015 年	526,756,503	−8.0	436,498,973	−16.9	90,257,530
2016 年	495,425,940	−5.9	406,192,887	−6.9	89,233,053
2017 年	573,694,421	15.8	478,478,296	17.8	95,216,125
2018 年	604,859,657	5.4	535,202,428	11.9	69,657,229
2019 年	542,232,610	−10.4	503,342,947	−6.0	38,889,663
2020 年	512,788,730	−5.4	467,548,765	−7.1	45,240,015

数据来源：韩国贸易协会

　　根据以上统计数据，2017年韩国出口额已是2000年的三倍多，从2000年到2018年的18年间，韩国出口额整体呈增长态势，2001、2009、2012、2015、2016年出口额略有下降。在进口方面，韩国在2001、2009、2012、2013、2015、2016年出现进口额的同比下降，其余年份均保持增长。从贸易总体情况来看，韩国仅在2008年出现了贸易赤字，其余年份一直维持贸易顺差。贸易顺差额，2017年是2000年的八倍之多。2019—2020年，受新冠疫情等因素影响进出口有所下降。

　　韩国2000年到2019年主要贸易伙伴状况如下表：

表2　韩国2000—2019年主要贸易伙伴[2]

年度	主要贸易伙伴	
	前六位出口对象国（地区）	前六位进口对象国（地区）
2000	美国、日本、中国、中国香港、中国台湾、德国	日本、美国、中国、沙特阿拉伯、澳大利亚、印度尼西亚
2001	美国、中国、日本、中国香港、中国台湾、德国	日本、美国、中国、沙特阿拉伯、澳大利亚、阿拉伯联合酋长国
2002	美国、中国、日本、中国香港、中国台湾、德国	日本、美国、中国、沙特阿拉伯、澳大利亚、德国
2003	中国、美国、日本、中国香港、中国台湾、德国	日本、美国、中国、沙特阿拉伯、德国、澳大利亚
2004	中国、美国、日本、中国香港、中国台湾、德国	日本、中国、美国、沙特阿拉伯、德国、澳大利亚

2　信息出自中华人民共和国"商务部国别报告"网站。

年度	主要贸易伙伴	
	前六位出口对象国（地区）	前六位进口对象国（地区）
2005	中国、美国、日本、中国香港、中国台湾、德国	日本、中国、美国、沙特阿拉伯、澳大利亚、德国
2006	中国、美国、日本、中国香港、中国台湾、德国	日本、中国、美国、沙特阿拉伯、阿拉伯联合酋长国、德国
2007	中国、美国、日本、中国香港、中国台湾、新加坡	中国、日本、美国、沙特阿拉伯、德国、阿拉伯联合酋长国
2008	中国、美国、日本、中国香港、新加坡、中国台湾	中国、日本、美国、沙特阿拉伯、阿拉伯联合酋长国、澳大利亚
2009	中国、美国、日本、中国香港、新加坡、中国台湾	中国、日本、美国、沙特阿拉伯、澳大利亚、德国
2010	中国、美国、日本、中国香港、新加坡、中国台湾	中国、日本、美国、沙特阿拉伯、澳大利亚、德国
2011	中国、美国、日本、中国香港、新加坡、中国台湾	中国、日本、美国、沙特阿拉伯、澳大利亚、印度尼西亚
2012	中国、美国、日本、中国香港、新加坡、越南	中国、日本、美国、沙特阿拉伯、澳大利亚、德国
2013	中国、美国、日本、中国香港、新加坡、越南	中国、日本、美国、沙特阿拉伯、澳大利亚、德国
2014	中国、美国、日本、中国香港、新加坡、越南	中国、日本、美国、沙特阿拉伯、德国、澳大利亚
2015	中国、美国、中国香港、越南、日本、新加坡	中国、日本、美国、德国、沙特阿拉伯、中国台湾
2016	中国、美国、中国香港、越南、日本、新加坡	中国、日本、美国、德国、中国台湾、沙特阿拉伯
2017	中国、美国、越南、中国香港、日本、澳大利亚	中国、日本、美国、德国、沙特阿拉伯、澳大利亚
2018	中国、美国、越南、中国香港、日本、中国台湾	中国、美国、日本、沙特阿拉伯、德国、澳大利亚
2019	中国、美国、越南、中国香港、日本、中国台湾	中国、美国、日本、沙特阿拉伯、德国、澳大利亚

根据以上数据，2000—2014年中国、美国、日本一直是韩国进出口贸易对象国的前三名。2015年开始，中国香港和越南超过日本开始进入韩国出口对象国（地区）前三位之外，韩国的出口对象国（地区），从2000年至2006年，中国香

港、中国台湾、德国稳居四至六位。2007年开始，新加坡取代德国进入韩国出口对象国（地区）前六名。2012年开始，越南超过中国台湾，进入韩国出口对象国（地区）前六名。2017年开始，新加坡退出前六位之列。在进口对象国（地区）方面，中国、美国、日本、沙特阿拉伯一直在韩国进口对象国（地区）前六名之中。此外，澳大利亚、德国、阿拉伯联合酋长国也是韩国主要的进口对象国。

韩国2007年到2019年主要进出口商品构成如下：

表3　韩国2007—2019年十大类进出口商品类别[3]

年份	主要出口商品类别	主要进口商品类别
2007	机电产品；运输设备；贱金属及制品；矿产品；光学、医疗设备；塑料、橡胶；化工产品；纺织品及原料；化纤素浆、纸张；食品、饮料、烟草。	矿产品；机电产品；贱金属及制品；化工产品；光学、医疗设备；运输设备；塑料、橡胶；纺织品及原料；植物产品；活动物，动物产品；等。
2008	机电产品；运输设备；贱金属及制品；矿产品；光学、钟表、医疗设备；塑料、橡胶；化工产品；纺织品及原料；纤维素浆、纸张；贵金属及制品。	矿产品；机电产品；贱金属及制品；化工产品；光学、钟表、医疗设备；运输设备；塑料、橡胶；纺织品及原料；植物产品；食品、饮料、烟草。
2009	机电产品；光学、钟表、医疗设备；化工产品；塑料、橡胶；贱金属及制品；矿产品；运输设备；纺织品及原料；纤维素浆、纸张；家具、玩具、杂项制品。	机电产品；贱金属及制品；纺织品及原料；化工产品；矿产品；光学、钟表、医疗设备；陶瓷、玻璃；运输设备；家具、玩具、杂项制品；塑料、橡胶。
2010	机电产品；运输设备；贱金属及制品；光学、钟表、医疗设备；矿产品；塑料、橡胶；化工产品；纺织品及原料；贵金属及制品；纤维素浆、纸张；食品、饮料、烟草。	矿产品；机电产品；贱金属及制品；化工产品；光学、钟表、医疗设备；运输设备；塑料、橡胶；纺织品及原料；植物产品；食品、饮料、烟草。
2011	机电产品；运输设备；矿产品；贱金属及制品；塑料、橡胶；光学、钟表、医疗设备；化工产品；纺织品及原料；贵金属及制品；食品、饮料、烟草。	矿产品；机电产品；贱金属及制品；化工产品；光学、钟表、医疗设备；运输设备；塑料、橡胶；纺织品及原料；植物产品；活动物、动物产品。
2012	机电产品；运输设备；矿产品；贱金属及制品；光学、钟表、医疗设备；塑料、橡胶；化工产品；纺织品及原料；贵金属及制品；食品、饮料、烟草。	矿产品；机电产品；贱金属及制品；化工产品；光学、钟表、医疗设备；运输设备；塑料、橡胶；纺织品及原料；植物产品；食品、饮料、烟草。

3　信息出自"商务部国别报告"网站，内容由本书作者整理汇总。

（续表）

年份	主要出口商品类别	主要进口商品类别
2013	机电产品；运输设备；矿产品；贱金属及制品；塑料、橡胶；化工产品；光学、钟表、医疗设备；纺织品及原料；食品、饮料、烟草；贵金属及制品。	矿产品；机电产品；贱金属及制品；化工产品；光学、钟表、医疗设备；运输设备；塑料、橡胶；纺织品及原料；植物产品；食品、饮料、烟草。
2014	机电产品；运输设备；矿产品；贱金属及制品；塑料、橡胶；化工产品；光学、钟表、医疗设备；纺织品及原料；食品、饮料、烟草；贵金属及制品。	矿产品；机电产品；贱金属及制品；化工产品；光学、钟表、医疗设备；运输设备；纺织品及原料；塑料、橡胶；植物产品；食品、饮料、烟草。
2015	机电产品；运输设备；贱金属及制品；塑料、橡胶；化工产品；矿产品；光学、钟表、医疗设备；纺织品及原料；食品、饮料、烟草；贵金属及制品。	机电产品；矿产品；贱金属及制品；化工产品；运输设备；光学、钟表、医疗设备；纺织品及原料；塑料、橡胶；植物产品；活动物、动物产品。
2016	机电产品；运输设备；贱金属及制品；化工产品；塑料、橡胶；矿产品；光学、钟表、医疗设备；纺织品及原料；食品、饮料、烟草；贵金属及制品。	机电产品；矿产品；化工产品；贱金属及制品；运输设备；光学、钟表、医疗设备；纺织品及原料；塑料、橡胶；活动物、动物产品；食品、饮料、烟草。
2017	机电产品；运输设备；贱金属及制品；化工产品；塑料、橡胶；矿产品；光学、钟表、医疗设备；纺织品及原料；食品、饮料、烟草；贵金属及制品。	机电产品；矿产品；化工产品；贱金属及制品；光学、钟表、医疗设备；运输设备；纺织品及原料；塑料、橡胶；活动物、动物产品；食品、饮料、烟草。
2018	机电产品；运输设备；贱金属及制品；化工产品；矿产品；塑料、橡胶；光学、钟表、医疗设备；纺织品及原料；食品、饮料、烟草；纤维素浆、纸张。	矿产品；机电产品；化工产品；贱金属及制品；光学、钟表、医疗设备；运输设备；纺织品及原料；塑料、橡胶；活动物、动物产品；食品、饮料、烟草。
2019	机电产品；运输设备；贱金属及制品；化工产品；矿产品；塑料、橡胶；光学、钟表、医疗设备；纺织品及原料；食品、饮料、烟草；纤维素浆、纸张。	机电产品；运输设备；贱金属及制品；化工产品；矿产品；塑料、橡胶；光学、钟表、医疗设备；纺织品及原料；食品、饮料、烟草；纤维素浆、纸张。

参考资料：

1．"韩国贸易协会"网站

2．中华人民共和国"商务部国别报告"网站，信息内容由本书作者整理汇总

第三单元 讲 稿

学习目标

1　体会演讲文稿出现场合的特点，了解场合原因给演讲类文稿的语言带来的影响。

2　掌握翻译演讲文稿时的技巧和注意事项。

演讲文稿的文体特点和翻译

演讲类文稿是经贸翻译中会频繁接触到的涉外材料类型，其中往往有较强的公关意识，具有专业性，讲究政治性。公关意识主要体现在演讲文稿利于树立国家、机构、企业的良好形象；利于借助公众平台与公众进行沟通，开放信息；利于谋求互惠合作，共同发展。经贸演讲稿同样具有专业性，会涉及大量的经贸专业术语和经济类文本中常用的语句措辞，这些专业术语和具有专业色彩的语言表述是翻译中的一大难点。需要进行翻译的经贸演讲属于外事讲话，有时会涉及国家大政方针、基本政策等，翻译时不得有半点疏忽，译者不得任意发挥，也不得擅自对信息进行增减。

演讲类文稿的语言要求庄重得体、谦恭有礼。虽然演讲以口语的形式进行，但因为场合往往非常正式，演讲类文稿通常使用书面语和尊敬阶，于是演讲类文稿就形成了口语与书面语共用，口语与书面语特色兼具的特性。演讲稿的庄重和礼貌必须出自内心，真挚、诚恳，而不是矫揉造作，表达应该委婉、积极、措辞得当。

아시아의 새로운 미래 :
새로운 활력과 비전

아시아의 새로운 미래: 새로운 활력과 비전

[韓 부총리] 中 보아오포럼 개막식 기조연설

존경하는 리커창 총리님, 보아오포럼 조직위 저원중 사무총장님, 후쿠다 야스오 이사장님, 아시아와 세계 각국에서 참석하신 지도자와 귀빈 여러분,❶ 만나 뵙게 되어 반갑습니다.

이번 포럼을 준비해 주신 중국 정부와 조직위원회 관계자 여러분의 노고에도 경의를 표합니다.❷

우리 아시아인은 은근과 끈기로 온갖 어려움을 극복해 왔습니다. 이제, 32억 인구의 거대 아시아 시장은 글로벌 기업들의 주요 거점이자 격전지이며, 세계의 공장인 동시에 新산업의 허브이기도 합니다.

중국경제는 3C(consumption, clean, city)정책을 필두로 새로운 도약을 준비하고 있으며, 작년 아세안경제공동체(AEC)❸ 출범으로 아시아의 잠재력은 더욱 커지고 있습니다. 그러나 한편으로, 절대 빈곤층이 높고 소득 불균형 격차가 여전히 큰 것도 사실입니다. 또한,❹ 글로벌 불확실성 속에서❺ 성장이냐 정체냐의 기로❻에 서 있는 상황이기도 합니다. 이와 같은 상황에서 아시아의 새로운 미래는 성장을 중시하되 '일자리, 교육, 환경' 등에서 삶의 질을 제고하여 지속가능한 아시아가 되어야 한다고 생각합니다.

이러한 염원을 담아 저는 Asia의 A와 포용을 나타내는 embrace를 합쳐 우리가 추구해야할 미래 가치를 A-embrace라고 명명해 보았습니다.

내외귀빈 여러분!

저는 오늘 아시아 각국이 미래성장동력 확보를 위한 '개척자(Pioneer)' 아시아 경제 방어벽과 발전을 튼튼히 하는 '건축가(Architect)', 구조개혁의 이행에 집중하는 '개혁가(Reformer)'로서의 역할을 다 해 나갈 것을 제안하고자 합니다.❼

우선, 미래 신성장 동력을 확보하기 위해 배전의 노력을 기울여야 합니다.❽ 플랫폼 비즈니스 성장, 인공지능의 발달, 새로운 기후 환경 체제 등장으로 신성장동력이 그 어느 때보다 중요한 상황입니다. 미래성장동력 확보를 위한 '개척자(Pioneer)' 역할이 필요합니다.

한국은 창조경제와 친환경·에너지 신산업 육성을 위해 노력하고 있으며, 경제개발협력기금(EDCF), 지식공유사업(KSP) 등 다양한 재원을 활용하여 우리의 경험과 기술을 여러분들과 공유하고자 합니다. 한국은 또한 저개발 국가에서 가장 취약한 계층인 소녀들의 삶의 질 개선, 전염병 확산방지, ICT를 활용한 교육혁신 등에 대한 지원을 통해 아시아 지역의 보다 나은 삶을 추구해 나가고자 합니다.

둘째, 아시아 지역내 경제협력 강화입니다.

아시아 지역의 성장력 제고를 위해서는 부족한 인프라 갭을 메우는❾ 것이 무엇보다 중요합니다. 이를 위해 아시아인프라투자은행(AIIB)의 주도적 역할 수행을 기대합니다. 세계교역 침체를 극복하는 과정에서는 역내포괄적경제동반자협정(RCEP), 한중일 FTA, 아시아태평양자유무역지대(FTAAP) 논의가 내실있게 진행되기❿를 기대합니다. 금융협력에 있어, 치앙마이이니셔티브(CMIM)와 거시경제감시기구인 AMRO의 기능을 제고한 것은 아시아의 위기 대응력을 향상시켜 왔습니다. APEC에서⓫ 논의되고 있는 아시아펀드패스포트(ARFP)에 대한 회원국 참여 확대는 상대적으로 낙후된 역내 금융시장 발전에 크게 기여할 것으로 생각됩니다.

앞으로도 이러한 노력을 아시아 국가들이 함께 하여 역내 금융안정과 경제발전을 튼튼히 하는 '건축가(Architect)'로서의 역할을 충실히 수행해 나가야 하겠습니다.⓬

마지막으로, 구조개혁을 통하여 아시아 각국의 성장잠재력을 증가시켜야 합니다. 한국은 노동, 금융, 교육, 공공 4대 부문의 구조개혁에 정책역량을 집중하고 있습니다. 아시아 각국도 인구상황이나 시장여건이 다르지만 경제의 역동성을 저해하고 비효율을 야기하는 문제를 강력한 리더십으로 조속히 해결해 나가야 합니다. 각 나라가 구조개혁의 이행에 집중하는 '개혁가(Reformer)'가 되어야 할 것입니다.

비관도 낙관도 <u>금물</u>인 세계경제 여건 속에서 아시아 경제 역시 긴 터널을 달리고 있습니다. 중국의 옛 속담에 "이인동심 기린단금(二人同心 其利斷金)[⑬]"이라고 하였습니다. 두 사람의 마음이 하나가 된다면 그 날카로움이 쇠도 자를 수 있다는 뜻입니다. 각국의 현실과 이해관계가 다르더라도 우리가 한마음이 되면 못할 일이 없다고 생각합니다. 오늘 제시한 A-embrace로 이번 보아오 포럼이 더 나은 미래를 꿈꾸는 아시아인의 '따뜻한 온정'을 느끼는 계기가 되었으면 합니다.[⑭]

보아오 포럼의 더 큰 발전과 여러분 모두의 건강과 행운을 기원합니다. 감사합니다.[⑮]

보아오포럼：博鳌论坛

博鳌亚洲论坛（Boao Forum For Asia，缩写BFA）是一个非政府、非营利性、定期、定址的国际组织。论坛由菲律宾前总统拉莫斯、澳大利亚前总理霍克及日本前首相细川护熙于1998年倡议，并于2001年2月27日正式宣告成立。中国海南博鳌为论坛总部的永久所在地，从2002年开始，论坛每年定期在博鳌召开年会。论坛的宗旨是立足亚洲，面向世界，促进和深化本地区内和本地区与世界其他地区间的经济交流、协调与合作。博鳌论坛为政府、企业及专家学者等提供共商经济、社会、环境及其他相关问题的高层对话平台。通过论坛与政界、商界及学术界建立的工作网络为会员与会员之间、会员与非会员之间日益扩大的经济合作提供服务。

은근：稳重而坚持不懈

끈기：韧劲，毅力，恒心，毅力，坚忍不拔

거점：据点，根据地

격전지：激战地点，激战战场，战地

허브：枢纽，中枢

필두：为首，负责人，主持人

아세안경제공동체：东盟经济共同体（AEC）

　　2015年11月22日，东南亚国家联盟（ASEAN）10个会员国领袖在马来西亚首都吉隆坡举行年度峰会，宣布成立东盟共同体，2015年12月31日生效。如今，东盟已成为全球继美国、欧盟、中国、日本之后的世界第五大经济体。

　　东盟共同体包括三大核心支柱，分别是东盟经济共同体（AEC）、东盟政治安全共同体（APSC）和东盟社会文化共同体（ASCC）。东盟经济共同体旨在建立一个单一市场和生产基地，成为均衡发展、具备强劲经济竞争力、与全球经济高度融合的区域。为实现经济共同体这一目标，东盟成员国多年来大幅降低区域内关税水平、逐步缩减非关税壁垒、协调技术规范和标准、简化海关手续，极大促进了商品、服务、投资、劳动力和资金自由流动，贸易便利程度显著提升。

출범：出港，起航；启动，成立

격차：差距，差异，差别

정체：停滞，停顿，原地踏步

기로：歧路，岔路，十字路口

염원：心愿，愿望

포용: 包容，宽容，团结，容纳

배전: 加倍

플랫폼: (跳水)跳台

경제개발협력기금(EDCF): 韩国对外经济协助基金（EDCF）

> 韩国对外经济协助基金(EDCF)设置于1987年。基金成立的目的在于给发展中国家的经济开发事业提供长期低利率资金援助，从而促进发展中国家经济增长；支援韩国公司的资本、货物出口及向海外市场进军。韩国对外经济协助基金不仅促进发展中国家产业的发展，同时还加强发展中国家与韩国的经济交流。基金主要支援通信、SOC、电力、铁路车辆等输送设备、环境相关事业、保健卫生事业、工业产业等。

지식공유사업(KSP): 韩国知识共享项目（KSP）

> 韩国知识共享项目(KSP)是一个政策研究和咨询项目，是致力于将韩国的发展经验与发展中国家共享、帮助发展伙伴国家的项目。

재원: 财源，资金来源

ICT: 信息通信技术(ICT)

> ICT是信息(Information)、通信(Communications)和技术(Technology)三个英文单词的词头组合。

갭: 鸿沟，差异，隔阂

역내포괄적경제동반자협정(RCEP): 区域全面经济伙伴关系协定（RCEP）

> 区域全面经济伙伴关系(Regional Comprehensive Economic Partnership, 简称RCEP)，2012年由东盟十国发起，邀请中国、日本、韩国、澳大利亚、新西兰共同参加。2020年11月，东盟10国和中国、日本、韩国、澳大利亚、新西兰共15个亚太国家正式签署了《区域全面经济伙伴关系协定》。RCEP的目标是消除内部贸易壁垒、创造和完善自由的投资环境、扩大服务贸易，还会涉及知识产权保护、竞争政策等多领域，自由化程度将高于东盟与这5个国家已经达成的自贸协议。RCEP拥有占世界总人口约一半的人口，生产总值近全球年生产总值的三分之一。

한중일 FTA: 中日韩FTA，中日韩自由贸易协定

아시아태평양자유무역지대(FTAAP): 亚太自由贸易区（FTAAP）

> 亚洲太平洋自由贸易区（FTAAP）是指APEC成员消除贸易壁垒的一种地区性自由贸易区。2010年横滨APEC部长级会议上，与会部长提出，将在各国之间43项双边及小型自由贸易协定的基础上，在亚太地区建立自由贸易区（Free Trade Area of the Asia-Pacific, FTAAP）。

내실: 内部实力，内涵；充实，坚实，扎实

치앙마이이니셔티브(CMIM): 清迈倡议多边化协议（CMIM）

> 清迈倡议多边化协议（Chiang Mai Initiative Multilateralization Agreement: CMIM）是在既有清迈倡议双边货币互换机制基础上建立的多边货币互换机制，清迈倡议多边化协议（CMIM）成员包括东盟10国全部成员，以及中国、日本、韩国和中国香港特区，共14个经济体，于2010年3月24日生效。清迈倡议多边化协议旨在通过单一协议下的共同决策机制，采取迅速、一致的行动实施货币互换交易，强化本区域防范风险和应对挑战的能力。清迈倡议多边化的成功启动，以及筹建中的独立区域经济监测机构，体现了各成员国共同防范全球经济下行风险和提高应对挑战能力的坚定承诺和共同努力，是推动亚洲各经济体金融经济合作朝着共赢方向迈出的关键一步。

AMRO: 东盟与中日韩宏观经济研究办公室（AMRO）

> 东盟与中日韩宏观经济研究办公室（AMRO）是东盟与中日韩（10+3）设立的区域内经济监测机构。AMRO最初以有限责任公司形式于2011年在新加坡成立，负责对区域宏观经济进行监测，支持清迈倡议多边化（CMIM）的运作。中国和日本并列AMRO第一大出资方，各占32%份额，韩国为16%，东盟整体为20%。2013年，10+3财长和央行行长一致同意将AMRO升级为国际组织，并启动《AMRO国际组织协议》（下称《协议》）谈判；2014年10月，全体10+3成员签署了《协议》；《协议》于2016年2月9日正式生效，AMRO具备了国际组织法律地位。AMRO升级为国际组织是10+3财金合作又一个重要成果，进一步展示了10+3各方支持区域财金合作的坚定承诺，对于加强东亚区域金融安全网，增强东亚成员在全球经济治理中的地位有重要意义。

APEC: 亚太经济合作组织（APEC）

亚洲太平洋经济合作组织，简称亚太经合组织（Asia-Pacific Economic Cooperation，缩写APEC）是亚太区域国家与地区加强多边经济联系、交流与合作的重要组织。其宗旨和目标是"相互依存、共同利益，坚持开放性多边贸易体制和减少区域间贸易壁垒。"首届部长会议于1989年11月5日至7日在澳大利亚首都堪培拉举行，澳大利亚、美国、加拿大、日本、韩国、新西兰和东盟六国（马来西亚、泰国、新加坡、菲律宾、印度尼西亚、文莱）的外交、经济部长参加了会议，亚太经济合作组织正式成立。1991年11月，APEC第三届部长级会议在汉城（今首尔）举行，会议一致同意接纳中国、中国台北和香港（1997年7月1日起改为"中国香港"）为成员。APEC现有成员21个，分别是中国、澳大利亚、文莱、加拿大、智利、中国香港、印度尼西亚、日本、韩国、墨西哥、马来西亚、新西兰、巴布亚新几内亚、秘鲁、菲律宾、俄罗斯、新加坡、中国台北、泰国、美国和越南。

아시아펀드패스포트(ARFP)：亚洲地区基金护照（ARFP）

亚洲地区基金护照（Asia Region Funds Passport，缩写ARFP）是为了推动亚洲地区内基金互认，用以促进亚洲地区内的跨境基金投资。澳大利亚、新加坡、韩国以及新西兰四国于2013年9月联合推出此项目，后又包括了泰国、菲律宾，共有六个区域参加了亚洲地区基金护照。亚洲基金护照效仿欧盟UCITS管理基金计划设计。计划实行后，参与国的基金经理可向框架内其他国家投资人出售基金产品，无须申请当地牌照或注册。

역동성：活力，精力，朝气，热情
금물：忌讳，禁忌，大忌

亚洲新未来：新活力与新愿景

韩国副总理在中国博鳌论坛开幕式上的讲话

尊敬的李克强总理，尊敬的博鳌亚洲论坛秘书长周文重先生、理事长福田康夫先生，以及出席本次论坛的亚洲及世界各国领导、来宾：❶

　　大家好！很高兴在这里与大家相见！

　　首先，请允许我向不辞辛劳，精心筹备此次论坛的中国政府及论坛组委会，致以由衷的敬意。❷

　　长久以来，亚洲人民凭着隐忍和坚韧的精神克服了各种困难。现在，拥有32亿人口的亚洲，市场巨大，不仅成为诸多跨国公司的重要据点和必争之地，也是世界工厂，同时还是新兴产业的重要枢纽。

　　当前，中国经济正在以3C政策（consumption消费、clean环境、city城市）为先导，蓄势待发，准备实现新的飞跃。去年，东盟经济共同体（AEC）❸正式成立，亚洲的发展潜力得到了进一步提升。但另一方面，亚洲地区绝对贫困人口比例高、收入差距悬殊的问题依旧存在。❹在充满变数的全球化浪潮中，❺是继续谋求进步，还是选择暂缓发展，❻这仍是亚洲地区需要面对的抉择。我认为，在这样的情况下，亚洲的新未来应该是重视发展的，应该在改善"就业、教育、环境"等方面民生问题的同时，实现亚洲的可持续发展。

　　怀着这样的愿景，我将我们亚洲应当追逐的未来价值命名为"A-embrace"。A是亚洲"Asia"的首字母，而英文"embrace"的意义则是包容。

❶ 演讲文稿中的称谓翻译

❷ 演讲文稿的开场白翻译

❸ 国际机构、国际组织名称翻译

❹ 言语形式的显化与隐化转换——隐化
❺ 译语的专业性色彩
❻ 演讲文稿译文语言节奏感的把握

尊敬的各位嘉宾：

今天在此，我倡议我们亚洲国家扮演好三个角色，即确保未来亚洲发展力的"开拓者(Pioneer)"，巩固亚洲经济防御和发展的"建设者(Architect)"，致力于推进结构改革的"改革者(Reformer)"。❼

首先，要不遗余力地❽寻求未来增长的新动力。随着商务平台的成熟、人工智能的发展，以及新的环境气候制度的出台，寻求经济增长新动力比以往任何时候都重要。因此，我们需要确保经济增长新动力的开拓者（Pioneer）。

韩国政府正在努力推动创意经济，推动环境友好型和能源集约型产业的发展。韩国政府很愿意通过韩国的经济发展合作中心（EDCF）和知识共享计划（KSP）等多种途径的资金支持，与各国分享经验和技术。欠发达地区的女孩是最为弱势的群体，韩国将着力改善她们的生活质量，此外，韩国还将努力扼制传染病的蔓延扩散，积极利用ICT推动教育改革，与各国一道追求亚洲更为美好的生活。

第二，大力推动亚洲区域经济一体化建设。

为提高亚洲地区经济增长力，首先要完善本区域基础设施的缺口❾。在这方面，我很期待亚投行能够发挥积极的作用。我也期待，在应对全球国际贸易低迷的过程中，区域全面经济伙伴关系（RCEP）、中日韩FTA、亚太自由贸易区（FTAAP）议题能够取得实质性进展❿。在金融合作方面，强化清迈倡议多边化协议(CMIM)和宏观经济研究机构AMRO的职能，提高了亚洲地区的危机处理能力。在APEC框架下⓫正在探讨的增加亚洲基金护照(ARFP)成员国的计划，我相信将有助于大力改善亚洲某些地区金融市场相对落后的局面。

今后，亚洲国家要一道努力，充分履行"建设者

❼ 翻译中逻辑关系的分析与再建
❽ 译语的专业性色彩

❾ 译语的专业性色彩

❿ 译语的专业性色彩

⓫ 译语的专业性色彩

⑫ 译语的专业性色彩

（Architect）"的职责，为亚洲地区的金融稳定、经济发展保驾护航⑫。

最后，要通过结构改革来挖掘亚洲各国的发展潜力。韩国政府主要的政策取向是在四个领域推动结构改革，包括劳动力、金融、教育和公共部门。亚洲各国的人口组成和市场情况虽各有不同，但我们都需要强有力的领导，有执行改革的力量，这样才能够消除遏制经济发展的障碍。因此，我认为各国要成为致力于结构改革的改革者（Reformer）。

⑬ 演讲文稿中诗文古语翻译

在既不能悲观、也不容乐观的世界经济条件下，亚洲经济依旧在漫长的隧道中奔跑着。中国古语有云："二人同心，其利断金。"⑬它的意思是两个人同心合意，其锋利程度可以把铁切开。亚洲各国的实际情况和利害关系虽有不同，但只要我们同心协力，就没有什么事情不可能。今天我提出A-embrace的理念，希望可以借此使博鳌论坛成为一个契机，让大家感受到憧憬美好未来的亚洲人民的温情。⑭

⑭ 翻译中逻辑关系的分析与再建

⑮ 演讲文稿的结束语翻译

最后，祝愿博鳌论坛有更大的发展，祝愿各位身体健康、万事如意！谢谢！⑮

译法解析

1. 演讲文稿中的称谓翻译

中韩两国典礼、活动上的演讲文稿结构基本相同，但演讲开始向与会来宾或重要人物打招呼时的称谓语略有不同。在翻译演讲稿中的称谓时，首先要确保机构、职务、人名准确无出入，避免造成重大疏漏。其次，翻译时要确保称谓的组合顺序符合译语的表述习惯。韩语中，称谓的组合顺序一般是"单位＋姓名＋职务＋님"，汉语的称谓组合顺序一般是"单位＋职务＋姓名＋先生（女

士)"，这样的差别也要求译者确认重要人物的性别。本课中，

以上翻译中对称谓构成的组合顺序进行了调整。此外，重要人物称谓语前汉语和韩语都会加"尊敬的……"以示尊重，如果同时有多个称谓语时，也可以考虑多加"尊敬的……"。

2. 演讲文稿的开场白和结束语翻译

演讲文稿中会有类似于问候语的开场白和结束语，汉语和韩语中都有比较固定的说法，在翻译这些内容时，如果一板一眼地直译不能充分表达演讲人的语气和情感，因此不必拘泥于原文语言形式，可以以原文内容为基础按译入语的表述习惯进行翻译。如本课中，

可以看出，译文在措辞上稍做了调整，使表达更符合汉语的常规语言习惯，也更符合演讲人的身份和演讲的场合。请看以下演讲文稿中经常出现的问候语，

진심으로 환영합니다.	*热烈欢迎。*
진심으로 축하드립니다.	*热烈祝贺。*
진심으로 감사를 드립니다.	致以*由衷的*感谢。
대회의 성공적 개최를 기원합니다.	祝愿／预祝本次大会取得*圆满成功*。

又如下例中，译文措辞也稍做了调整。

△ 춥고 길었던 겨울이 지나가고 어김없이 봄이 찾아 왔습니다. ×× 가족 여러분들에게 생동감이 있는 봄이 기운이 넘치고 건강하기를 기원합니다. 새롭게 2분기를 활기차게 시작해 봅시다. 감사합니다.

寒冷漫长的冬天已经过去，春天已然来临。我衷心祝福××大家庭的各位成员在这个生机勃勃的春日里心情舒畅、身体健康！让我们齐奋进，共同开启第二季度的崭新篇章！谢谢！

3. 国际机构、国际组织名称翻译

国际机构、国际组织名称属于专有名词，一个单位只能使用一种译名，包括词序、缩写形式都应是唯一的。因此，翻译机构、组织名称时应首先查阅权威资料，确定是否有普遍接受的定译，确定是否有对外的正式名称，绝不能按字面随意翻译。本课中，

❸ 중국경제는 3C(consumption, clean, city)정책을 필두로 새로운 도약을 준비하고 있으며, 작년 아세안경제공동체(AEC) 출범으로 아시아의 잠재력은 더욱 커지고 있습니다.

当前，中国经济正在以3C政策（consumption消费、clean环境、city城市）为先导，蓄势待发，准备实现新的飞跃。去年，东盟经济共同体（AEC）正式成立，亚洲的发展潜力得到了进一步提升。

아세안경제공동체(AEC)의 官方名称是 "东盟经济共同体（AEC）"，翻译时需要确保准确无误。本课中，还涉及多处国际组织和机构名称，翻译时都需留意。

又如第一课中，

> △ 한·중 양국 재무장관이 양자 면담을 진행한 것은 작년 7월 24일 유일호 전 부총리와 러우지웨이(樓繼偉) 전 중국 재무장관이 중국 청두에서 열린 <u>주요 20개국(G20)</u> 재무장관회의에서 만난 이후 약 11개월 만이다.
>
> 韩中两国财长的此次双边会晤距上次时隔11个月，上一次会晤是在去年7月24日，时任韩国副总理柳一镐在中国成都举行的<u>二十国集团（G20）</u>财长会议上会见中国时任财长楼继伟。

"주요 20개국(G20)" 翻译时不能按字面直接译为 "20国（G20）"，要译为其汉语官方名称 "二十国集团（G20）"。再看下例中，

> △ 신라면은 지난 2013년엔 <u>말레이시아 이슬람 발전부(JAKIM)</u>에서 할랄 인증을 받았다.
>
> 2013年，辛拉面取得<u>马来西亚伊斯兰教发展署（JAKIM）</u>清真认证。

"말레이시아 이슬람 발전부(JAKIM)" 的汉语官方名称是 "马来西亚伊斯兰教发展署（JAKIM）"，不能按照字面随意翻译成 "马来西亚伊斯兰发展部（JAKIM）"。

4. 言语形式的显化与隐化转换——隐化

隐化是在翻译时将原文某些部分的信息加以概括或对部分措辞进行言语形式上的删减。言语形式上的隐化不改变原文信息，而是为了减少不同语言间在语言组织特点、言语思维的差异，促成译语的地道流畅和信息内涵的充分表达。本课中，

❹ 그러나 한편으로, 절대 빈곤층이 높고 소득 불균형 격차가 여전히 큰 것도 <u>사실입</u>
<u>니다.</u> 또한, 글로벌 불확실성 속에서 성장이냐 정체냐의 기로에 서 있는 상황이기
도 합니다.

但另一方面，亚洲地区绝对贫困人口比例高、收入差距悬殊的问题依旧存
在。在充满变数的全球化浪潮中，是继续谋求进步，还是选择暂缓发展，这
仍是亚洲地区需要面对的抉择。

　　上面的课文译文中隐化处理了原文中的"사실"一词，没有译出。尽管如
此，从译文的措辞上可以看出，"사실"的意义已经融到了句子里，隐化处理没
有使原文中的意义缺失掉，语句反而更加通顺自然。

　　而"또한"通常可以译成"另外""并且""此外"等连词，此处译成"另外"
比较恰当，或者隐去不译也无妨。韩语重形合，连接性词语是组词成句或段落
衔接的重要手段，两个句子连接时或者篇章衔接时经常使用连词。汉语重意
合，较少采用连接性词语。因此，韩译汉时，有时连接性词语是可以隐去的。

5. 译语的专业性色彩

　　在经贸类语篇中，有一些语言表述虽不能被称为是专业词汇，但却极具专
业性色彩。这些表述或是常在正规场合中进行严肃交流时使用，表达准确、正
式、严谨；或是很有浓缩性和描述性，能以最为精简的措辞把意义和专业感、
庄重感表达到位。同时这类措辞又具有"套话"的特色，是在特定领域、特定语
境下经常被使用的。

　　如以下几个本课中的译例，

❺ 또한, 글로벌 불확실성 속에서 성장이냐 정체냐의 기로에 서 있는 상황이기도 합
니다.

<u>在充满变数的全球化</u>浪潮中，是继续谋求进步，还是选择暂缓发展，这仍是
亚洲地区需要面对的抉择。

⑧ 우선, 미래 신성장 동력을 확보하기 위해 <u>배전의 노력을 기울여야 합니다</u>.

首先，<u>要不遗余力地寻求未来增长的新动力</u>。

⑨ 아시아 지역의 성장력 제고를 위해서는 <u>부족한 인프라 갭을 메우는</u> 것이 무엇보다 중요합니다.

为提高亚洲地区经济增长力，首先要<u>完善本区域基础设施的缺口</u>。

⑩ 세계교역 침체를 극복하는 과정에서는 역내포괄적경제동반자협정(RCEP), 한중일 FTA, 아시아태평양자유무역지대(FTAAP) 논의가 <u>내실있게 진행되기</u>를 기대합니다.

我也期待，在应对全球国际贸易低迷的过程中，区域全面经济伙伴关系（RCEP）、中日韩FTA、亚太自由贸易区（FTAAP）议题能够<u>取得实质性进展</u>。

⑪ <u>APEC에서</u> 논의되고 있는 아시아펀드패스포트(ARFP)에 대한 회원국 참여 확대는 상대적으로 낙후된 역내 금융시장 발전에 크게 기여할 것으로 생각됩니다.

<u>在APEC框架下</u>正在探讨的增加亚洲基金护照（ARFP）成员国的计划，我相信这将有助于大力改善亚洲某些地区金融市场相对落后的局面。

⑫ 앞으로도 이러한 노력을 아시아 국가들이 함께 하여 <u>역내 금융안정과 경제발전을 튼튼히 하는 '건축가(Architect)'로서의 역할</u>을 충실히 수행해 나가야 하겠습니다.

今后，亚洲国家要一道努力，充分履行"建设者（Architect）"的职责，为亚洲地区的金融稳定、经济发展保驾护航。

对于译语专业性色彩的把握，一是要依靠日常的积累，译者需要通过阅读不断扩充自身词库；二是翻译时可以依靠平行文本，通过查阅和搜索相关内容语篇，获取此类表述，并以此完善自己的译文，提升译文质量。

6. 演讲文稿译文语言节奏感的把握

演讲文稿不同于其他笔译类语篇，它是为演讲而作，是书面化的口语。

因此既要符合演讲人口语上的表达需要，又要满足听众接受的需要，既要"上口"，又要"入耳"。基于演讲文稿这样的性质，在语言的运用上，要注意口语表达的特点，增强语言的节奏感。如在下面的课文译例中，

> ❻ 또한, 글로벌 불확실성 속에서 <u>성장이냐 정체냐의 기로에</u> 서 있는 상황이기도 합니다.
>
> 在充满变数的全球化浪潮中，<u>是继续谋求进步，还是选择暂缓发展</u>，这仍是亚洲地区需要面对的抉择。

译文中的短分句"是继续谋求进步，还是选择暂缓发展"类似于对仗的工整结构，注意了对语言节奏感的把握。不仅便于听众理解，也使演讲人的演讲更加精彩。

7. 演讲文稿中的诗文古语翻译

中韩有着悠久的文化渊源和相似的文化传统，演讲稿中都有加入诗文古语的情况，翻译时要留意。本课中，

> ⓭ 중국의 옛 속담에 "이인동심 기린단금(二人同心 其利斷金)"이라고 하였습니다.
>
> 中国古语有云："二人同心，其利断金。"

下面是中韩两国交流活动中，在演讲里经常出现的诗文古语：

肝胆每相照，冰壶映寒月。
모든 것을 보여 주는 깊은 사귐이 마치 술병에 겨울달이 비추는 듯 하구나.

贵相知心
마음을 아는 것이 가장 귀한 사귐.

肝胆相照
간담상조

国有中外殊，人无夷夏别。落地皆兄弟，何必分楚越。肝胆每相照，冰壶映寒月。
비록 나라는 다르지만 사람 사이에는 중국과 타국의 구분이 없네. 세상에 나니 모두 형제인데 초나라 월나라로 나눌 필요가 있을까. 모든 것을 보여 주는 깊은 사귐이 마치 술병에 겨울달이 비추는 듯 하구나.

一年之计，莫如树谷；十年之计，莫如树木；百年之计，莫如树人。
곡식을 심으면 일년 후에 수확을 하고, 나무를 심으면 십년 후에 결실을 맺지만, 사람을 기르면 백년 후가 든든하다.

远亲不如近邻。
가까운 이웃이 먼 친척보다 낫다.

三个铜板买房屋，千两黄金买邻居。
세 닢 주고 집을 사고, 천 냥 주고 이웃을 산다.

KTB 국제 컨퍼런스 개회사

반갑습니다. 'KTB[1] 국제 컨퍼런스' 개최를 축하합니다.

오늘 컨퍼런스를 준비해주신 관계자 분들 특히, 해외에서 오신 금융전문가 분들께 감사드립니다.

채권시장에서 중추적 역할을 담당하고 있는 시장 참가자 여러분들을 만나뵙게 되어 뜻깊게 생각합니다.

올해로 4회째를 맞이하는 'KTB 국제 컨퍼런스'는 한국 채권시장의 발전 방안을 모색하는 국제적 담론의 장으로 자리매김하였습니다.

글로벌 저금리 시대의 변화가 예상되는 시점에서 채권시장의 도전과 과제를 점검하고 우리 자본시장의 미래 좌표를 설계하는 것은 매우 의미있는 일입니다.

그간 우리 국채시장은 재정과 금융의 접점에 있으면서, 우리나라 "곳간[2]"의 역할을 충실히 해옴과 동시에 금융시장 선진화의 "견인차[3]"가 되어 왔습니다.

개인적으로 제게는 우리 국채시장의 중요성을 생각하게 된 두 가지 계기 있습니다. 하나는 2008년 글로벌 금융위기로 글로벌 자본시장이 위축되던 시기입니다. 당시 다른 국가들은 중앙은행의 개입으로 채권시장의 명맥을 이어 갔지만, 우리는 시장 참가자와 정책당국의 적극적인 협조와 노력으로 단 한차례의 예외 없이, 발행된 국고채가 전액 소화되며 위기극복을 뒷받침한 바 있습니다.

다른 하나는 제가 2012년 당시 기획재정부 차관으로 재직하면서 최초로 30

1　KTB全称KTB投资集团，成立于1981年，是韩国知名投资机构。
2　意思是"仓库，储藏间，仓房"。
3　意思是"牵引车，火车头，带头人"。

년 만기 국고채를 발행했던 것입니다. 30년 국고채는 국채 만기를 장기로 분산하고 각종 자산운용 기법과 연계시장 발달로 금융시장 발전에도 기여하였습니다.

귀빈 여러분,

저는 지난 9월 한국경제 IR[4]과 10월 IMF 연차총회를 계기로 국제금융시장과의 소통이 중요하다는 것을 다시 한 번 확인할 수 있었습니다. 3대 국제 신용평가사[5]를 비롯하여, 금융계 리더들에게 한국 경제의 튼튼한 펀더멘탈[6]과 위기대응 능력을 솔직하면서도 당당하게 피력하였습니다[7]. 우리나라 국가신용등급은 사상 최고수준(AA)으로 유지되고 있고, 지난 10년간 한국의 국가 신용등급은 무디스 신용등급 기준 28위에서 14위로 OECD 국가 중 가장 높은 상승폭을 기록했습니다.

우리나라는 3/4분기 1.4% 성장을 기록하며 연간 3% 성장 경로를 유지하고 있으며, 한중 통화스왑도 연장되는 등 금융시장의 안정판도 굳건한 모습입니다. 오늘 컨퍼런스도 해외 투자자들께서 우리 경제와 금융시장에 대한 시각을 나누는 소중한 계기가 되기를 기대합니다.

채권시장 참가자 여러분!

정부는 저금리 시대 변화의 상황에서 시장 참가자와의 소통과 협업을 바탕으로 시장을 안정적으로 관리하는 데 주력하겠습니다.

우선, 금리 상승기가 되더라도 국고채 발행이 원활하게 이루어질 수 있도록 인수기반을 강화해 나가겠습니다. 전문딜러(PD: Primary Dealer)[8]들이 국고채 인수에 역량을 집중할 수 있도록 평가제도를 '인수 실적' 중심으로 개편하겠습니다.

부차적인 시장조성 및 거래의무는 합리화하여 국고채 전문딜러의 부담을 완

4　IR(Investor Relations)通常指上市公司通过各种方式的投资者关系活动，加强与投资者和潜在投资者之间的沟通，增进投资者对上市公司了解的管理行为。

5　世界三大信用与评级机构。指标准普尔公司、穆迪投资者服务公司和惠誉国际信用评级公司。

6　可译为"经济基础"。

7　意思是"发表，公开，袒露"。

8　是"一级交易商"，也作"国债一级自营商"，是国债市场上中介机构中层次较高、责任重大、地位举足轻重的组织。国债一级自营商是国债市场上稳定的中坚组织，为了明确国债一级自营商的权利与义务，各国都制定了相应的规章制度，称之为"国债一级自营商制度"。建立健全国债一级自营商制度，明确其权责，是世界各国通行的做法，是国债市场走向规范化和现代化的标志。

화해 나가겠습니다. 아울러, 변화하는 시장 수요에 대응하고 중장기 재정자금을 안정적으로 조달하기 위해 장기물 발행비중을 점진적으로 확대해 나가겠습니다.

정부가 추구하는 사람중심의 지속가능한 경제를 지원하기 위해서는 재정의 적극적인 역할이 중요한 시기입니다.

한편으로는 주요국 통화정책 정상화에 따른 금융시장의 변화에 대비하여 시장과 정부의 긴밀한 파트너십이 필요한 시기입니다.

오늘 참석해 주신 국내외 전문가, 국채시장 참가자분들의 적극적인 협력을 당부 드립니다.

아무쪼록 오늘 컨퍼런스가 국채시장은 물론이고 한국 자본시장을 한 단계 발전시키는 소중한 <u>밑거름</u>[9]이 되기를 기대합니다.

감사합니다.

---

9 意思是 "基础，基肥"。

经贸知识

亚太区域经济一体化主要合作组织

第二次世界大战以后，全球范围内掀起了区域经济一体化的浪潮。就世界主要区域经济的合作现状而言，北美地区建有北美自由贸易区（North American Free Trade Area，NAFTA），欧洲则在欧盟框架下设置了一系列经济合作框架等。

亚太地区经济一体化开始于1989年成立的"亚太经济合作组织（Asia-Pacific Economic Cooperation，缩写APEC）"，现有成员21个，时至今日，APEC依旧是亚太域内国家和地区协商经济一体化合作的主要平台。APEC框架下的互联互通合作是这一平台的优先合作方向。

亚太地区经济合作虽起步较缓，但进入21世纪之后，亚太经济一体化进程大幅加速。其进展主要体现在两个方面：一是随着世界经济重心东移，亚太成为全球经济最富活力的地区，直接使APEC成员之间的贸易超过了欧盟成员国之间的贸易，也超过了北美自由贸易区的内部贸易；二是APEC成员纷纷参与区域贸易协定（RTAs）的谈判中，大量双边、多边自由贸易协定在亚太地区如雨后春笋般纷纷涌现。据WTO官网提供的数据统计，截至2018年8月，APEC成员共签署区域贸易协定279个，各成员所签RTAs中以APEC内的RTAs占绝对主要部分，合作伙伴主要集中在亚太地区，而20世纪亚太地区仅有8个，亚太地区经济合作活跃程度和发展势头由此可见一斑。

除了APEC这一传统的经济合作平台以外，近年来涌现出的"跨太平洋战略经济伙伴协定（TPP）""区域全面经济伙伴关系（RCEP）""中日韩FTA协定"等新经济合作框架，凸显了亚太经济合作的新发展趋势。

"跨太平洋伙伴关系协定（Trans-Pacific Partnership Agreement，缩写TPP）"最初由文莱、智利、新西兰和新加坡四国于2005年签署，2006年生效。该自由贸易协定涵盖货物贸易、服务贸易、原产地规划、技术性贸易壁垒、知识产权、政府采购、竞争政策和贸易争端解决等议题。2009年美国宣布将全面参与，TPP影响力大增。在之后的几年间，澳大利亚、越南、秘鲁、马来西亚、日本、墨西哥、加拿大、韩国纷纷宣布加入TPP谈判。2015年，谈判结束，达成TPP贸易协定。2016年2月，《跨太平洋伙伴关系协定》（TPP）正式签署。TPP涵盖关税（相互取消关税）、投资、竞争政策、技术贸易壁垒、食品安全、知识产权、政府采购以及绿色增长和劳工保护等多领域。

有观点认为，TPP会成为美国主导的亚太地区经济合作的新框架，在APEC框架下推进的TPP，是对APEC及全球多边贸易体系的巨大挑战；也有观点认为TPP可以推动亚太地区一体化，有利于推进亚太自由贸易区（FTAAP）建立，可以与APEC一道共同加速实现亚太地区的贸易自由化和投资便利化。

2017年1月20日，美国新总统特朗普就职当天宣布从TPP中退出；1月23日，特朗普在白宫签署行政命令，标志美国正式退出TPP。

除TPP之外，另一个涉及面较广、内容较为全面的区域经济合作协定是"区域全面经济伙伴关系协定（Regional Comprehensive Economic Partnership，缩写RCEP）"。RCEP是东盟国家首次提出，并以东盟为主导的区域经济一体化合作，是成员国间相互开放市场、实施区域经济一体化的组织形式。2012年8月底召开的东盟十国、中国、日本、韩国、澳大利亚、新西兰（"10＋5"）经济部长会议原则上同意组建RCEP。2012年11月20日，在柬埔寨金边举行的东亚领导人系列会议期间，"10+6"领导人共同发布《启动<区域全面经济伙伴关系协定>谈判的联合声明》，正式启动这一覆盖16个国家的自贸区建设进程。截至2018年5月，共举行了20轮正式谈判。RCEP标志着东亚区域经济合作再上新台阶，对进一步密切东盟和其他6国经济关系和提升彼此之间的凝聚力，巩固和发展东盟在亚太区域合作中的话语权起到了重要的推动作用。

在复杂多变的亚太地区形势下，东盟积极推动组建RCEP，一是可以巩固和发展东盟在区域合作中的主导作用，加强东盟与其他伙伴相互间合作与区域合作架构建设；二是应对当时美国主导的TPP带来的挑战和中日韩建立自由贸易区而带来的新变化；三是整合和优化东盟与中、日、韩、印度、澳大利亚和新西兰6国已签署的5个自由贸易协定，建成一个高质量的自贸区，以体现东亚经济发展的需要。如果RCEP按照东盟的设想如期达成协议，将会改变亚太区域合作的基本格局，特别是对东亚生产网络的完善和提升东亚经济一体化进程产生积极影响。

除TPP和RCEP之外，亚太地区的另一潜在经济合作框架就是"中日韩FTA（China-Japan-Korea FTA）"。建立中日韩自由贸易区的设想早在2002年就在中日韩三国领导人峰会上提出过，三国领导人首先同意开展中日韩自由贸易区的民间学术研究，在之后的7年时间里，中日韩三国研究机构对建立中日韩自由贸易区的可行性进行了大量分析研究，并初步得出积极结论。中日韩民间研究小组通过各自独立的模型测算，初步达成一致的结论：即如果提升中日韩贸易自由化程度，中日韩经济增速度可进一步提高，其中韩国受益最为明显。中日韩任何两国自由贸易区的经济收益都小于中日韩自由贸易区的效果。

2010年5月30日，中日韩自由贸易区官产学联合研究第一轮会议在韩国首都首尔举行，之后两年的官产学研究也为自贸区建立提供了可行性依据和必要的理论基础。2013年3月26日，经过历时10多年的艰苦努力，中日韩自贸区首轮谈判在韩国首尔举行，并讨论了自贸区的机制安排、谈判领域及谈判方式等议题，东北亚自贸区建设终于迈出了新的步伐。迄今中日韩自贸区谈判已举行了16轮，三方就货物贸易、服务贸易、投资、规则等领域深入交换了意见，谈判取得了一定的进展。目前，三国经济总量已超过欧盟，占全球GDP的20%，占亚洲约七成；三国人口总和占全球20%，经济总量占全球的25%、东亚的90%。根据国际货币基金组织的统计，2017年三国进出口总额占全球贸易量的近20%。三国间贸易额近6,700亿美元，人员往来超过2,800万人次。中日韩自贸区的建立一方面可以扩大区域内市场，推动三国经济融合，实现三国互利共赢，另一方面，对促进东北亚一体化进程乃至亚太经济贸易格局产生重大影响都具有深远意义。

当前，亚太经济吸引了全球关注，一方面是因为世界前三大经济体美国、中国和日本均位于亚太域内，另一方面中国、韩国、东盟、智利、墨西哥等为代表的新兴国家已经成为全球经济增长的新引擎。而随着亚太经济的快速崛起，亚太各国开始重视区域经济合作并纷纷积极推进区域一体化，以期最大限度地实现各方利益。目前，亚太经济一体化呈现出多个利益集团交叉并存、错综复杂的特征，"意大利面条碗"特征显著，亚太经济合作治理机制的发展符合国际和地区多边经济合作的发展趋势，依旧任重道远，各国仍需努力推动亚太经济新秩序朝着公平、合理和完善的方向前行。

参考资料：

1．李文韬，APEC贸易投资便利化合作进展评估与中国的策略选择，《亚太经济》，2011年第4期，2011年，第13～17页。

2．李文韬，中国参与APEC互联互通合作应对战略研究，《南开学报》（哲学社会科学版）2014年第6期，2014年，第105～116页。

3．张娜，中日韩呼吁加速达成更高水平自贸协定，《中国经济时报》，2018年5月11日第1版。

4．为期三天的中日韩自贸区第一轮谈判在首尔结束，中华人民共和国中央人民政府网站，2013年03月28日。

5．特朗普正式宣布美国退出TPP，新华网，2017年01月24日。

6．TPP改名了！美国退出后剩下11国将其改为"CPTTP"，凤凰网，2017年11月11日。

中国宏观经济形式变化及新兴领域合作机会

中国宏观经济形势变化及新兴领域合作机会

尊敬的各位来宾，大家上午好！我是来自中国深圳经济特区的宋清辉，很高兴在韩国首尔与大家相识，以下是我的演讲内容——《中国宏观经济形势变化及新兴领域合作机会》。

2016年2月份，2015年中国GDP为6.9%这个数字披露之后，可能包括在座的各位韩国经济界、商界同仁都感到了恐慌，虽然这种恐慌有一定的道理，但这些数据只代表过去。和世界其他经济体相比，6.9%的GDP成绩单还是很不错的。

韩国的有些同仁可能有时候不会密切地关注中国宏观经济形势变化，但或许会关注中国的A股。目前，中国的A股❶里面的一些上市公司❷已基本上涵盖各行各业，因此中国A股上市公司业绩情况可能能够反映出中国经济的整体面貌。我们从A股上市公司2015年年报和2016年一季报可以看出中国经济整体上属于回暖❸态势，正在企稳复苏。

具体而言，第一点，A股上市公司整体盈利情况较为乐观。归属母公司的净利润增速，已由2015年第三季度同比的–11.8%提升至第四季度的–11.1%，再提升至2016年第一季度的–1.9%。第二点，传统行业发展乏力❹，新兴消费行业快速成长。以文化、旅游等为代表的新兴消费行业的发展成为中国经济新亮点。文化传媒行业营业收入同比增长20%，旅游、酒店行业实现净利润同比增长27.6%。第三点，绿色经济、数字经济等新兴经济表现突出。互联网行业相关上市公司净利润增速达105.66%。第四点，新能源汽车业绩开启"快跑"❺模式。新能源汽车行业在2014年增长的基础上再次获得较大突破，2015年净利润增长147.83%。特别是新能源汽车，中国"十三五"❻期间，中央国家机关一半公车将是新能源汽车。

我来到首尔之后，在与韩国商界同仁交流的过程中，发觉韩国商界同仁对刘易斯拐点有很深的理解。

显而易见，刘易斯拐点在中国已显端倪，主要表现在农村富余劳动力枯竭和沿海用工短缺等方面，在西方经济学看来，进入刘易斯拐点后，中国的经济奇迹可能会结束。我认为，中国经济遭遇刘易斯拐点之后，传统增长模式或会难以为继，但刘易斯拐点危中有机，它会倒逼转型升级。在转型压力下，中国各级政府正在采用土地❼、财政、税收等手段，倒逼企业转型升级和自主创新，例如鼓励企业加快信息化自动化的发展，利用工业机器人替代劳动力等。

各位可能都知道中国有一个热词，叫作"供给侧改革❽"。供给侧改革到底该怎么改？可能是大家感兴趣的问题。

供给侧结构性改革是一项长期工程，有五大任务，可以简称为"三去一降一补"，即去产能、去库存、去杠杆、降成本、补短板，这15个字❾请大家记一下，这是中国当前供给侧改革的重点任务。

去产能使得煤炭、钢铁、化工、有色、建材等行业并购机会增加，并购使得行业集中度大幅度提高，企业利润提升。当前，中国正在通过借鉴欧、美、日、韩等发达国家产能去化过程中的经验，去产能的胜算率较大。

去库存可以有效地降低房地产企业风险，投资中国的房地产仍有较大的机会，房地产仍是中国经济支柱产业，会持续很长时间。中韩两国的投资者可以通过不良资产处置基金和商业地产并购基金的形式，关注中国房地产行业去库存带来投资机会。中国的去库存举措已经见效，房地产市场回暖较为确定。

去杠杆有助于互联网、医药医疗、新材料、休闲服务等新兴领域的投资机会脱颖而出❿。根据供给侧改革的国际经验和中国的现状，潜在的投资机会主要来自股权融资领域的新兴业态。

降成本被列为2016年中国经济工作五大任务之一，降成本有利于减轻企业负担，改善它们的投资意愿，同时也有利于增强中国经济活力。对投资而言，降成本可能会带来两个方面的重要的投资机会：第一，降成本⓫可以改善企业盈利状况。第二，降成本⓫将催生巨大的原材料替代和新增需求。

补短板就是针对中国当前供需失衡，补足供应短板和进行产业升级，从量和质两个方面增加有效供给。中国改革开放⓬30多年来，目前已成为世界制造业的基地，但是却面临着一方面低端产品大量库存积压，另外一方面芯片、大飞机等高端核心技术能力却相对缺乏的困境，严重的供给结构失衡日益凸显出来。（后略）

A股： A증시

> 根据股票上市地点和所面向的投资者的不同，中国上市公司的股票分为A股、B股和H股等。A股的正式名称是人民币普通股票，即由中国注册公司发行，在境内上市，以人民币标明面值，供境内(港澳台地区除外)的个人和机构以人民币交易和认购的股票。B股的正式名称是人民币特种股票。它是以人民币标明面值，以外币认购和买卖，在境内(上海、深圳)证券交易所上市交易的。它的投资人限于：外国的自然人、法人和其他组织，中国香港、中国澳门、中国台湾地区的自然人、法人和其他组织，定居在国外的中国公民，中国证监会规定的其他投资人。H股是在香港证券市场上市的股票，用港币交易。

上市公司： 상장 회사

业绩： 실적

净利润： 순이익

传统行业： 전통 업종

绿色经济： 녹색 경제

> 绿色经济是一种以资源节约型和环境友好型经济为主要内容，资源消耗低、环境污染少、产品附加值高、生产方式集约的一种经济形态。

新能源汽车： 신에너지 자동차

刘易斯拐点： 루이스 변곡점

> 刘易斯拐点，即劳动力过剩向短缺的转折点，是指在工业化进程中，随着农村富余劳动力向非农产业的逐步转移，农村富余劳动力逐渐减少，最终达到瓶颈状态。

富余劳动力枯竭： 잉여 노동력 고갈

沿海用工短缺： 연해지역 근로자 부족

增长模式： 성장 패턴

税收： 조세

供给侧改革： 공급측개혁

> 供给侧改革旨在调整经济结构，使要素实现最优配置，提升经济增长的质量。需求侧改革主要有投资、消费、出口三驾马车，供给侧则有劳动力、土地、资本、制度创造、创新等要素。

去产能：과잉 생산설비 해소

> 去产能，即化解产能过剩，是指为了解决产品供过于求而引起产品恶性竞争的不利局面，寻求对生产设备及产品进行转型和升级的方法。

去库存：부동산 재고 해소

> 去库存是指房地产去库存。房地产去产能开始于2015年12月20日，并被列入2016经济社会发展的五大经济任务之一。房地产去库存鼓励房地产开发企业顺应市场规律调整营销策略，适当降低商品住房价格，促进房地产业持续发展。

去杠杆：레버리지 해소

> 去杠杆是指金融机构或金融市场减少杠杆，而杠杆指"使用较少的本金获取高收益"。

降成本：기업의 원가 절감

补短板：취약 분야 보완

> 根据经济学"木桶效应"原理，一只木桶能装多少水，是由其最短的木板决定的，只有补齐短板才能增加容量。"补短板"作为供给侧结构性改革当中的重要一环，重在扩大有效供给，提高供给的质量和效益，助推全要素生产率大幅提升，达到增强产业竞争力和企业活力，提升国民经济整体效力的目的。

有色：비철금속

并购：인수 합병

支柱产业：지주 산업

不良资产处置基金：부실 자산 처분 펀드

商业地产并购基金：상업용 부동산 인수 합병 펀드

股权融资领域：출자 융자 분야

> 股权融资是指企业的股东愿意让出部分企业所有权，通过企业增资的方式引进新的股东，同时使总股本增加的融资方式。

库存积压：재고가 적체되다

供给结构失衡：공급 구조의 불균형

중국 거시 경제 정세 변화와 신흥 분야 협력 기회

존경하는 내빈 여러분, 안녕하십니까? 저는 중국 선전(深圳) 경제 특구에서 온 쑹칭후이(宋清輝)입니다. 서울에서 여러분을 만나게 되어 매우 반갑습니다. 오늘 제가 말씀 드릴 주제는 '중국 거시 경제 정세 변화와 신흥 분야 협력 기회'입니다.

2016년 2월, 2015년 중국 GDP가 6.9%라고 발표되었을 때, 여기 계시는 분들을 포함하여 한국 경제계, 재계 관계자 여러분께서는 모두 놀라셨을 겁니다. 그러나 이는 지나간 수치에 불과하며 세계 다른 경제체와 비교해 GDP 6.9%라는 성적은 나쁘지 않습니다.

한국의 일부 관계자들께서는 중국 거시 경제의 정세 변화는 예의주시하지 않으시더라도 중국의 A증시에는 관심을 가지실 것입니다. 현재 중국의 A증시❶ 상장 회사❷는 이미 여러 분야를 망라하고 있기 때문에 중국의 A증시 상장 실적 상황은 중국 경제의 전반적인 면모를 반영할 수도 있을 것으로 보입니다. 우리는 A증시 상장 회사의 2015년 연보와 2016년 1분기 보고서를 통해 중국 경제가 전반적으로 회복세에 들어섰으며❸ 현재 안정적으로 회복되고 있음을 알 수 있습니다.

구체적으로 살펴보면, 우선 A증시 상장사 전체의 영업이익률은 낙관적인 편입니다. 모회사의 순이익 증가율은 2015년 제3분기 동기대비 -11.8%에서 제4분기 -11.1%로 폭을 줄었으며, 2016년 제1분기에는 -1.9%까지 회복했습니다. 둘째, 전통

❶ 专业术语的翻译
❷ 专业术语的翻译

❸ 隐喻的翻译

업종의 성장이 **부진하고**❹ 신흥 소비 업종이 빠르게 성장하고 있습니다. 문화, 관광 등으로 대표되는 신흥 소비 업종의 발전은 중국 경제의 새로운 특징이 되었습니다. 문화 미디어 업종의 영업 이익은 동기 대비 20% 성장하였으며, 관광, 호텔 업계는 동기 대비 순이익이 27.6% 증가하였습니다. 셋째, 녹색 경제, 디지털 경제 등 신흥 경제의 약진이 두드러집니다. 인터넷 업계 관련 상장사의 순이익 증가율은 105.66%에 달했습니다. 넷째, 신에너지 자동차 실적은 '**쾌속 질주**❺'로 출발했습니다. 신에너지 자동차 업계는 2014년 성장의 기초 위에서 다시 한번 비교적 큰 약진을 보였고, 2015년 순이익은 147.83% 증가했습니다. 특히 신에너지 자동차는 중국의 "**제13차 5개년 규획**❻" 기간 내에 중앙 정부 기관 관용차의 절반이 신에너지 자동차로 대체될 것입니다.

저는 이번에 서울에 와서 한국 재계 인사들과 교류하면서 한국 재계 인사들이 루이스 변곡점에 대해 깊이 이해하고 있음을 알게 되었습니다.

루이스 변곡점을 나타내는 중국의 중요 단서로는 주로 농촌의 잉여 노동력 고갈과 연해지역 근로자 부족 등을 들 수 있습니다. 서방 경제학의 관점에서 볼 때 루이스 변곡점에 진입한 후 중국의 경제 기적은 멈출 가능성이 있습니다. 저는 중국경제가 루이스 변곡점에 진입하게 되면 전통적 성장 패턴을 이어나가기는 어렵겠지만 루이스 변곡점이 터닝포인트가 되어 오히려 업그레이드를 이끌어 낼 수도 있다고 생각합니다. 구조 조정의 압력 아래 중국의 각급 정부는 **토지**❼, 재정, 조세 등의 수단을 이용해 기업의 전환 및 업그레이드, 그리고 자주적 혁신으로 역진하고 있습니다. 기업의 정보화, 자동화 발전을 촉진하고 산업 로봇을 이용해 노동력을 대체하는 것 등을 예로 들 수 있습니다.

여러분께서는 중국에서 화제가 되고 있는 '공급측개혁[8]'에 대해 알고 계시리라 생각합니다. 공급측개혁이란 어떻게 개혁해야 하는 것일까? 이는 여러분 모두가 관심을 가지시는 질문일 것입니다.

공급측개혁은 5대 장기 과제로, '3해소, 1절감, 1보완(三去一降一補)', 즉 과잉생산설비 해소, 부동산 재고 해소, 레버리지 해소, 기업의 원가 절감, 취약 분야 보완으로 요약할 수 있습니다. 이는 중국의 현재 공급측개혁의 중점이니 이 다섯 가지 사항[9]을 잘 기억하시기 바랍니다.

과잉생산설비 해소는 석탄, 철강, 화학, 비철금속, 건자재 등의 업종의 인수 합병의 기회를 늘리고 인수 합병으로 업종 집중도를 높여 기업의 수익을 제고시키는 것입니다. 현재 중국은 유럽, 미국, 일본, 한국 등 선진국의 과잉생산설비 해소 과정에서의 노하우를 참고하여 과잉생산설비 해소의 승산이 높은 편입니다.

부동산 재고 해소는 부동산 기업의 리스크를 효율적으로 줄일 수 있으며 중국의 투자 부동산은 여전히 기회가 많은 편입니다. 부동산은 여전히 중국 경제의 지주 산업이며 이러한 추세는 장기간 계속될 것입니다. 중한 양국의 투자자들은 부실 자산 처분 펀드와 상업용 부동산 인수 합병 펀드의 형식을 통해 중국 부동산 업계의 재고 해소가 가져오는 투자 기회를 주목해 볼만합니다. 중국의 부동산 재고 해소 조치는 이미 가시화되고 있으며 부동산 시장의 회복은 비교적 확실합니다.

8 专业术语的翻译

9 改译

레버리지 해소는 인터넷, 의약의료, 신소재, 여가 서비스 등 신흥 분야에서 투자 기회를 유지하는 데 도움을 주며 다른 분야보다 더 우세한 투자 기회를 갖도록 합니다.[10] 공급측 개혁의 국제적 경험과 중국 현황에 근거한 잠재적 투자 기회는 주로 출자 융자 분야의 신흥 산업에서 시작됩니다.

⑩ 四字成语的翻译

기업의 원가 절감은 2016년 중국 경제의 5대 과제 중 하나로, 기업의 부담을 덜어주고 투자 의욕을 북돋우는 동시에 중국 경제에 활력을 불어넣는 데에 도움이 됩니다. 투자에 있어 원가 절감은 두 가지 측면에서 중요한 투자 기회를 가져올 수 있습니다. 원가 절감은[11] 첫째, 기업의 이윤 상황을 개선할 수 있으며, 둘째, 대체 원자재와 신규 수요를 촉진할 수 있습니다.

⑪ 减译

취약 분야 보완은 중국의 공급과 수요를 맞추기 위해 공급 부족 보완과 산업 고도화를 통해 양적, 질적으로 유효한 공급을 하는 것입니다. 개혁개방[12] 30년이 지난 지금, 중국은 세계 제조업의 거점이 되었지만 저급 제품의 대량 재고가 적체되어 있고 반도체, 비행기 등 첨단 핵심기술능력이 상대적으로 부족한 상황에서 공급 구조의 불균형이 심각하게 드러나고 있습니다.

⑫ 中国特色政治词汇的翻译

— 하략 —

1. 专业术语的翻译

经贸相关的语篇中常常会出现专业术语、概念。经贸类语篇的专业程度根据情景语境等因素的不同而有所不同，专业程度越高的语篇，专业术语、概念越多，翻译时越要留意专业术语和概念翻译的规范化和专业化。本课中有不少专业术语，

❶❷ 目前，中国的A股里面的一些上市公司已基本上涵盖各行各业，因此中国A股上市公司业绩情况可能能够反映出中国经济的整体面貌。

현재 중국의 A증시 상장 회사는 이미 여러 분야를 망라하고 있기 때문에 중국의 A증시 상장 실적 상황은 중국 경제의 전반적인 면모를 반영할 수도 있을 것으로 보입니다.

❽ 各位可能都知道中国有一个热词，叫作"供给侧改革"。

여러분께서는 중국에서 화제가 되고 있는 '공급측개혁' 에 대해 알고 계시리라 생각합니다.

专业术语的翻译要为行业内的专业人士所接受，这要求译者具备一定的经贸专业知识，或者能够通过查询专业资料和求教于相关领域的专业人士译出标准的术语。

2. 隐喻的翻译

传统观念里，隐喻是一种修辞手法，是将某一领域用另一领域来帮助理解和表达，建立语义之间的联系。因为隐喻可以引领人们的认知和思考，所以经济贸易领域会通过隐喻的方法，将相对熟悉、容易把握的经验领域的认知引入相对抽象、专业的领域的理解当中。隐喻使经贸语篇变得更为具体和形象，易于理解。

在隐喻的翻译上，由于汉韩两种语言使用者在认知方式和认知结构上有异

有同，有些情况下可以采用"意译法"，有些情况下可以采用"直译法"。

如在本课中，

> ❸ 我们从A股上市公司2015年年报和2016年一季报可以看出中国经济整体上属于<u>回暖态势</u>，正在企稳复苏。
>
> 우리는 A증시 상장 회사의 2015년 연보와 2016년 1분기 보고서를 통해 중국 경제가 전반적으로 <u>회복세에</u> 들어섰으며 현재 안정적으로 회복되고 있음을 알 수 있습니다.

上例中"回暖态势"指的是中国经济恢复向好，如果采用直译的方式翻译为"따뜻해지는 추세"会失真别扭，令人费解。联系上下文，运用意译的方法将含义表达出来，则可以让译文读者理解接受。又如下面例中，

> ❹ 第二点，传统行业发展<u>乏力</u>，新兴消费行业快速成长。
>
> 둘째, 전통 업종의 성장이 <u>부진하고</u> 신흥 소비 업종이 빠르게 성장하고 있습니다.

"乏力"意指非特异性的疲惫状态，但在文中所指是经济发展势头萎靡，切合文中语境下的意义所指，译为"부진하다"简单明了、无损原意。

一些情况隐喻适合直译。如本课中，

> ❺ 第四点，新能源汽车业绩开启"<u>快跑</u>"模式。
>
> 넷째, 신에너지 자동차 실적은 '<u>쾌속 질주</u>'로 출발했습니다.

"快跑""快跑模式"是新近几年常被使用的新词，常用来形容速度快、发展势头迅猛。原文中"快跑"一词形象生动地表现出新能源汽车的发展速度。翻译时，可采用直译，译为"쾌속 질주"。在本句的语境下，对于该词汉韩两种语言都具有很大的认同性，可以建立起互相类似的概念关联。直译在韩语译文中

保留了原文词汇的形象和喻义，既无损原意，还使得译文生动传神。

3. 中国特色政治词汇的翻译

随着中国经济发展和国力增强，交流合作与对外报道中会涉及中国政治词汇的翻译。政治词汇的翻译上，"信"的标准尤为重要，与此同时，还要最大限度地保留"中国特色"。

⑥ 特别是新能源汽车，中国"<u>十三五</u>"期间，中央国家机关一半公车将是新能源汽车。

특히 신에너지 자동차는 중국의 "<u>제13차 5개년 규획</u>" 기간 내에 중앙 정부 기관 관용차의 절반이 신에너지 자동차로 대체될 것입니다.

⑫ 中国<u>改革开放</u>30多年来，目前已成为世界制造业的基地，但是却面临着一方面低端产品大量库存积压，另外一方面芯片、大飞机等高端核心技术能力却相对缺乏的困境，严重的供给结构失衡日益凸显出来。

<u>개혁개방</u> 30년이 지난 지금, 중국은 세계 제조업의 거점이 되었지만 저급 제품의 대량 재고가 적체되어 있고 반도체, 비행기 등 첨단 핵심기술능력이 상대적으로 부족한 상황에서 공급 구조의 불균형이 심각하게 드러나고 있습니다.

在上面两句中，两个"中国特色"的政治词语"十三五"和"改革开放"对应的韩语表达是"제13차 5개년 규획"和"개혁개방"。

请看以下中国特色政治词语和韩语对应表达：

第十八届中央委员会	제18기 중앙위원회
中国共产党第十九次全国代表大会	중국공산당 제19차 전국대표대회
中国特色社会主义	중국 특색의 사회주의
不忘初心，铭记使命	초심을 잃지 않고 사명을 마음속 깊이 새기다
全面实现小康社会	샤오캉 사회를 전면적으로 실현하다
"五位一体"	'5위1체'
深化改革	개혁을 심화하다

社会主义民主政治	사회주의 민주정치
保障性住房建设	보장성 주택 건설
"九二共识"	'92공동인식'
两岸	양안
"一国两制"	'일국양제', '한 나라 두 체제'
社会主要矛盾	사회 주요 모순
党的基本路线	당의 기본 노선
繁荣富强	번영과 부강
社会主义核心价值体系	사회주의 핵심가치체계
包容互惠的发展前景	포용적이고 호혜적인 발전 방향
社会主义市场经济体系	사회주의 시장경제체계
保障和改善民生	민생 보장 및 개선
社会保障体系	사회보장체계

4. 改译

改译是由于源语和目的语在语言特点、语言特性上的不同，造成翻译时出现的在措辞上不得不进行改变的情况下使用的一种翻译技巧。这种改变不是随意地触碰原文精髓，是一种不得已而为之的语际协调。如本课中，

⑨ 供给侧结构性改革是一项长期工程，有五大任务，可以简称为"三去一降一补"，即去产能、去库存、去杠杆、降成本、补短板，这15个字请大家记一下，这是中国当前供给侧改革的重点任务。

공급측개혁은 5대 장기 과제로, '3해소, 1절감, 1보완(三去—降—補)', 즉 과잉생산설비 해소, 부동산 재고 해소, 레버리지 해소, 기업의 원가 절감, 취약 분야 보완으로 요약할 수 있습니다. 이는 중국의 현재 공급측개혁의 중점이니 이 다섯 가지 사항을 잘 기억하시기 바랍니다.

原文中的"这15个字"是指五个三字短语"去产能、去库存、去杠杆、降成本、补短板"，在用韩语翻译这五个短语时很难在保证意义准确传达的同时，兼

顾到语言形式上的统一与对应。因此译文中就不能原封不动地翻译"这15个字"了。这里改译为"이 다섯 가지 사항"是比较恰当的译法。

5. 减译

减译法是为了把原文译得简洁明了，而删去原文中某些词语，或对译文进行提炼的翻译技巧。减译的原则是不能改变原文的意义。从韩语的语言规律来看，多余的部分可以减译，上下文中重复的部分，或已经包含此意，可以减译。

> ⑪ 对投资而言，降成本可能会带来两个方面的重要的投资机会：第一，降成本可以改善企业盈利状况。第二，降成本将催生巨大的原材料替代和新增需求。
>
> 투자에 있어 원가 절감은 두 가지 측면에서 중요한 투자 기회를 가져올 수 있습니다. 원가 절감은 첫째, 기업의 이윤 상황을 개선할 수 있으며, 둘째, 대체 원자재와 신규 수요를 촉진할 수 있습니다.

汉语修辞性强，会利用反复、对仗来增强语言节奏感。这句话在讲到"两个方面"时，"降成本"重复出现，翻译时可以减译，使译文更加符合韩语的表达习惯。

6. 四字成语的翻译

汉语和韩语中都有四字成语，它们简洁、有力、生动，汉语和韩语的四字成语有互相对应的，也有一些是独属于各自语言的。翻译这种独属于一种语言的四字成语时，需要注意译法。

> ⑩ 去杠杆有助于互联网、医药医疗、新材料、休闲服务等新兴领域的投资机会脱颖而出。
>
> 레버리지 해소는 인터넷, 의약의료, 신소재, 여가 서비스 등 신흥 분야에서 투자 기회를 유지하는 데 도움을 주며 다른 분야보다 더 우세한 투자 기회를 갖도록 합니다.

汉语的四字成语"脱颖而出"在这句话里并没有以成语式的表达译出,而是将其意义融合到了句中。翻译时应关照句意,准确译出成语在句中的意义所指,将意义准确地表达出来,不应孤立地执着于成语语言形式上的翻译。

> △ 每家公司都有自己特定的方法和风格,根据公司发展情况、企业文化和销售业绩目标,<u>不一而足</u>。
>
> 기업마다 독특한 방법과 스타일이 있는데 기업의 발전 상황, 기업 문화, 판매 실적 목표에 따라 <u>다양하다</u>.

上例中"不一而足"这一成语的韩语释义是"하나 뿐이 아니다, 적지 않다",翻译为"다양하다"比较恰当,这样的翻译既结合了句意,意义表达到位,又关照了前后,通顺连贯,没有执着于孤立地翻译成语。

翻译练习

技术创新撬动 "亚洲新时代"

百度董事长兼CEO李彦宏

<u>尊敬的高虎城部长，尊敬的尹相直长官、吴永镐社长</u>[1]，各位来宾，下午好！

很高兴今天能在这里与各位交流对中韩企业发展与合作的体会。

由于身处互联网行业，我一直对韩国互联网发展比较关注。我们知道，韩国是全球宽带用户普及率最高的国家，而韩国的Naver在全球互联网发展历史中也是一个传奇。全球仅有的4个拥有搜索引擎核心技术的国家当中，中韩各占一席，这应该是中韩两国都值得骄傲的一个事情。

百度在中国互联网市场上的优势，是通过坚持技术创新来实现的：百度最最核心的 "<u>超链分析技术</u>"[2]，是我本人1997年在美国申请的专利；2003年，我们创建的百度贴吧，是全球互联网第一个Web2.0概念的互动平台，从根本上解决了当时互联网中文内容不足的问题，经过10年的发展，贴吧已经成为中国网络文化的汇聚中心，许多韩国明星也将其作为与歌迷粉丝最重要的互动推广平台。

今天，技术创新已经成为百度的立身之本。面向未来，我们的自然语言处理技术、图像技术在全球都是领先的，而这些技术，在未来都有着广阔的应用前景。

1　可译为 "존경하는 가오후청 장관님, 존경하는 윤상식 장관님, 오영호 사장님"，这里特别需要注意 "部长" 的翻译，不能译为 "부장"。中韩两国有着不完全一致的职位体系，即使是对等的职位，官称也不尽相同。翻译职位名称时，应遵从译入语的说法。

2　可译为 "하이퍼링크 분석 기술"。超链分析就是通过分析链接网站的多少来评价被链接的网站质量，保证用户在百度搜索时，越受用户欢迎的内容排名越靠前。百度CEO李彦宏就是超链分析专利的唯一持有人，目前该技术已为世界各大搜索引擎普遍采用。

基于我们的自然语言处理技术，百度拥有全球最强大的机器翻译功能。"百度翻译"App已经能够支持10个语种，32个翻译方向[3]。用户走在欧美国家的大街上，看到不熟悉的路牌，只要手机里装有"百度翻译"App，拍个照片，就可以将路牌翻译成中文。

基于我们的图像技术，今天，我们随便用手机在街头给一朵花拍张照片，通过百度识图就可以"认出"这种花叫什么名字，具有什么样的生物学属性。图片识别技术可以广泛地应用在电商、公益等各个领域。例如，我们和中国科学院正在开展一项寻人项目的合作，在街上看到一个流浪儿童，只要用手机一拍他的照片，百度的程序就会将这个照片识别出来，并自动与政府部门后台的数据库进行比对，甄别是否属于失踪儿童。我们马上要推出一个"拍包"[4]的服务，大家看到一个漂亮的包，不管它现在是在商场的橱窗也好，还是电视上看人挎着也好，只要用手机一拍，就能被识别，并通过网上商店立即下单购买。

这些产品和应用的背后，是百度多年来在机器学习、人工智能等领域的技术积累。

如今，中国已经跃居全球最大的互联网市场，像百度也逐渐吸引到一批优秀的海外科技人才；而韩国拥有全球领先的宽带普及率、移动互联网覆盖率和互联网网速，这些都是最具影响力的基础设施。可以预见，未来会有更多技术和产品的创新，诞生在以中韩为代表的亚洲互联网市场，亚洲将成为全球互联网的创新中心。

作为当今世界最具发展活力和潜力的地区之一，亚洲对世界经济增长的贡献率已超过50%。我们真心期待看到，随着互联网作为新经济推动引擎的作用不断凸显，未来两国推动互联网繁荣的共同理想和共同努力成为发展的动力源泉，中韩两国撬动一个属于亚洲的新时代！

各位先生，各位女士，中韩两国自古以来互为芳邻，文化传统彼此相通。中国的《易经》有一句话叫作"二人同心，其利断金"。韩国也有一句类似的谚语，翻译成中文大概是"单则易折，众则难摧"[5]。

这两句话不仅生动形象地道出了真诚的合作对于谋求长远发展、实现共同理想的重要性。其中所蕴含的共同价值取向，在今天这个旨在促进两国交流与

3　可译为"10개 언어, 32개 언어쌍으로의 번역을 지원하고 있다."

4　可译为"비주얼 서치 (Visual Search, 拍包)"。

5　可译为"뭉치면 살고 흩어지면 죽는다"。

合作的平台上，以及开启中韩经贸关系新局面的大背景下，尤其显得意义深远。

　　未来，希望借助互联网等各个领域的进一步连通与合作，中韩两国能够以技术、文化的实力驱动产业的创新与变革，为亚洲经贸体系挖掘更大的市场潜力与价值空间，共同为开创亚洲新时代而努力，让世界感知亚洲脉动。

　　谢谢！

经贸知识

韩国的产业升级过程与产业发展政策

我国经济从高速增长向中高速增长转变，国内产能过剩、要素成本升高，经济结构转型迫在眉睫。在经济新常态的大背景下，我国产业面临低端过剩、高端不足的困境，调整产业结构成为中国经济进一步发展的必然选择。韩国经济的发展是全球经济发展成功的典范，而成功的关键因素之一，就是产业经济政策的适变和产业结构上不断的优化升级。

韩国经济从朝鲜战争的废墟中起步，战争破坏、南北经济割裂、资源严重匮乏，使韩国成为当时世界上最贫穷的国家之一。2017年，韩国GDP排名全球第十一位、亚洲第四位，韩国经济基本保持着年平均8%的增速，由于受国家政权更替、亚洲金融危机、全球金融危机等影响，仅在1980年、1998年和2009年出现过三次负增长。

韩国工业起步晚，战后经济发展初期是典型的农业化经济，经济结构以农业为主，还有部分采掘业。1961年，朴正熙提出"建立一个工业化的韩国"，韩国快速工业化时代就此开启。韩国经济快速发展的历史，可以分成四个阶段：第一阶段：1960-1970年，劳动密集型产业发展阶段；第二阶段：1970-1980年，资本密集型产业发展阶段；第三阶段：1980-1990年，技术密集型产业发展阶段；第四阶段：1990年至今，知识密集型产业发展阶段。

在第一阶段，韩国经济开始起飞，国家将发展模式从进口替代[1]转换到出口导向，出口导向的战略重点放在纺织品、玩具、胶合板等劳动密集型产业上。

此前，韩国政府的发展重点在于稳定和恢复经济，一度实行"进口替代"发展策略，但这样一来，经济发展缓慢、外汇奇缺的弊端日益显现。20世纪60年

1　进口替代是发展中国家采取关税、配额和外汇管制等严格限制进口的措施，扶植和保护国内有关工业部门的发展的倾向。

代开始，国内市场狭小的韩国开始推行"贸易立国"方针，促进出口。世界性产业结构调整使美国、日本等发达国家将劳动密集型产业向外转移，为劳动力供过于求的韩国提供了第一次产业结构升级的机会。这一阶段韩国产业结构调整政策集中在以纤维工业为中心的劳动密集型轻纺工业，将此作为出口工业的核心。面对资金和技术短缺问题，韩国通过积极引进外资和技术来扩大出口贸易，实现了经济从内向型向外向型的转变。出口带动了韩国经济的增长，又解决了潜在的失业压力，韩国实现了贫困陷阱的超越。

第二阶段，韩国开始向重化学工业迈进，进行第二次产业结构调整升级，把钢铁、石油化工、有色金属、船舶、汽车制造等部门作为重点发展的战略产业。

韩国政府选择这些主导产业时考虑的因素是，随着劳动密集型产业迅速发展导致韩国劳动力短缺和工资上涨，工业化方面比韩国落后的国家，以更低成本的轻工业产品投入国际市场，削弱了韩国轻工产品的国际市场竞争力，而前一阶段劳动密集型轻工业的发展，也使韩国对重工业产品需求迅速扩大。另一方面，前期的快速发展为韩国积累了一定资本，随着当时发达国家从资本密集型产业向技术密集型产业转换，为韩国提供了再次进行产业结构调整的外部机遇。

重化工产业是资本密集型产业，但当时韩国资本品短缺。1973年，韩国提出"重化工业宣言"，从美国、日本大量引进外资。政府还实施"以轻养重"，通过轻工业产品的大量出口，进口所缺的资本品。为了促进产业结构的成功调整，韩国政府还刺激并引导投资。政府在韩国东南沿海等地选址建设重化工业区，对符合产业发展重点并进入重化工业区的企业，给予长期低息政策性贷款、外汇贷款、减免租税等优惠。韩国政府主要选择私人财阀来执行产业政策，汽车造船行业主要有现代和大宇集团，钢铁行业主要有浦项制铁，化工行业主要是蔚山化工。这些大财阀配合政府调控指挥，按政府规划运营，有力促进了韩国重化工业发展目标的实现。1981年，韩国重工业产值比重超过轻工业，完成工业化任务。

在重化工业过程中，韩国政府干预经济过多，特别是优先发展大财阀的政策，带来了负面影响。大财阀过度发展，导致产业垄断，削弱了市场机制的作用。另一方面，重化工产业政策扭曲投资选择，导致相关领域投资过度，产业结构严重失衡，产能过剩，企业利润率下降并破产。1979年，韩国开始停止实施重化工业驱动政策，并宣布实施宏观经济全面稳定计划。

第三阶段，面对产业竞争力下滑的局面，韩国提出"科技立国"的口号，引进国外技术开始进入高科技领域，包括半导体、显示器、计算机等。

韩国加大技术开发投资，提高研究开发经费占国内生产总值的比重逐步达到2%左右；成立专门组织，设立由总统直接管辖的科技开发最高审议机构"技术振兴审议会"，由总统、主管科技的政府部门官员和企业界研究机构等共同研究世界科技动向，调整国内科技政策，解决有关重大问题；为鼓励产业技术开发，分担企业技术开发风险，政府在税收、金融等方面提供优惠政策。这一阶段，韩国技术密集型产业长足发展，也实现了经济增长方式从粗放型向集约型的转变。

第四阶段，进入20世纪90年代，韩国的产业结构已接近发达国家水平，开始着力向发达国家型产业结构转换，提出以技术开发为中心，向知识密集型产业发展。

1990年，韩国政府根据世界高技术发展的重点领域，制定了"高技术产业发展的七年计划"，提出重点发展七大产业：信息技术、自动化技术、新材料、机械电子、精细化工、生物工程、航空航天等技术。特别在信息技术产业方面，为了增强面向21世纪的信息产业发展基础，韩国政府先后制定了尖端产业发展五年计划（1990—1994年）、信息通信技术开发计划（1990—2000年）、信息产业育成计划、信息高速公路计划，并提出把发展信息产业作为一项基本国策来实施，并在财政、金融方面给予支持。1997年亚洲金融危机后，韩国经济得到快速恢复，很大程度上得益于信息通信技术（ICT）的快速发展。在韩国信息产业发展过程中，同时成长起来一批具有国际竞争力的大企业，比如三星电子、LG电子、现代电子等已发展成世界级知名品牌。到2000年，电子信息产品成为主导，韩国成为世界第三大半导体生产国。

进入新世纪，韩国逐渐调整了产业发展重心，一是针对三大产业群，制定差别化的发展战略。对于传统的制造业，扶持核心主力业种，通过向周边国家转移次要落后的业种以实现传统产业的结构升级；对于新技术产业，通过高速发展不断提高其在整个产业中所占的比重；对于服务业，最大限度地发挥市场功能，发掘新的增长机会，并使知识型服务业朝着有助于制造业的方向发展。

二是重点支持高新技术开发。韩国产业资源部对IT（信息）、BT（生物）、NT（纳米）、ET（环境）和CT（文化）等"5T"领域的技术开发进行重点支持。三是培养高级人才，保证新技术产业的持续发展。随着新技术产业的高速发展，韩国的科技人才缺口要达到十几万人。为克服这一瓶颈，韩国政府已经出台了《国家战略领域人才培养综合计划》，鼓励各大学加强新技术领域的教学力量。到2010年，韩国的产业结构进一步得到了改善。

根据韩国国际贸易协会发布的一项报告，2013年韩国已成为对美国出口先进技术产品最多的第五大国家，其中，IT产品第三，电子产品第三，自动化系统第四，新材料第六，光学设备第六，核电技术第七，航空航天技术第十，生物科学第十二，生物工程第十三。这些数据都显示，韩国已经建立了完备、先进的现代产业发展体系。

韩国通过有效的产业政策，引导和推动了产业结构的升级，持续创造着"汉江奇迹"。韩国的产业政策大致适应了经济发展的需要。但同时也存在弊端。20世纪70年代末，政府对企业的过多干预助长了企业的依赖性，加重了政府财政负担。由于20世纪60~70年代的产业政策着重于技术引进，国内缺乏研发能力，难以形成自主型产业结构。1997年的亚洲金融危机不仅打击了韩国经济，也暴露了韩国产业结构的问题：工业和农业发展失衡，工业飞速发展的同时农业严重萎缩；轻工业和重化工业失衡，重化工业高速增长的同时轻工业负增长；第三产业增长迅速，制造业比重过早下降，出口增长迅速，产业空洞化。产业结构的严重失衡抑制了韩国经济的长期稳定发展。2008年美国"次贷危机"给韩国经济带来了严重冲击，暴露出韩国国家主导型外向经济发展模式的弊端：由于缺乏有效的市场制约和调节机制，得到政府支持的企业不计成本地盲目扩张，"政经勾结"违背了公平竞争的市场原则，加剧了经济发展的失衡，为韩国经济埋下了隐患。

参考资料：

1. 郑华杰，中日韩产业结构升级和产业政策演变比较，《现代商业》，2017年第20期，2017年，第40~42页。

2. 黄启才，韩国产业发展政策适变及对突破"中等收入陷阱"的启示，《东南学术》，2015年第2期，2015年，第101~107页。

3. 胡李鹏·谭华清，韩国产业升级的过程与经验，《现代管理科学》，2016年第1期，2016年，第33~36页。

4. 王铮，韩国产业结构发展变化分析，《中小企业管理与科技》，2012年第6期，2012年，第70~71页。

5. 周劲，日本、韩国产业结构升级过程中比较优势的变化及启示，《经济纵横》，2013年第1期，2013年，第108~112页。

第四单元　外宣

| 第七课 | CJ그룹, 한진 그룹, SK그룹 |
| 第八课 | 顺丰速运，中国工商银行，中国国际航空公司 |

学习目标

1　了解外宣材料的功能和文体特点，明确外宣材料翻译的基本原则和注意事项。

2　体会中韩外宣类文章的语言特点和修辞风格，把握经贸翻译中的直译与意译。

企业外宣材料的文体特点和翻译

　　企业外宣材料是企业树立自身形象的重要手段，也是让外界充分了解自己以便赢得信任的重要途径。良好的企业外宣材料翻译有助于提高企业声誉，翻译质量低劣则会对企业形象造成损害。

　　企业外宣材料具有信息功能和呼唤功能。信息功能是指外宣材料为读者提供实质性信息，如企业沿革、经营理念、业务范围、销售业绩等，这些信息可以让读者对企业有所了解。呼唤功能在于号召读者进行思考和感受，采取行动，实际上就是号召读者按照文本做出"反应"。企业通过外宣材料树立良好形象，提高知名度，可以吸引潜在的合作伙伴、投资人、消费者。鉴于外宣材料的信息功能和呼唤功能，在翻译企业外宣材料时，既要注重原文信息的准确传达，要逻辑严密，表达经得起推敲，又要做到通情达理，使读者乐于接受，行文上还要保持宣传语气。

　　中韩企业外宣材料，语气都较正式，但汉语表达更重视艺术性和审美性，因此语气更具号召力、渲染力，用词更具描述性，也会更多地采用对仗等修辞手法，因此在将韩语外宣材料译成汉语时，应该照顾汉语读者的思维方式和审美标准，在保持原文信息不变的情况下，尽量找到一些较为优美的汉语来表述；汉语译韩语时，在保存原作信息的同时，可适当降低其美感和渲染程度。

CJ그룹, 한진 그룹, SK그룹

CJ그룹

　CJ그룹은 1953년 11월 설립한 제일제당공업주식회사로 출발하여 60여 년 동안 "최초, 최고, 차별화(only one)"를 경영이념으로 추구하며 한국 대표 식품회사에서 글로벌 생활문화기업으로 성장했습니다.

　"제일제당"은 삼성그룹의 모기업으로 1993년 독립경영을 시작하여 외식, 영화 등의 사업을 중점적으로 발전시켜 사업다각화를 실현하였으며 20년간 지속적으로 사업 및 서비스 영역을 확대하였습니다. CJ는 늘 새로운 변혁과 도약을 위해 노력해 왔습니다. CJ는 식품&식품서비스❶, 생명공학, 신유통, 엔터테인먼트&미디어 등 4대 핵심사업 분야에서의 집중경영을 통해 핵심 사업부문을 강화하는 한편 글로벌 전략을 실행함으로써 글로벌 경쟁력을 갖춘 글로벌 기업으로 도약하고 있습니다.

CULTURE

　문화를 만드는 일은 CJ가 가장 잘하는 일입니다.

　CJ는 우리❷의 아름다운 문화를 전 세계인들에게 알리기 위해 가장 앞서 달리고 있습니다.

　세계의 라이프스타일을 주도하는❸ 한류의 중심에 CJ가 있습니다.

GLOBAL

　전 세계인이 일상생활 속에서 한국의 영화, 음식, 드라마, 음악을 마음껏 즐기며 일상의 행복을 누리게 되는 것, 그리고 이를 가장 앞서서 이끄는 최고의

생활문화기업이 되는 것이 바로 CJ의 꿈입니다.④

ONLY ONE

ONLY ONE정신은 모든 면에서 최초 최고, 차별화를 추구하는 CJ가 최우선으로 지향하는 가치입니다. 이를 바탕으로 CJ는 남들이 하지 않은 새로운 제품과 서비스, 시스템, 사업을 지속적으로 창출해 가고 있습니다.

사업영역

식품 & 식품서비스
한식 세계화의 선두에서 글로벌 식문화를 창조합니다.

식품 & 식품서비스⑤ 부문은 CJ그룹의 출발점입니다. 국내1위의 식품 회사이자 글로벌 식품 기업으로 도약하고 있는 CJ 제일제당, 다양한 외식 브랜드를 통해 글로벌 외식문화 기업으로 성장한 CJ 푸드빌, 네트워크를 통해 식자재를 공급하면서 국내 대표 식자재 유통 & 푸드서비스 전문기업으로 도약한 CJ프레시웨이까지, 대한민국 식문화를 이끌어 온 CJ그룹의 식품 & 식품서비스 부문이 이제 세계인들에게 우리의 맛을 전하고 있습니다.

생명공학
최고의 기술과 경쟁력⑥으로 생명공학의 미래를 선도합니다.

비이오 사업 부문은 R&D투자와 경쟁력 강화⑦를 통해 세계 최고의 바이오 기업으로 자리 잡았습니다. 세계 시장 1위인 핵산과 라이신 등 기존 제품의 경쟁력 강화와 글로벌 생산 기지 확충 및 미래 성장사업 확보를 통해 글로벌 그린 바이오 기업으로 도약하고 있습니다. CJ헬스케어는 경쟁력 있는 전문의약품과 건강, 기능성 제품 분야에서 국내⑧ 대표 제약사로 성장해왔습니다. 지속적이고 장기적인 투자가 필수적인 신약 및 바이오의 약품의 개발에 R&D역량을 집중하고 있으며, 적극적인 투자를 통해 글로벌 제약사로 발돋움하고 있습니다.

신유통
라이프스타일을 혁신하는 글로벌 유통 강자로 도약합니다.

국내 최초의 물류 사업, 최초의 TV홈쇼핑을 통해 대한민국의 쇼핑과 유통의 역사를 만들어 온 CJ그룹의 신유통 부문이 세계인의 라이프 스타일을 빠르고 편리하게 변화시키고 있습니다.[9] CJ오쇼핑과 CJ올리브네트웍스는 중국, 동남아시아 등에 진출해 획기적인 성장을 거듭하고 있습니다. CJ대한통운의 종합 물류 사업 역시 국내의 네트워크가 대폭 강화되면서 향후 세계를 움직일 글로벌 대표 물류기업으로 도약하고 있습니다.

한진 그룹

오늘의 한진, 미래의 한진

한진인천컨테이너터미널, 서울복합물류단지 등 신규 사업 거점 확대와 중량물 전용선, 화물정보망사업, 해외직구 한진 이하넥스(eHanEx) 등 지속 성장을 위한 투자와 한진만의 새롭고 창의적인 서비스로 대한민국 물류산업의 발전을 선도하고 있습니다.[10] 아울러 중국, 중앙아시아, 동남아, 유럽 등에 네트워크를 확대하고 싱가폴의 PSA, 일본의 사가와 등 세계 유수 기업들과의 전략적 제휴, 포스코 등 고객 기업과의 해외 동반 진출, 전세계 영업망을 보유한 그룹사와의 협력을 통한 적극적인 시장 개척으로 물류업계의 글로벌리더로 성장해 나아갈 것입니다.[11]

경영이념

가치 혁신, 관계 혁신, 체제 혁신, 역량 혁신을 통한 새로운 가치 창출은 미래 물류산업을 주도할[12] 초일류 기업으로의 도약을 위한 한진의 원동력입니다.

가치 혁신: 고객에게 최상의 가치를 제공하겠습니다.

관계 혁신: 모든 이해관계자와의 신뢰를 강화하겠습니다.

체제 혁신: 고객 중심의 통합 물류 시스템을 제공하겠습니다.

역량 혁신: 글로벌 역량을 강화하겠습니다.

SK그룹

경영철학 | SKMS (SK Management System)

SK는 구성원과 <u>이해관계자</u>의 지속 가능한 행복을 추구합니다.

1979년 처음 제정된 SKMS는 SK의 경영철학과 이를 현실 경영에 구현하는 방법론으로 구성되어 있으며, SK의 모든 구성원은 SKMS에 대한 확신과 열정을 가지고 자발적, 의욕적으로 이를 실천하고 있습니다. 이를 통해 스스로의 행복과 이해관계자의 행복을 추구해 나갑니다.

구성원 행복

구성원 스스로의 선택으로 SK에 모인 사람들이며, 경영의 주체이자 회사 그 자체입니다.[13] SK를 구성하고 있는 구성원들은 SK라는 공동체와 함께할 때 더 큰 행복을 이룰 수 있다는 믿음과 신뢰를 가지고 스스로 행복을 창출해 행복의 <u>파이</u>를 키워나갑니다.

사회적 가치

SK는 이해관계자의 행복을 위해 회사가 창출하는 모든 가치를 사회적 가치라 정의하고 적극적으로 창출해 나가고 있습니다. 우리를 둘러싼 사람들을 행복하게 함으로써 SK도 행복해지는 것, 이것이 SK가 추구하는 가치입니다.

SOCIAL VALUE

SK는 사회 구성원 모두의 공존과 행복을 위해 사회적 가치를 추구합니다. 사회적 가치 창출 전문가인 사회적 기업의 경쟁력을 강화하고, 사회적 기업 생태계에 인재와 자본이 지속적으로 유입될 수 있도록 사회혁신 인재 육성, 사회적 기업 <u>투자 펀드</u> 조성에 앞장서고 있습니다.[14]

앞서: 先，领先，先前

선두: 领先，前列

식자재: 食材

선도하다: 先导，引导，带头

R&D투자: 研究与开发(R&D)投资

> R&D (research and development)，指在科学技术领域为增加知识总量(包括人类文化和社会知识的总量)，以及运用这些知识去创造新的应用进行的系统的创造性的活动。可译为"研究与开发"。

핵산: 核酸

라이신: 赖氨酸

역량: 力量，能力，能量

발돋움하다: 成为，跻身，登上

중량물 전용선: 笨重货专用船

유수: 屈指可数，数一数二

제휴: 携手，联袂，合作

이해관계자: 利益相关人，利益相关方

파이: 派

투자 펀드: 投资基金

CJ集团

CJ（希杰）集团是由成立于1953年11月的韩国第一制糖工业株式会社发展而来，60多年来不断追求"首创、最佳、与众不同（ONLY ONE）"的经营理念，如今CJ已由一家韩国知名的食品公司发展成为一家国际化的生活文化企业。

"第一制糖"是三星集团母公司，1993年从三星集团独立出来开始独立经营，重点发展餐饮、电影等产业，实现了事业的多元化发展，并在之后的二十年间，持续扩大经营及服务领域。CJ一直在不懈努力，谋求新的变革与飞跃。一方面，CJ通过在食品&餐饮服务❶、生物科技、新流通、娱乐&传媒四大核心事业领域的集中经营，强化其核心事业部门；另一方面，通过实行全球化战略，CJ正在努力成长为具有竞争力的国际化公司。

❶ 译词的选择——根据联立关系确定译词

CULTURE

CJ深谙文化创造之道。

CJ始终走在前列，致力于向世界人民宣传韩国❷的美好文化。

❷ 国名的译时调整

GLOBAL

CJ期冀世界各地的人民都可以在日常生活中尽情享受到韩国电影、美食、电视剧、音乐带来的点滴幸福。CJ同样希望能够成长为一家可以引领这样一种风尚的、最优秀的生活文化企业，这是CJ的梦想。❸

❸ 句界调整——分译

ONLY ONE

ONLY ONE精神，是指CJ在各方面都追求首创的、最佳的个性化服务，这是CJ的最高价值导向。CJ以ONLY ONE精神为基础，不断创造出与众不同的新产品、新服务、新体系、新业务。

事业领域

食品&餐饮服务

引领韩餐世界化，创造全球性餐饮文化。

"食品&餐饮服务部门" ❹是CJ集团事业的起点。"CJ第一制糖"是韩国食品行业的龙头企业，正成为全球化的食品公司；CJ Foodville旗下拥有复合多样的餐饮品牌，已逐步成长为全球化的餐饮文化企业；CJ Freshway通过网络供应食材，在食材流通和提供食品服务领域是韩国知名的专业化企业。引领韩国饮食文化的"CJ食品&餐饮事业群"正在向世界传递浓浓的韩国味道。

❹ 译词的选择——根据联立关系确定译词

生物工程

以先进的技术和强有力的竞争力❺，引领生物工程的未来。

通过不断加大研发（R&D）投资和增强竞争力❻，"CJ生物工程事业部门"已跻身世界一流生物工程企业之列。CJ生物生产的核酸和赖氨酸等产品，所占市场份额居全球首位。CJ生物现在正通过加强既有产品的竞争力、在全球增建生产基地，以及开辟新的产业，着力将自身打造成全球化的绿色生物企业。CJ Health Care已经在具有竞争优势的处方药、保健和功能性食品领域成长为韩国❼具代表性的制药企业。CJ Health Care还在需要长线投资的新药和

❺ 译词的选择——根据联立关系确定译词

❻ 译词的选择——根据联立关系确定译词

❼ 国名的译时调整

生物药物上集中研发（R&D）力量，努力跻身国际性制药公司之列。

新流通

努力成为变革生活方式的国际化物流领军企业。

CJ集团的"新流通事业部门"是最早在韩国提供物流服务和电视家庭购物服务的企业；书写了韩国购物与物流领域的发展史。如今，"CJ新流通"正致力于让全球消费者的生活方式变得更加方便、快捷。[8]CJ O Shopping和CJ Olive Networks已经进入中国和东南亚等地，取得了巨大的发展。而CJ大韩通运的综合物流业务也极大地促进了韩国物流网的发展，今后也将成为联通世界的全球领军物流企业。

⑧ 句子成分的转换

韩进集团

今天的韩进，未来的韩进

韩进新建仁川新港集装码头、首尔复合物流园区等业务据点，并在配备大件货物运输专用船、打造货物信息网和海外配送平台韩进"eHanEx"等能够为企业带来持续发展动力的领域加大投资，提供特色创新创意服务，不断引领韩国物流产业的发展与飞跃。[9]此外，韩进还扩大在中国、中亚、东南亚、欧洲等地区的业务网，加强与新加坡港务集团（PSA）、佐川急便等世界知名企业的战略性合作，与浦项制铁等客户企业携手进军国际市场，积极谋求与拥有全球业务的集团合作共赢。韩进正通过不断地开拓市场，努力成长为全球物流领域的领军企业。[10]

⑨ 句子成分的转换

⑩ 分译

经营理念

依托价值革新、关系革新、体制革新、能力革新来创造新的价值，这是促进韩进飞跃发展成为引领[⑪]未来物流领域的超一流企业的原动力。

⑪ 译词的选择——根据语境
确定译词

价值革新　为客户创造最大价值。

关系革新　增进与所有利益相关者的互信。

体制革新　提供以顾客为中心的综合物流服务。

能力革新　增强国际竞争力。

SK集团

经营理念I SKMS(SK Management System)

SK追求集团成员和利益相关者的可持续幸福。

SKMS最初制定于1979年，它由SK的经营理念和将之应用于实际经营的方法论组成，SK集团的所有成员对SKMS都充满信心和热忱，并正自发地、积极地实践着这一经营理念。集团所有成员也将依此追求自身和各利益相关方的幸福。

成员的幸福

SK的成员们自愿选择相聚在SK，他们既是经营的主体，也是公司本身。[⑫] "与SK这一共同体同行可以实现更大的幸福"，SK成员们怀着这样的信念和信赖，自主创造幸福，做大幸福的蛋糕。

⑫ 句子成分的转换

社会价值

SK将为了利益相关方的幸福而创造的所有价值定义为社会价值，并为之积极努力。让周围的人幸福，SK也会变得幸福，这就是SK所追求的价值。

SOCIAL VALUE

为了所有社会成员的共生和幸福追求社会价值。SK正在努力加强作为社会价值创造专家——社会型企业的竞争力。为了让人才和资本能够持续流入社会型企业生态系统，SK正致力于培养社会革新人才，设立社会型企业投资基金。

⑬ 分译

译法解析

1. 译时国名的调整

一个语篇被翻译之后，语篇就走进了译入语的宏观语境，语篇的目标读者发生改变。这时文本中出现的指代源语国家的名词、代词有时需要调整。本课中，

❷ CJ는 <u>우리</u>의 아름다운 문화를 전 세계인들에게 알리기 위해 가장 앞서 달리고 있습니다.

CJ始终走在前列，致力于向世界人民宣传<u>韩国</u>的美好文化。

源语篇中用"우리"指代韩国，这符合源语语境。但在本课这样一个企业介绍的文本中，译为汉语时目标读者转换为中国读者，文本信息的传播目的在于向中国读者宣传企业。因此，要站在读者立场，将"우리"调整为其所指的"韩国"。

❼ CJ헬스케어는 경쟁력 있는 전문의약품과 건강, 기능성 제품 분야에서 <u>국내</u> 대표 제약사로 성장해왔습니다.

CJ Health Care已经在具有竞争优势的处方药、保健品和功能性食品领域成长为<u>韩国</u>具代表性的制药企业。

上面的课文译例中同样，源语文本中的"국내"指的是韩国国内，在翻译时需要译为"韩国"，这样才能在译入语语境中清晰、准确地完成交际目的。

2. 译词的选择——根据语境确定译词

连词成句、连句成段、列段成章，一篇语篇是由各个语言单位组成的完整统一体，翻译时要合理处理每一层语言单位。词汇是表意的基本单位，也是构成语篇的基本成分，把握词义、确定译词是翻译很关键的一步。从语言学的角度来看，对于一个孤立的单词，是很难判断其完整意义的，只有在具体的语言环境中，有一定的上下文才能确定具体词语的确切含义，翻译中选择恰当的译词也应该仰赖于语境。在下面这句课文的翻译中，

⓫ 가치 혁신, 관계 혁신, 체제 혁신, 역량 혁신을 통한 새로운 가치 창출은 미래 물류산업을 <u>주도할</u> 초일류 기업으로의 도약을 위한 한진의 원동력입니다.

依托价值革新、关系革新、体制革新、能力革新来创造新的价值，这是促进韩进飞跃发展成为<u>引领</u>未来物流领域的超一流企业的原动力。

"주도하다"在词典中的释义是"主导，主管，引领"。词典的意义是孤立静止的，翻译时译词的定夺需要根据语境。本课中的"주도하다"体现了韩进在改变人们生活模式、在物流领域的重要地位，韩语原文面对本国读者，将"주도하다"理解为"主导"无妨，可以彰显本国企业的实力与价值，但将这篇企业介绍文翻译为汉语时，目标读者改变了，如若将之译为"主导"，容易引起反感。考虑语境后，翻译时将"주도하다"译为"引领"更恰当。

又如下例中，

△ 한국식 매운 라면이 'K-푸드'를 대표하는 식품으로 자리 잡았다. <u>중국을 비롯한 아시아</u>는 물론 미국과 중동, 유럽 지역에서 인기를 끌며 수출액이 대폭 늘었다.

韩式辛味拉面是"K-Food(韩国食品)"中极具代表性的食品，不仅在<u>中国等亚洲国家</u>，在美国、中东和欧洲也广受欢迎，其出口额获大幅增长。

"비롯하다"在词典中的释义是"以……为首，包括……在内，以及……"，翻译中在定夺译词时应考虑语境。虽然"비롯하다"有"以……为首"的意思，但考虑例子中的语境，不能将"중국을 비롯한 아시아"译为"以中国为主的亚洲国家"，这是误译，应译为"中国等亚洲国家"。

3. 分译

韩语句子中的每个成分均可有修饰语，而且修饰语可以很长，一个修饰语还可以被另一个修饰语修饰，因此句式结构有时虽显得复杂、冗长，但由于语尾和助词将各成分明确关联了出来，所以句子依旧可以主次分明、条理清晰。汉语则不同，汉语往往按照自然事理发展顺序和客观的因果关系展开，修饰语少而短，句子由一个一个的分句构成，汉语的分句与分句、短语与短语之间在意义上有联系，也会使用关联词，但句子意思的明确主要靠语序和逻辑顺序。因此在进行汉韩互译时，要适时改换句子结构，进行句界的调整。

分译法是句界调整的一种方法，往往是指将源语文本的一个句子拆开，译成两个或两个以上的句子，即把一个由多成分盘根错节地组合而成的长句分译成若干个较短的句子，使表达符合汉语的行文习惯。在本课中，

❸ 전 세계인이 일상생활 속에서 한국의 영화, 음식, 드라마, 음악을 마음껏 즐기며 일상의 행복을 누리게 되는 것, 그리고 이를 가장 앞서서 이끄는 최고의 생활문화 기업이 되는 것이 바로 CJ의 꿈입니다.

CJ期冀世界各地的人民都可以在日常生活中尽情享受到韩国电影、美食、电视剧、音乐带来的点滴幸福。CJ同样希望能够成长为一家可以引领这样一种风尚的、最优秀的生活文化企业，这是CJ的梦想。

❿ 아울러 중국, 중앙아시아, 동남아, 유럽 등에 네트워크를 확대하고 싱가폴의 PSA, 일본의 사가와 등 세계 유수 기업들과의 전략적 제휴, 포스코 등 고객 기업과의 해외 동반 진출, 전세계 영업망을 보유한 그룹사와의 협력을 통한 적극적인 시장 개척으로 물류업계의 글로벌리더로 성장해 나아갈 것입니다.

此外，韩进还扩大在中国、中亚、东南亚、欧洲等地区的业务网，加强与新加坡港务集团（PSA）、佐川急便等世界知名企业的战略性合作，与浦项制铁等客户企业携手进军国际市场，积极谋求与拥有全球业务的集团合作共赢。韩进正通过不断地开拓市场，努力成长为全球物流领域的领军企业。

上面例子中，都是韩语句子很长，如果在译为汉语时仍以一个长句译出，会使语义理解起来非常困难。这时不妨采用"分译"的方法，厘清韩语句子的语义逻辑，然后再有层次地将之分为几句译出，让译语逻辑清晰、句义明确。

4. 译词的选择——根据联立关系确定译词

词汇的联立关系是指句子内部词与词的搭配关系，也就是词与词之间的一种横向组合关系。词汇的联立关系可以体现在形容词与名词、动词与名词、动词与副词、名词与名词的搭配关系上。在本课中，

❹ 식품 & 식품서비스 부문은 CJ그룹의 출발점입니다.

食品&餐饮服务部门是CJ集团事业的起点。

"식품"的意义是食品，但与"서비스"联立在一起时，应将"식품"翻译为"餐饮"，将"식품서비스"翻译为"餐饮服务"才是符合汉语表达习惯的说法。

❺ 최고의 기술과 경쟁력으로 생명공학의 미래를 선도합니다.

以先进的技术和强有力的竞争力，引领生物工程的未来。

"최고"意为"最好""最高"，在这里同时修饰"기술"和"경쟁력"，与这两个词组成联立关系。翻译时要考虑词语之间的语意搭配，与"기술"搭配时译为"先进的"，与"경쟁력"搭配时译为"强有力的"比较合适。

5. 句子成分的转换

句子成分的转换就是改变句子中的某一部分在句中所做的句子成分。翻译中句子成分的转换有很多种，可以将状语译为主语，可以将定语译为谓语，可以把主语译为宾语等等。下面这句话，

❽ 국내 최초의 물류 사업, 최초의 TV홈쇼핑을 통해 대한민국의 쇼핑과 유통의 역사
를 만들어 온 CJ그룹의 신유통 부문이 세계인의 라이프 스타일을 빠르고 편리하
게 변화시키고 있습니다.

CJ集团的"新流通事业部门"是最早在韩国提供物流服务和电视家庭购物服
务的企业，书写了韩国购物和物流领域的发展史。如今，"CJ新流通"正致力
于让全球消费者的生活方式变得更加方便、快捷。

原文中，句子主语"CJ그룹의 신유통 부문"的前面有很长的定语，如果不
改变这部分主语定语的句子成分的话，译语就会不符合汉语的规范和习惯。这
时需要进行句子成分的转换，将主语的长定语变换为并列谓语句。韩语中常见
长定语的使用，翻译成汉语时要根据情况进行句子成分上的转换。

❾ 한진인천컨테이너터미널, 서울복합물류단지 등 신규 사업 거점 확대와 중량물 전
용선, 화물정보망사업, 해외직구 한진 이하넥스 (ehanEx) 등 지속 성장을 위한
투자와 한진만의 새롭고 창의적인 서비스로 대한민국 물류산업의 발전을 선도하
고 있습니다.

韩进新建仁川新港集装码头、首尔复合物流园区等业务据点，并在配备大件
货物运输专用船、打造货物信息网和海外配送平台韩进"ehanEx"等能够为
企业带来持续发展动力的领域加大投资，提供特色创新创意服务，不断引领
韩国物流产业的发展与飞跃。

上例中，主语是被省略了的"한진"，句尾部分的"대한민국 물류산업의
발전을 선도하고 있습니다"是宾语和谓语部分，而整个长句的其他部分是名
词"확대""투자""서비스"及其修饰语构成的状语部分。在进行翻译时，
如果不进行句子成分的转换，汉语译文中冗长的状语成分会使句子理解起来困
难。译文中将"확대""투자""서비스"译为动词，即将原句的状语部分转
换为谓语，使汉语译文的逻辑清晰、语义明朗起来。

下例中，将状语"스스로의 선택으로"译为谓语，译成"自愿选择"，同

样可以使汉语译语的句义表达更清晰。

> ⑫ 구성원 <u>스스로의 선택으로</u> SK에 모인 사람들이며, 경영의 주체이자 회사 그 자체
> 입니다.
>
> SK的成员们<u>自愿选择</u>相聚在SK，他们既是经营的主体，也是公司本身。

한진

개요

한진은 <u>1945년 창업 이래</u>[1] 물류산업분야에서 선도적인 역할을 수행함으로써 국가 경제 발전에 이바지하고 있습니다.

1969년 국내 최초로 컨테이너 수송방식을 도입하여 육상운송 발전에 기여해 왔으며 고객 니즈에 맞춰 시스템을 도입할 수송모드로 개발하는 등 최상의 물류서비스 제공을 경영 모토로 전략해 왔습니다.

수송 분야의 <u>선두주자</u>[2]인 한진은 1983년 <u>국내</u>[3] 최소로 정기 연안 해송 사업을 개시하며 수송모드의 다변화를 통한 고객서비스를 확충하였습니다. 1992년 국내 최초로 택배사업을 개시한데 이어 1996년에는 세계 주요 도시간 국제특송 사업을 전개하는 등 고객의 소중한 물품을 보다 신속하고, 보다 안전하고, 보다 정확하게 수송하고자 최선의 노력을 기울여 왔습니다.

한진은 모든 물류과정을 유기적으로 통합·연계하여 고객사에 부가가치를 창출할 수 있는 종합물류서비스를 구현하고 있으며, 이러한 물류사업분야의 노하우와 차별화된 글로벌 네트워크를 통해 화물운송서비스 우수기업 최우수등급 획득, 글로벌 물류기업육성 대상 기업 선정, AEO(종합인증우수업체)인증, 종합물류기업 최초 ISMS(정보보호관리체계) 인증 등 대외적으로 그 역량을 인

---

1 可译为"韩进集团成立于1945年"。汉语重描述，韩译汉时在忠实语义信息的同时，语言组织上可做适当调整。这里可考虑贴近汉语表达习惯先直接明确地交代创立时间，而不直接对应地翻译为"韩进集团自1945年成立以来"。另外，集团（公司）名称首次出现在正文中，写全名称，增加官方感和正式感。
2 可译为"领军企业"。
3 要注意译时国名的调整，这里要译为"韩国"。

정받고 있습니다.

앞으로도 한진은 국내를 넘어 글로벌 선진 물류기업 도약을 위해 한진만의 육·해·공 물류 경쟁력으로 글로벌 물류산업 개척자로서의 도전을 계속해 나아가겠습니다.

POSCO

포스코 경영이념

더불어 함께 발전하는 기업시민

포스코는 '더불어 함께 발전하는 기업시민'을 추구합니다. 포스코 스스로가 사회 구성원의 일원이 되어 임직원, 주주, 고객, 공급사, 협력사[4] 등 여러 이해관계자와 더불어 함께 발전하고, 배려와 공존, 공생의 가치를 함께 추구해 나가고자 합니다.

인재상[5]

실천의식과 배려의 마인드를 갖춘 창의적 인재

기업시민 포스코의 구성원인 임직원은 '실천'의식을 바탕으로 남보다 앞서 솔선하고, 겸손과 존중의 마인드로 '배려'할 줄 알며, 본연의 업무[6]에 몰입하여 새로운 아이디어를 적용하는 '창의'적 인재를 지향합니다.

행동강령

실질: 형식보다 실질 우선
실행: 보고보다 실행 중시
실리: 명분보다 실리 추구

실질을 우선하고 실행을 중시하며 실리를 추구해 나가는 가치를 실천해 나갑니다. 형식보다는 실질을 우선하고, 보고보다는 실행을 중시하고, 명분보다

---

4 可译为"员工、股东、客户、供应商、合作公司"。
5 可译为"人才标准"。
6 可译为"本职工作"。

는 실리를 추구함으로써 가치경영, 상생경영, 혁신경영을 실현해 나갑니다.

핵심가치

안전   상생   윤리   창의

포스코의 핵심가치는 '안전', '상생', '윤리', '창의'입니다.

'안전'은 <u>인간 존중</u>[7]을 우선으로 직책보임자부터 솔선수범하여 실천 우선의 안전 행동을 체질화하는 것입니다. '상생'은 배려와 나눔을 실천하고 공생 발전을 추구하며, 사회적 가치창출을 통하여 함께 지속성장하는 것입니다. '윤리'는 사회 구성원 간 상호신뢰를 기반하여 <u>정도를 추구하고 신상필벌의 원칙</u>[8]을 지키는 것입니다. '창의'는 열린 사고로 개방적인 협력을 통하여 문제를 주도적으로 해결하는 것입니다.

7　可译为"以人为本"。

8　指"追求正道、坚守信赏必罚的原则"。

经贸知识

<h1 style="text-align:center">韩国经济发展中韩国财团的崛起</h1>

韩国学者林炳润曾指出："财团就是韩国经济之全部的比喻，并非夸大其词。由于财团在整个国民经济中所占的比重和发挥的作用如此强大，故可以说，没有对财团的理解，就不能理解韩国的经济。"

韩国"汉江奇迹"的背后，一个鲜明的特点就是财团的崛起以及它们在韩国经济中的重要地位。2017年，三星等六大财团年营收占韩国年度GDP超过60%，产业覆盖石油、化工、燃气、制铁、建设、汽车、电子、信息通信、半导体、物流、金融、医药、时尚产业等各领域。财团对韩国的经济命脉有着重要的影响。

韩国财团及大企业发展模式以日本殖民统治时期的民族工商业为起点。韩国成立前，一批年轻人开始涉足实业界，在日本殖民统治的夹缝中从事商业和服务业。这一时期的企业，规模较小，一般都以小型工商业为经营主体。三星创始人李秉喆、现代创始人郑周永、韩华创始人金钟喜的经营事业在韩国成立之前都已开展多年。

20世纪40年代末到50年代中后期，韩国企业借助韩国经济复兴的良机，依靠"归属财产"、美国的经济援助和政府的"特惠扶持"得以发展。

1950年6月25日朝鲜战争爆发，1953年7月27日南北签署停战协议。朝鲜战争对各财团创始人的经营事业产生了重要影响。三星集团创始人李秉喆、现代集团创始人郑周永和LG创始人具仁会离开汉城（今首尔）前往釜山。李秉喆在1951年创办三星物产，1953年又在釜山创办第一制糖和第一毛织，第一制糖是韩国首家制造业企业。郑周永从1950年开始在釜山经营物资运输，停战后，大量承接驻韩美军工程和战后重建工程，完成了洛东江高灵桥修复及汉江第一大桥重建等工作。具仁会1953年创办乐喜工业，主要生产合成树脂、塑料、牙膏等日用品，又在1958年创办金星公司，以生产收音机、电扇、电话等电器为主业。韩华集团创始人金钟喜在1952年收购了朝鲜火药共贩股份公司，成立了韩国火药，使韩国在1958年成为亚洲第二个拥有自主生产工业火药技术的国家。SK创始人崔钟建则在水原接收了自己曾经任职的鲜京纺织，从事纺织、化纤工业。

20世纪60年代初期到70年代末，韩国财团快速发展。朴正熙上台后曾采取一些措施试图改变财团对国民经济垄断的局面。但政府很快发现在市场机制不健全、企业缺乏竞争力的情况下，财团是一支可发挥作用的经济力量。朴正熙执政时期，有两项重要的经济政策，即"出口导向"和"重化工业驱动政策"。与之配套的，是直接导致韩国财团产生的一项重要制度——综合商社制度。

"出口导向"的政策下，韩国大企业都开始布局出口。三星、现代、鲜京、乐喜、韩华纷纷在海外设立分支机构，或进行海外工程建设。此外，随着制造业的继续发展，现代汽车于1967年成立，1968年首款车型下线量产；金星生产出韩国首台冰箱、黑白电视、空调、电梯和洗衣机。1973年1月，韩国政府发布"重化工业化宣言"，加快发展石化、钢铁、机械、造船等重化工业，并在金融、税收、工厂用地和人力政策方面予以倾斜。1974年，响应政府决定，大批企业开始进军中东建设市场，通过赚取石油美元解决能源问题。但第一次石油危机之后，韩国企业也经历了出口危机。

1974年10月，三星和大宇提出参照日本建立综合商社；1975年4月30日，韩国政府正式颁布关于综合商社的规定。1975年5月19日，三星物产登记为第一号综合商社；5月27日，大宇、双龙登记；其后晓星物产、半岛商事、鲜京、三和、锦湖实业、现代综合商事和栗山实业均逐一登记。韩国政府给予综合商社在进出口贷款方面高度优惠，而在出口导向政策下，韩国企业本来就高度依赖国外市场，有资格登记成为综合商社的又只可能是少数大型企业，因此直接导致大量陷入生存危机的中小企业被少数综合商社所并购。1970–1975年，现代、大宇和双龙的增长速度分别达到33%、35%和34%。韩国大型企业也由此演变为跨界财阀。1980年，韩国前十大财阀营收的GDP占比已达48.1%。这一时期，韩国GDP从1962年的全球第101位跃升至1979年的第49位，国民收入大幅提升，创造了"汉江奇迹"，但一系列政策不可避免地导致韩国经济资源向少数财团高度集中。财团潜在的巨额贷款、税款和财务问题，也为韩国金融危机埋下了隐患。

20世纪80年代，得益于韩国政府产业政策的引导和全国的经济援助，韩国财阀规模越来越大，并逐步形成对生产与资本的高度垄断。1987年，韩国列入世界500强的企业有13家，其中"三星""现代"还被列入世界最大的50家企业之中。这一时期，韩国财阀在重化工业、造船业等领域继续开拓全球市场，财团规模虽然扩张迅速，但财务状况并不理想。部分财阀着手产业调整，开始将视野聚焦于具有高附加值的高新技术产业，但高度依赖债务发展问题并未得到根本解决。

进入20世纪90年代，财阀的高负债运营模式仍未得到改变，1997年，位列韩国前三十的财阀，其债务权益比已达到518%的惊人程度，其中有5家甚至超过了1000%。1997年，泰国、印度尼西亚、马来西亚相继爆发经济危机。由于亚洲经济局势恶化，外国银行开始收紧放贷，逐渐不再向韩国企业续借短期贷款，韩国的银行——财阀体系开始崩溃。从韩宝钢铁破产开始，经济危机席卷韩国，三美、真露、大农、起亚等财阀相继宣告破产。到1997年底，破产企业总数高达3万家。危机的顶峰，第二大财阀、作为韩国象征之一的大宇集团也走上破产之路，三星、现代、LG、SK等财团负债累累，"大马不死"的神话由此破灭。

1997年12月，金大中当选总统。1997年亚洲经济危机使韩国财阀处于最虚弱的状态，韩国经济有机会得以改革，这也是1960年代以来韩国经济第一次真正的改革。改革中一项重要内容是改革企业结构，主要对象是财阀。政府制订措施，打破财阀家族控制；要求财阀卖掉非核心企业，资金用于补充核心企业的资本，实行专业化经营；禁止集团子公司相互提供贷款担保。韩国政府要求每个财团集中力量经营3~5个大的产业部门，并采取交换的方式放弃集团的弱势产业。要求大宇将电子企业交予三星，而三星将汽车企业交予大宇（大宇汽车交易因大宇破产而受阻）；要求现代与LG的存储芯片公司进行合并等。

经济改革使韩国国民经济和财阀获得了重生。通过金融改革，金融不良债权从136万亿韩元下降到2001年底的约19万亿韩元；1997年末降到39亿美元的外汇储备也增加至1080亿美元；GDP从1998年的-6.75%，增长到1999年的10.9%，2000年保持在9.39%。

在金大中执政期内，三星电子在TFT-LCD、闪存设备及PDP工业领域的市场占有率位居全球第一，半导体市场占有率位居全球第二，研发出全球首款全彩AMOLED。现代汽车吸并了起亚汽车，成为全球主要的汽车企业。LG在LCD屏研发和制造领域，位居全球前列。

经历了金大中改革之后，韩国财团集中优势发展，到了卢武铉执政期间（2002–2008），韩国在多个行业都开始居于全球领先地位。各大财团在电子、半导体、航运、汽车、能源、化学、金融等领域继续全面快速发展。

2007年12月，李明博当选韩国总统。2008年美国金融危机爆发，11月的韩国股市比一年前下跌了60%以上，韩元半年内贬值超过40%。现代重工集团宣布2008年1–10月订单量减少50%，8月份韩国汽车对美出口创5年最低。

但政府与美联储签署货币互换协议，动用外汇储备，出台降息、增加财政预算开支、为非首都区新房提供消费税优惠等经济刺激政策，总体而言，此次金融危机中，韩国所受冲击要弱于1997年。金融危机期间，部分财阀主动调整结构、逆势扩张，使韩国企业在电子产业和半导体领域继续扩大领先地位。

进入2010年代后，韩国继续着力发展"创造型经济"。三星、LG、SK在电子、半导体和显示面板等信息科技领域处领先地位。此阶段部分财阀之间进行了重要产业重组，三星集团将化学、军工防务和航天板块（包括旗下三星综合化学、三星道达尔、三星Techwin和三星Thales）整体出售于韩华集团，这一重组使三星将优势进一步集中于半导体等高科技领域，而韩华集团在军工防务和化学材料领域的优势也得以扩大。

2020年《财富》世界500强上榜韩国企业

排名	上年排名	公司	营业收入（百万美元）	利润（百万美元）
19	15	三星电子	197,704.6	18,453.3
84	94	现代汽车	90,739.9	2,557.1
97	73	SK集团	86,163	615.5
194	171	浦项制铁公司	55,591.9	1,599.8
207	185	LG电子	53,464.3	26.8
227	193	韩国电力公司	50,256.7	−2,012.7

排名	上年排名	公司	营业收入 （百万美元）	利润 （百万美元）
229	227	起亚汽车	49,894.4	1,567.4
277	261	韩华集团	43,258.4	77.2
385	393	现代摩比斯公司	32,649.3	1,965.6
426	434	KB金融集团	29,469.3	2,841.8
437	463	CJ集团	28,986	229.2
447	376	GS加德士	28,541.3	388.4
467	426	三星人寿保险	27,290.7	838.7
481	444	三星C&T公司	26,396.1	901.1

参考资料：

1. 陈根，《韩国四大财团轻型升级中崛起》，电子工业出版社，2014年。

2. 张光军，《韩国财团研究》，世界图书出版公司，2010年。

3. 张英，《韩国财团比较研究》，东方出版社，1994年。

顺丰速运，中国工商银行，中国国际航空公司

顺丰速运

公司介绍

1993年，顺丰诞生于广东顺德❶。2016年12月12日，顺丰速运取得证监会❷批文获准登陆❸A股市场，2017年2月24日，正式更名为顺丰控股。股票代码002352。

顺丰系国内领先的快递物流综合服务商，立志于为客户提供一体化的综合物流解决方案。顺丰不仅提供高质量物流服务，还延伸至产、供、销、配等环节，以客户需求出发，利用大数据分析和云计算技术，为客户提供仓储管理、销售预测、大数据分析、结算管理等一体化的综合物流服务。

顺丰同时还是一家具有网络规模优势的智能物流运营商。顺丰拥有通达国内外的庞大物流网络，是可覆盖国内外的综合物流服务运营商。

品牌理念

顺丰是最值得信赖的选择。顺丰了解每一件物品都倾注着用户的托付和期待，我们在乎每一个托付，全心送达每一个期待。

您需要迅捷安心的快递服务，所以托付给顺丰。我们送达的不仅是物品，还有专业、服务与态度。我们全程呵护物品运输的每个环节，确保安全无误的送达。您把最在乎的物品托付给顺丰，我们必然全力以赴，无负您的信赖与期待。

您需要高效可靠的物流服务，所以托付给顺丰。我们专注于提升网络运营效率，准时地将物品配送至指定地点。我们在提供高效的物流配送的同时，助

您实现最优化的成本效益。更为您，以及您的客户，提供极致的服务体验。

顺丰基于物流，提供综合性服务。

物流不只是物品的运送，是线上线下融合的桥梁，是品牌和消费者的接触点，是用户体验的关键环节。

物流不只是劳动力的付出[4]，它是大数据和物联网的具体实践，是智慧与创新精神的结晶。

物流不只是物流，顺丰基于对行业客户的深入理解和把握，为不同的行业客户提供定制化的一站式解决方案。我们了解供应链需求及产业客户的痛点，打通行业的痛点和环节，搭建物流网络。提供同城的、跨地区的、甚至跨国界的物流服务。

顺丰是成就客户[5]的商业伙伴[6]。

顺丰存在的意义是为了成就客户[7]，我们的员工把自己视为客户团队的一分子，将客户的问题视为自己的问题。

我们的员工成为客户的大脑[8]，规划并提供专业、完善的综合性解决方案[9]。我们的员工成为客户的手脚，高效完成价值链中的每一次交付[10]。

因为顺丰，企业可以专注自己所长，无论设计、生产制造或营销。我们帮助客户的商品在产业链中顺畅流通,使其资金得到灵活运用。

中国工商银行

公司简介

中国工商银行成立于1984年1月1日，2005年10月28日整体改制为股份有限公司[11]。经过持续努力和稳健发展，中国工商银行如今已经迈入世界领先大银行之列，拥有优质的客户基础、多元的业务结构、强劲的创新能力和市场竞争力。中国工商银行将服务作为立行之本，坚持以服务创造价值，向全球[12]超860万公司客户和6.8亿个人客户提供全面的金融产品和服务。同时自觉将社会责任融入发展战略和经营管理活动，在支持防疫抗疫、发展普惠金融、支持脱贫攻坚和乡村振兴、发展绿色金融、支持公益事业等方面受到广泛赞誉。

企业荣誉

中国工商银行连续八年位列英国《银行家》全球⑬银行1000强和美国《福布斯》全球企业2000强榜单榜首、位列美国《财富》500强榜单全球商业银行首位，连续五年位列英国Brand Finance全球银行品牌价值500强榜单榜首。

中国国际航空公司

历史发展

中国国际航空股份有限公司简称"国航"，英文名称为"Air China Limited"，简称"Air China"，其前身中国国际航空公司成立于1988年。根据国务院批准通过的《民航体制改革方案》，2002年10月，中国国际航空公司联合中国航空总公司和中国西南航空公司，成立了中国航空集团公司，并以联合三方的航空运输资源为基础，组建新的中国国际航空公司。2004年9月30日，经国务院国有资产监督管理委员会⑭批准，中航在北京正式成立。

企业标识

国航的企业标识由一只艺术化的凤凰和中文"中国国际航空公司"以及英文"AIR CHINA"构成。"凤凰"是中华民族远古传说中的祥瑞之鸟⑮，为百鸟之王。国航标志是凤凰，颜色为中国传统的大红，造型⑯以简洁舞动的线条展现凤凰姿态，同时又是英文"VIP"（尊贵客人）的艺术变形。

控股: 홀딩스
股票代码: 주식 코드
一体化: 일체형
云计算技术: 클라우드 컴퓨팅 기술

> 云计算(cloud computing)是一种基于因特网的超级计算模式，在远程的数据中心里，成千上万台电脑和服务器连接成一片电脑云。云是网络、互联网的一种比喻说法。云计算可以让人体验每秒10万亿次的运算能力。

智能物流运营商: 스마트 물류 사업자
物联网: 사물인터넷

> 物联网的核心和基础是互联网，它与互联网结合形成一个巨大的网络，实现物与物、物与人、所有的物品与网络的连接，达到物物相连、物物相息，方便进行信息交换、通信、识别、管理和控制。物联网遍及智能交通、环境保护、政府工作、公共安全、智能消防、工业监测、环境监测、照明管控、老人护理、个人健康、花卉栽培、水系监测、食品溯源等多个领域。

定制化的一站式解决方案: 맞춤 원스톱 솔루션
供应链: 공급 체인

> 供应链是指围绕核心企业，从配套零件开始，制成中间产品以及最终产品，最后由销售网络把产品送到消费者手中的，将供应商、制造商、分销商直到最终用户连成一个整体的功能网链结构。

手脚: 손발
股份有限公司: 주식회사
普惠金融: 보혜금융(inclusive financing)
脱贫攻坚: 빈곤퇴치
标识: CI

> CI是英语"corporate identity"的缩写，即企业标识。通常由表示企业名称的文字以及代表企业形象的象征标志组成，另有"기업 로고"的常用说法。

SF EXPRESS

회사 소개

① 地名翻译

SF(Shun Feng)는 1993년 중국 광둥(廣東)성 순더(順德)①에서 출발하였습니다. SF Express는 2016년 12월 12일 중국 증권감독관리위원회②의 허가를 받아 A증시에 상장되었으며③, 2017년 2월 24일 정식으로 SF홀딩스로 명칭을 변경하였습니다. 주식 코드는 002352입니다.

② 政府机关名称的翻译

③ 隐喻的翻译

SF는 중국 국내 첨단 물류 종합 서비스 업체로 고객들에게 일체형 종합 물류 솔루션을 제공하는 방안을 추진하고 있습니다. SF는 고품질 택배 서비스뿐만 아니라 생산, 공급, 판매, 배송 등에 이르기까지 고객의 니즈에 따라 빅데이터 분석과 클라우드 컴퓨팅 기술을 이용하여 고객에게 창고 관리, 판매 예측, 빅데이터 분석, 결제 관리 등 일체형 종합 물류 서비스를 제공합니다.

또한 SF는 온라인상의 스마트 물류 사업자이기도 합니다. SF는 중국 국내외의 거대한 물류 네트워크를 구축하고 있으며 국내외를 아우르는 종합 물류시스템 서비스를 제공합니다.

브랜드 철학

SF는 가장 믿을 수 있는 선택입니다. SF는 모든 발송품이 고객의 당부와 기대를 담고 있다는 것을 알고 있기에 항상 그 당부와 기대에 부응하고자 노력하고 있습니다.

신속하고 안전한 특송 서비스가 필요하시면 SF에 맡겨 주십시오. SF는 물품의 배송뿐만 아니라 전문 지식, 서비스 그리고 열정을 배송합니다. SF는 발송 품의 안전하고 정확한 배송을 위해 운송의 모든 과정을 철저하게 관리합니다. 가장 중요하게 생각하는 물품의 배송을 SF에게 맡겨 주시면 고객님의 신뢰와 기대에 부응하기 위해 최선을 다하겠습니다.

효율적이고 믿을 수 있는 물류 서비스가 필요하시면 SF에 맡겨 주십시오. SF는 네트워크의 운영 효율성을 강화하고, 정확한 시간과 장소에 발송품을 배송하기 위해 노력하고 있습니다. SF는 효율적인 물류 서비스를 제공하는 동시에 고객님의 비용 절감을 실현하겠습니다. SF는 고객님, 그리고 고객님의 파트너에게 최고의 서비스 경험을 제공해 드릴 것입니다.

SF는 물류 기반 종합 서비스를 제공합니다.
물류는 물건의 배송, 그 이상의 가치를 가집니다. 물류는 온라인 및 오프라인 통합의 교량이자 브랜드와 소비자간 연결이며 사용자 경험의 주요 과정입니다.

물류는 노동력 그 이상의 가치를 가집니다.❹ 물류는 빅데이터 및 사물인터넷의 실질적인 실천이며, 지혜와 창조 정신의 결정체입니다.

❹ 反译

물류는 물류 그 이상의 가치를 가집니다. SF는 각 산업에 대한 심도 깊은 이해를 바탕으로 다양한 업계의 고객님께 맞춤 원스톱 솔루션을 제공합니다.

SF는 공급 체인의 수요 및 산업 고객들의 요구와 어려움을 이해하고 이를 해결하기 위해 도시 및 지역 더 나아가 국경을 초월하는 물류 서비스를 제공하는 물류 네트워크를 확립하였습니다.

SF는 고객님의 성공을 지원하는⑤ 비즈니스 파트너⑥입니다.

SF는 고객님께 서비스를 제공하기⑦ 위해 존재합니다. SF 직원들은 고객님 팀의 일원이 되어 고객님의 고충을 함께 풀어가겠습니다.

SF 직원들은 고객님의 브레인⑧으로서 전문적이고 완벽한 통합 솔루션⑨을 계획하고 제공합니다. SF 직원들은 고객님의 손발이 되어 효율적인 가치 창출에 기여하겠습니다⑩.

SF는 디자인 설계, 생산 제조, 마케팅 등 기업 고객님께서 강점에 주력할 수 있게 합니다. SF는 고객님이 자금을 융통성 있게 운용할 수 있도록 시장 내 원활한 상품 유통을 지원합니다.

중국공상은행

회사 소개

중국공상은행(中國工商銀行, ICBC)은 1984년 1월 1일 국영 상업은행으로 설립되었으며, 2005년 10월 28일 주식제 상업은행인 중국공상은행주식회사로 전환하였습니다⑪. 지속적인 노력과 안정적인 발전을 통해 세계 선두 은행으로 도약했으며 우량한 고객 기반, 다각화된 업무 구조, 강력한 혁신 능력 및 시장 경쟁력을 갖추고 있습니다. 중국공상은행은 서비스를 입행(立行)의 기본으로 삼아 서비스를 통해 가치를 창출하고 전 세계⑫ 860만 기업 고객과 6억 8,000만 개인 고객에게 다양한 금융상품과 서비스를 제공합니다. 또한 능동적으로 발전전략과 경영관리활동에 사회적 책임을 결합함으로써 방역 예방 및 지원, 보혜금융(inclusive financing)

발전, 빈곤퇴치 및 농촌진흥 지원, 녹색금융 발전, 공익사업 지원 등의 영역에서 폭넓은 지지를 얻었습니다.

수상 내역

중국공상은행은 8년 연속 영국 더 뱅커(The Banker) 선정 글로벌⑬ 1000대 은행 1위, 미국 포브스(Forbes) 선정 글로벌 2000대 기업 1위, 미국 포춘(Fortune) 선정 글로벌 500대 기업 상업은행 1위에 올랐고, 5년 연속 영국 브랜드 파이낸스(Brand Finance) 선정 글로벌 500대 은행 브랜드 가치에서 1위를 차지했습니다.

⑬ 译词的选择——在固有词、汉字词和外来词之间确定译词

에어 차이나

역사 및 발전 과정

중국국제항공주식회사(中國國際航空股份有限公司, Air China Limited)는 영문명 "에어 차이나(Air China)"로 불리며, 1988년에 설립된 중국국제항공공사를 전신으로 하고 있습니다. 중국 국무원에서 승인한 "민항체제개혁방안"에 따라 2002년 10월 중국국제항공공사는 중국항공총공사, 중국서남항공공사와 함께 중국항공그룹으로 개편되었고 이들의 항공운송 자원을 바탕으로 새로운 중국국제항공공사를 설립하였습니다. 그리고 2004년 9월 30일 중국 국무원 국유자산감독관리위원회⑭의 비준을 받아 에어 차이나는 베이징(北京)에서 정식으로 설립되었습니다.

⑭ 政府机关名称的翻译

CI

에어 차이나의 CI는 예술적으로 표현된 봉황 그림, 중문 "中国国际航空公司(중국국제항공공사)"와 영문 "AIR CHINA"로 구성되어 있습니다. "봉황"은 새 중의 왕으로 고대부터 행운과 행복을 상징하는 길조⑬로 알려져 있습니다. 에어 차이나는 봉황을 로고로 선택하였으며 색상은 중국 전통의 붉은 색으로 로고 속 붉은 봉황⑯은 간결한 자태를 보여줄 뿐만 아니라 귀한 손님을 의미하는 영문 "VIP"의 예술적 형상이기도 합니다.

⑮ 翻译的具体化

⑯ 翻译的具体化

译法解析

1. 地名翻译

经贸语篇中会涉及地名的翻译问题，地名翻译可参照韩国国立国语院《外来语标记法》中的规定来进行。

> 韩国国立国语院《外来语标记法》中规定:
> 现在已经不再使用的中国历史地名用韩国的汉字音标记，与现在的地名相同的则按照汉语标记，必要时加注汉字。
> 日本的人名与地名原则上不区分过去和现在，均按照日语标记，必要时加注汉字。
> 中国、日本的地名中习惯上读成韩国汉字音的地名，允许按照汉字音标记。
> 除中国、日本地名以外，其他外国地名均以该国发音为标准标记。

因此，按照规定，在翻译中国地名时，需要先确定地名是否沿用至今。"大都"是元朝时北京的名称，现在已不再使用，"大都"可以按照韩国汉字音译成"대도"，必要时加注繁体汉字。"上海"是现在仍使用的地名，应该按照汉语拼音译成"상하이"，又因为"上海"习惯上读成汉字音"상해"，因此"상하이""상해"两种译法都是正确的。

日本的地名原则上不区分过去与现在，均按照日语发音进行标记。如，"九州"译为"규슈"、"鹿儿岛"译为"가고시마"，必要时加注繁体汉字。"东京"习惯上读成韩国汉字音"동경"，既可以译成"동경"，也可以译成"도쿄"。

除中国、日本地名以外，其他外国地名均以该国发音为标准来标记。如，"纽约"译为"뉴욕"，巴黎译为"파리"，莫斯科译为"모스크바"。

在本课中，

> ❶ 1993年，顺丰诞生于<u>广东顺德</u>。2016年12月12日，顺丰速运取得证监会批文获准登陆A股市场，2017年2月24日，正式更名为顺丰控股。
>
> SF는 1993년 중국 <u>광둥(廣東)</u>성 <u>순더(順德)</u>에서 출발하였습니다. SF Express는 2016년 12월 12일 중국 증권감독관리위원회의 허가를 받아 A증시에 상장되었으며, 2017년 2월 24일 정식으로 SF홀딩스로 명칭을 변경하였습니다.

2. 政府机关名称的翻译

在政府机关、机构名称的翻译上，汉韩互译时，机构的第一层级单位名称采用字对字直译的原则，下属部门可采用意译。如果该机关有简称，韩语更常在文中第一次出现时使用全称，之后使用韩语简称，汉语的习惯是如果该机关有为人所熟悉的简称，那么从一开始就会使用简称。在本课中，

> ❷ 2016年12月12日，顺丰速运取得<u>证监会</u>批文获准登陆A股市场，2017年2月24日，正式更名为顺丰控股。
>
> SF Express는 2016년 12월 12일 <u>중국 증권감독관리위원회</u>의 허가를 받아 A증시에 상장되었으며, 2017년 2월 24일 정식으로 SF홀딩스로 명칭을 변경하였습니다.

本课开篇提到中国负责监管证券和期货的单位——证监会。"证监会"全称"中国证券监督管理委员会"，其简称被广泛使用，为人熟知，所以在汉语语篇中，直接使用简称符合表达习惯和规范。但韩语中首次提到某一机构时，采用

全称更符合规范。所以此处译为全称"중국 증권감독관리위원회"为宜。本课另一处，

> ⑭ 2004年9月30日，**经国务院国有资产监督管理委员会批准**，中航在北京正式成立。
>
> 2004년 9월 30일 중국 <u>국무원 국유자산감독관리위원회</u>의 비준을 받아 에어 차이나는 베이징(北京)에서 정식으로 설립되었습니다.

这里的"国务院国有资产监督管理委员会"是国务院的特设机构，根据授权，代表国家履行出资人职责，对所监管企业国有资产的保值增值进行监督。翻译时采取字对字直译的方法译为"국무원 국유자산감독관리위원회"。再通过下面两段看一下汉语和韩语的表达习惯，

> △ 11月10日，**证监会按法定程序核准了7家企业的首发申请，筹资总额不超过32亿元。** 其中，上证所主板3家，包括香飘飘食品股份有限公司、宁波合力模具科技股份有限公司、广东好太太科技集团股份有限公司。
>
> △ <u>기획재정부</u>는 수출과 생산 등 경기회복세가 이어지고 있는 데다, 소비도 꿈틀대고 있다고 최근 경기 상황을 진단했다. <u>기재부</u>는 10일 내놓은 '최근 경제동향(그린북)' 11월호에서 "세계경제 개선에 힘입어 수출·생산 증가세가 지속되는 가운데 그간 부진했던 소비가 반등하는 모습'이라고 총평했다.

汉语语例中，篇首就使用了简称"证监会"。韩语语例中，篇首第一次提到"기획재정부（企划财政部）"时，使用了全称，第二次再提到时使用了简称。

3. 反译

反译是在保持意义不变的条件下，用与原文相对或相反的语言形式进行翻译。即通过变化措辞，用否定的语言形式译出原文的肯定意义，或将原文的否定意义用肯定形式译出，用反义词等翻译原文。使用反译的原因一般可以归纳为语言结构的原因和表达习惯的原因，目的在于取得鲜明而又强烈的语言表达

效果。本课中，

> ④ <u>物流不只是劳动力的付出</u>，是大数据和物联网的具体实践，是智慧物流与创新精神的结晶。
>
> <u>물류는 노동력 그 이상의 가치를 가집니다</u>. 물류는 빅데이터 및 사물인터넷의 실천이며, 지혜와 창조 정신의 결정체입니다.

上面一句中，将"物流不只是劳动力的付出"译成了"물류는 노동력 그 이상의 가치를 가집니다"。反译后，更加直接地表达出"物流的价值"，表达效果更加到位。

4. 译词的选择——在固有词、汉字词和外来词之间确定译词

韩语中的外来词要多于汉语中的，韩语外来词的使用也要比汉语普遍得多。韩语中有一些词汇，既有汉字词、固有词的说法，又有外来词的说法。在将汉语翻译成韩语时，如果某个词既有汉字词或固有词，又有外来词，就要根据前后的呼应关系和表达习惯进行选择。本课中，

> ⑥ 顺丰是成就客户的<u>商业伙伴</u>。
>
> SF는 고객님의 성공을 지원하는 <u>비즈니스 파트너</u>입니다.

"商业"和"伙伴"这两个词虽然也有汉字词的表达，但"商业伙伴"在韩语中要用外来语的"비즈니스 파트너"才准确。再如下例中，

> ⑧⑨ 我们的员工成为客户的<u>大脑</u>，规划并提供专业、完善的综合性<u>解决方案</u>。
>
> SF 직원들은 고객님의 <u>브레인</u>으로서 전문적이고 완벽한 통합 <u>솔루션</u>을 계획하고 제공합니다.

"大脑"既有固有词"머리"的说法，又有外来词"브레인"，但上面这句中

将"大脑"翻译为"브레인"才恰当。但"解决方案"既可以译成汉字词"해결방안",也可以译成外来词"솔루션"。

又如在下面两个课文译例中,

⑫ <u>向全球</u>超860万公司客户和6.8亿个人客户提供全面的金融产品和服务。

<u>전 세계</u> 860만 기업 고객과 6억 8,000만 개인 고객에게 다양한 금융상품과 서비스를 제공합니다.

⑬ 中国工商银行连续八年位列英国《银行家》<u>全球银行1000强</u>和美国《福布斯》<u>全球企业2000强</u>榜单榜首、位列美国《财富》500强榜单<u>全球商业银行</u>首位,连续五年位列英国Brand Finance<u>全球银行品牌价值500强</u>榜单榜首。

중국공상은행은 8년 연속 영국 더 뱅커(The Banker) 선정 <u>글로벌</u> 1000대 은행 1위, 미국 포브스(Forbes) 선정 <u>글로벌</u> 2000대 기업 1위, 미국 포춘(Fortune) 선정 <u>글로벌</u> 500대 기업 상업은행 1위에 올랐고, 5년 연속 영국 브랜드 파이낸스(Brand Finance) 선정 <u>글로벌</u> 500대 은행 브랜드 가치에서 1위를 차지했습니다.

上面的译例中,在将汉语的"全球"翻译为韩语时要充分考虑上下文语境。语境不同,可以翻译为汉字词"전 세계",也可以翻译为外来语"글로벌"。例⑫中,"전 세계"表示范围,不与后边的单词合并为一个名词,这时的"全球"往往使用"전 세계"。而例⑬中的四处"全球",都与其后的词语合并为了一个专有名词——"全球银行1000强""全球企业2000强榜单""全球商业银行""全球银行品牌价值500强榜单",这种情况下的"全球"往往要译为"글로벌"。

5. 翻译的具体化

翻译时,如何突破源语文本表层结构的约束,是翻译中一个重要又复杂的问题。奥泽洛夫曾说"翻译艺术中存在一个奇妙的辩证法,并为无数实践所证实:接近原著有时反而脱离原著,脱离原著有时却是接近原著。"所以,翻译中学会抓住精神实质,摆脱原文表层结构的约束,是至关重要的问题。

翻译时,经常会碰到源语文本中有的词汇、短语乃至整个句子的含义非常抽象、空泛或含糊。为了使读者看懂,达到翻译的社会交际功能,就有必要把它们译得比较具体、明确来保证与原文相适应的可读性,这就是翻译中的具体

化问题。如在本课中，

⑤ 顺丰是*成就客户*的商业伙伴。

SF는 고객님의 성공을 지원하는 비즈니스 파트너입니다.

⑦ 顺丰存在的意义是为了*成就客户*，我们的员工把自己视为客户团队的一分子，将客户的问题视为自己的问题。

SF는 고객님께 서비스를 제공하기 위해 존재합니다. SF 직원들은 고객님 팀의 일원이 되어 고객님의 고충을 함께 풀어가겠습니다.

上文中第一处"成就客户"按照字面意义译为了"성공을 지원하다"，第二处没有按照字面意义翻译，而是译为了"서비스를 제공하다"。这一翻译是根据语境和上下文，将"成就"的意义具体化，将"虚"化为了"实"，这样翻译表达真切，意义表达上也避免了空洞。

⑩ 我们的员工成为客户的手脚，*高效完成价值链中的每一次交付*。

SF 직원들은 고객님의 손발이 되어 효율적인 가치 창출에 기여하겠습니다.

上例中"高效完成价值链中的每一次交付"，如果按照字面内容进行翻译，会使译文看起来晦涩含糊。进行翻译时，特别是汉译韩时，译者需要结合语境和上下文，将内容具体化之后再翻译，以保证译文意义的有效传达。

又如在下面的例子中，

⑪ 中国工商银行成立于1984年1月1日，2005年10月28日*整体改制为股份有限公司*。

중국공상은행(中國工商銀行, ICBC)은 1984년 1월 1일 국영 상업은행으로 설립되었으며, 2005년 10월 28일 주식제 상업은행인 중국공상은행주식회사로 전환하였습니다.

中国工商银行在成立之初的组织形式为国有商业银行，2005年改制为了股份制的股份有限公司，在进行翻译时可以将这部分内容具体化译出，使得韩语译文表达更加具体明确。

> ⑮ "凤凰"是中华民族远古传说中的祥瑞之鸟，为百鸟之王。
>
> "봉황"은 새 중의 왕으로 고대부터 행운과 행복을 상징하는 길조로 알려져 있습니다.

上例中，"祥瑞之鸟"亦可翻译为"상서로운 새"，但以"행운과 행복"来翻译"祥瑞"之意，再以"길조"而不用"새"来具体化凤凰吉祥的象征意义，会使表达更加生动、形象、丰满。

> ⑯ 国航标志是凤凰，颜色为中国传统的大红，造型以简洁舞动的线条展现凤凰姿态，同时又是英文"VIP"（尊贵客人）的艺术变形。
>
> 에어 차이나는 봉황을 로고로 선택하였으며 색상은 중국 전통의 붉은 색으로 로고 속 붉은 봉황은 간결한 자태를 보여줄 뿐만 아니라 귀한 손님을 의미하는 영문 "VIP"의 예술적 형상이기도 합니다.

上例中的"造型"，如果直接翻译可译为"형상"，但以"로고 속 봉황"来将所指内容具体化，这样的翻译可以更加明确"造型"的所指内容，使韩语文本的表意更加清晰具体。

翻译练习

同仁堂

公司介绍

中国北京同仁堂（集团）有限责任公司是北京市政府授权经营国有资产的国有独资公司。同仁堂始创于1669年，至今已有三百多年的历史。北京同仁堂始终坚持"以现代中药为核心，发展生命健康产业，成为国际知名的现代中医药集团"的发展战略，以"做长、做强、做大"[1]为方针，以创新引领、科技兴企为己任，形成了现代制药业、零售商业和医疗服务三大板块，目前拥有三家上市公司。集团共拥有药品、医院制剂、保健食品、食品、化妆品等1,500余种产品，28个生产基地，83条现代化生产线，一个国家工程中心和博士后科研工作站。

随着同仁堂的快速发展，品牌的维护和提升、文化的创新与传承也取得了丰硕成果，"同仁堂中医药文化"已列入首批国家级非物质文化遗产名录[2]，同仁堂既是经济实体又是文化载体的双重功能日益显现。

品牌释义

在有着悠久历史文化的中国，龙是至高无上[3]的象征。同仁堂的商标采用两条飞龙，代表着源远流长的中国医药文化历史，"同仁堂"作为主要图案是药品质量的象征；整个商标图案标志着北京同仁堂是国之瑰宝[4]，在继承传统制药特色的基础上，采用现代的科学技术，研制开发更多的新药造福人民。

1　可译为"유구하게, 강하게, 원대하게"。
2　可译为"제1차 국가급 무형문화유산에 등재되다"。
3　可译为"지고지상하다"。
4　可译为"국가의 보배"。

中国国际航空公司

企业荣誉

2020年国航连续第14年被<u>世界品牌实验室</u>[5]评为"世界品牌500强",是中国民航唯一一家进入"世界品牌500强"的企业,同时连续14年获得了"中国品牌年度大奖NO.1(航空服务行业)"和"中国年度文化品牌大奖"。国航还多次入选"BrandZ™最具价值中国品牌100强""中国品牌出海50强"。国航还曾荣获国资委2013-2015年任期"品牌建设优秀企业"荣誉称号;国航品牌曾被英国《金融时报》和美国<u>麦肯锡管理咨询公司</u>[6]联合评定为"中国十大世界级品牌"。

在各类社会评选中,国航多次获得"最佳中国航空公司""年度最佳航空公司奖""极度开拓奖""最佳企业公众形象奖""全国企业文化优秀成果奖"和"中国经济十大领军企业"等称号。

经营理念

· 愿景:全球领先的航空公司
· 使命:安全第一 四心服务 稳健发展 成就员工 履行责任
· 价值观:人本 担当 进取 乐享飞行

社会责任

国航自觉履行社会责任,始终视承担公共责任为己任。通过自身的持续发展,<u>稳定为国家创造税收</u>[7],提供就业机会;积极参与社会公益实践,投身赈灾救灾,为国家和社会做出了贡献。

5　可译为"월드 브랜드 랩(World Brand Lab)"。
6　可译为"맥킨지 앤드 컴퍼니(McKinsey & Company)"。
7　可译为"안정된 세수원을 창출하다"。

经贸知识

郑周永和韩国"现代"的经营理念

郑周永(정주영，1915年11月25日—2001年3月21日)，字峨山(아산)，是韩国现代集团创始人。现代集团在韩国经济中起着举足轻重的作用，其产值曾占据过韩国国内生产总值的20%。

郑周永出身贫寒，出生在朝鲜江原北道的贫农家庭，小学毕业后即四处打工维生。1935年，郑周永只身到仁川码头做苦力。22岁时因得他打工的米店老板赏识，老板将米店交由他打理，但没过多久日本侵略战争爆发，日本对朝鲜实行粮食配给制，米店关门。接着，他借钱开起汽车修理厂，但开业不到五天工厂毁于一场大火。

1940年，郑周永集资在汉城(今首尔)重办汽车修配厂"阿道汽车修配厂"，这是现代汽车最早的雏形。1946年，郑周永开办"现代汽车修理所"，第一次把"现代"作为商业性企业的名称，1947年又创建"现代土建社"。1950年，现代汽车和现代土建合并，成立"现代建设股份有限公司"。

20世纪50年代，朝鲜战争之后，现代积极投身战后国土再建工程；60年代成为韩国位列第一的建筑公司，现代也是最先承接海外建设工程的公司。70年代，业务范围拓展至车床、汽车、钢铁、机械等领域，为当时产业结构以轻工业为主的韩国的重工业进程发挥积极作用。与此同时，进军中东市场，积极推动韩国经济的快速成长。80年代，进军电子、石油化工、车床产业等领域，促进韩国产业结构的再次升级。90年代，致力于新技术开发和提高产品附加值，加快国际化进程，积极打造"技术的现代，世界的现代"，为将现代发展为世界超一流企业努力。积极推动南北经济合作，1998年末到1999年，更是因积极推动金刚山旅游业务而备受关注。

"现代"的企业精神是"创造性睿智(창조적 예지)""积极的意志(적극적 의

지)"**"强韧的推动力（강인한 추진력）"**，这是郑周永的经营哲学，也是现代集团发展的理念，创造了现代发展的神话，同时也是韩国经济现代化的源泉。

> 1998年，郑周永两次赶着几百头牛穿过"三八线"直接进入朝鲜。"牛群外交"是南北和谈的一个里程碑。

"创造性睿智"是以前瞻性的眼光预测客户和社会的变化，利用丰富的经验满足不同客户的需求，同时致力于发展新技术，改善人们的生活水平，促进人类社会的共同进步。"创造性睿智"是一种面向未来和追求创新的理念，同时也是现代发展的核心原动力。现代集团的发展正是得益于郑周永面向未来和追求创新的理念。回首现代创始初期，1947年5月，郑周永建立"现代土建社"，进军建筑行业，以及现代的每一次革新和发展都正是得益于这一具有开拓性的创造性睿智。

"积极的意志"是具备鲜明的主人翁意识，是对工作强烈的责任感，也是目标确定后，主动承担、持之以恒将之变为现实的精神。郑周永大部分时间都花费在施工现场，工地上总能看到他身穿工作服的身影，无数次遇到危机，又一次次凭借"积极的意志"化解困难，创造奇迹。1953年承揽山洪多发区的高灵桥工程；1967年承接韩国第一条高速公路——京釜高速公路；1972年成立韩国最大造船厂——现代蔚山造船厂。1976年成功中标世界最大的深海工程沙特阿拉伯朱拜勒产业港项目，并优质、提前竣工。此后，现代建设承接了大量中东大型建设工程，使"现代"事业如日中天。

"强韧的推动力"体现了郑周永在艰难的环境中，会凭借强韧的精神和推动力，将别人认为不可能的事情变为成功。他曾在自传中写道："我的心中只有两部分思想：不管我做什么事情都能成功的自信90%，加上即使有困难，我也一定能够克服的信念10%。在此之外，我脑子里不存在任何的想法。'也许会不行吧，可能会失败吧'诸如此类的消极想法在我脑子里没有丝毫的空间。哪怕只是1%！""不管做什么，我都能成功。不管有什么不行，我都能让他行。"

参考资料：

1. 范正君，翻译中词义的具体化和抽象化探讨，《湘潭大学学报》（哲学社会科学版），1999年第3期，1999年，第111页。

2. 金海月，《韩汉翻译实践》，北京语言大学出版社，2005年。

3. 吴玉梅，《汉韩翻译教程》，上海教育出版社，2016年

4. 김성수, 아산 정주영의 생애와 경영이념,「경영사학」제19집, 5~45쪽.

5. 정재희, 한국 대기업 오너들의 리더십에 관한 연구 – 고 정주영 회장과 고 이병철 회장의 리더십을 중심으로, 공주대학교 교육대학원 석사학위논문, 2004년 2월.

第五单元　网　站

第九课　　　　면세점

第十课　　　　空气净化器 Pro，Mini 2 航拍无人机

学习目标

1　了解购物网站和产品介绍网站的功能，以及在内容构成和语言形式上的特点。

2　掌握商业网站翻译中的本地化处理技巧。

网站的作用和翻译

在整个世界越来越开放的"全球化"时代，企业在国际化的过程中，为了提高市场竞争力，会将生产、销售等环节按特定国家、地区、语言市场的需要进行组织，使之符合特定区域市场。这一组织变革过程就是本地化(localization)。业界人士常将本地化(localization)写成"L10N"，"10"表示首字母"L"和尾字母"N"之间的10个字母。本地化包含多重内容，如企业本地化、市场本地化、生产和技术本地化、人才本地化等。

网站本地化也是本地化的重要内容之一。涉外企业的企业网站通常需要多语言显示，以便向其全球的目标客户更便捷地传递信息。另一方面，随着电子商务的发展和政策层面上的支持，"海淘"已经到了鼎盛时期，跨境电商应运而生，购物网站的翻译处理也就成为其衍生需求。

商业网站的翻译，实质上是网站的本地化，它包括，却不仅仅是对网站上的文字进行语言转换。语言转换层面上，由于网站在字数上有较为严格的限制，译语要经济简明，又出于网站的营销和宣传目的，译语需要具有一定的修辞美感。除了语言转换之外，网站的本地化往往还包含了内容上的调整，以符合对象国国情和文化生活习惯，满足目标客户群体的需求。总之，网站本地化强调"读者第一"，译者应以实现预期功能或目的为宗旨，以符合目标读者的文化观念、阅读心理、认知能力、语言习惯的方式进行灵活翻译和编译处理。

면세점

译法解析

　　网站"翻译"是网站本地化的过程，这一过程中，包含却不仅仅涵盖语言的转换，语言转换从统治性地位上退让下来。为了向译入语地区和受众宣传企业、产品、服务，网站本地化翻译时，要在体现自身优势和特色的同时，着力适应受众的习惯和偏好，需要适当地"去个性化""去陌生感"。网站本地化翻译可以从语言、文化、用户体验三个方面进行。

1. 网站翻译的本地化——语言

　　网站翻译的语言本地化是网站本地化的基础性目标和内容。在语言本地化上，一些核心的内容信息要准确地、同步地、一致地在译入语网站页面上体现，一些则在语言表达风格上要求符合目标读者的语言审美。

上页图中的韩文部分的内容就是属于需要准确、一致地译出的信息，翻译这一类信息时，要准确传达信息、规范翻译术语，不需要在措辞上进行"发挥"。受网页篇幅和布局的影响，网站上的文字字数受到限制，这就要求在字数上做到凝练。网站的栏目名称和宣传标语，要做到简洁、明了、醒目。

思考：下面对译的内容是位于译文网页最下端关于免税店情况的介绍，请思考目前网站上的翻译是不是较好的翻译，可以怎样改进？

 2019
国가고객만족도
면세점부문 3 년 연속 1 위

 2021
국가브랜드 경쟁력지수
(NBCI) 8 년 연속 1 위

 2019
国家顾客满意度
免税店领域连续 3 年夺冠

 2021
国家品牌竞争力指数 (NBCI)
连续 8 年位居第一

一方面出于展示公关形象的原因，一方面出于给目标客户良好体验的原因，网站的一些导航语、宣传标语、广告语等需要在语言表达上考究、有美感。

图中将"12월 혜택모음"译为"12月暖冬 优惠汇总"，将"오늘의 특가"译为"天天特价"，译语上注意了修辞，体现了网站翻译中在进行语言本地化时要做到的语音美、语义美、意境美。

思考：下图是怎样进行语言本地化处理的？效果如何？

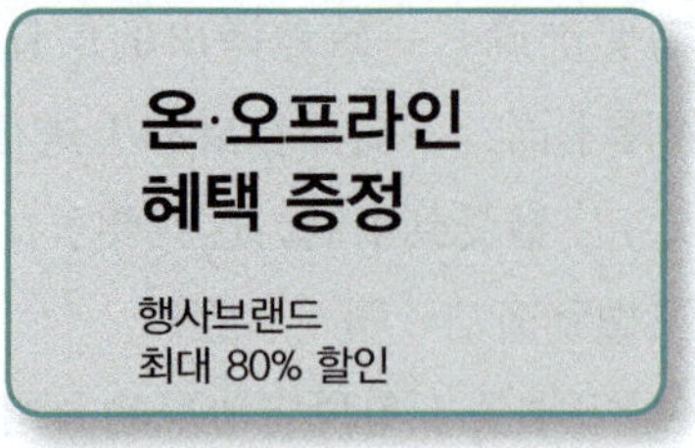

2. 网站翻译的本地化——文化

网站本地化要考虑文化之间的差异，要服务于推进企业、产品的全球化进程。在适应不同地区习俗和传统习惯上，文化因素常常是除语言外对翻译效果影响最大的因素。

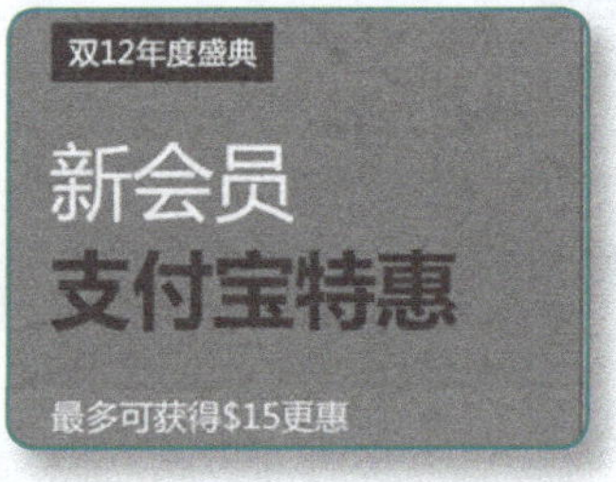

上图是关于十二月免税店促销信息的内容，韩文网站上的冬季促销（winter sale）的内容在中文网站上被替换为“双12”，以及“支付宝特惠”。这都体现了聚焦中国文化——中国市场特有的购物狂欢节文化特色，以及移动支付普及的社会风尚，本地化过程中将目标语境的文化特色融入网站，迎合了目标客户群体。

上图中文网站上增添了韩文网站上所没有的“正品”字样。大韩贸易投资振兴公社（KOTRA）2017年6月26日在题为《中国国际电子商务动向和韩国进军战略》的报告中指出，中国主导“海淘”市场的20~30岁年龄段女性相对于价格更注

重产品是否为正品。报告由此建议说，韩国企业应在中国消费者中树立"销售正品"的值得信赖的形象。

中文网站上的"正品"标识，突出了免税店销售正品的立场，树立品牌形象，也迎合了中国消费者的消费现状。

上图圈出部分，韩文网站上给出的是针对会员或消费者的优惠券或积分等购物红利活动，在中文网站上替换为了"红包"。这也是考虑中国"抢红包"的流行文化，在本地化过程中融入了社会流行文化现象。

3. 网站翻译的本地化——用户体验

购物网站以营销和服务为主，决定了其强调"目标读者第一"的特性，这就要求网站要迎合客户的购物习惯和喜好，满足客户的需求，体现以客户为中心的服务方向。

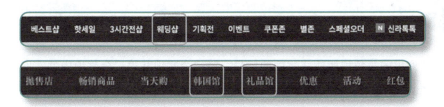

上图中，韩文网站上给出了若干购物促销活动，其中包括针对新婚顾客的活动等，但在中文网站上对该部分进行了重新策划，考虑到中国顾客出国游玩购买礼物的需求，设置"礼品馆"。同时考虑到游客来韩购买本土商品的需求，特别设置了"韩国馆"。

오늘의 환율
₩ 1,090.1
🕐 주문가능시간

汇率
₩ 1,240.8
元 6.78
🕐
可订购时间

图中圈出部分，是网站上标注汇率的位置，为了便于中国消费者计算本国货币金额，免税店在美元与韩元汇率之外，还给出了美元与人民币之间当天的汇率。

전화상담 1688-1110　09:00~18:00 연중무휴

仅限售后服务咨询（终年无休）
09:00~18:00（中国时间）
热线电话 +86-4001-200-446

"客户中心"的信息中，也替换为了面向中国顾客的信息，为中国客户开设了400免费电话，并公布中国时间的服务时间。这也是针对目标群体进行的本地化处理。

KMAC 선정 8 년 연속 (2013~2022)
한국산업의 고객만족도 면세점 부분 1 위

CCM
소비자중심　소비자중심경영
공정거래위원회　CCM 인증획득

KMAC 选定八年连续获得（2013~2022）韩国产业的客户满足度 免税部门第一名

CCM 消费者中心经营
소비자중심 CCM 认证
공정거래위원회

优质 消费者中心经营
CCM 认证

旅客满足度第一名
中韩经营大奖

上图列出的是免税店所获奖项的信息，第一个奖项和第二个奖项中韩文网站上一致。而中文网站上的第三个奖项和第四个奖项是韩文网站所没有的。第三个奖项——QSC认证，是对境外接待中国游客的供应商进行的优质服务认证体系，其连同第四个奖项都与中国市场、中国消费者有直接关联，可以增加中国消费者对免税店的好感和信任度。

经贸知识

韩国的经济体制

1. 市场经济体制的韩国

经济体制是指在一定区域内（通常为一个国家）制定并执行经济决策的各种机制的总和，总体上可分为"计划经济体制"和"市场经济体制"。

在"计划经济体制"中，政府对经济活动进行总体的计划和调节。在"市场经济体制"下，资源分配受消费者主权的约束，生产什么取决于消费者的需求（市场需求），生产多少取决于消费者支付能力的需求水平。市场经济体制下的经济决策是分散的，作为决策主体的消费者和生产者在经济和法律上的地位是平等的。市场经济体制中，经济动力来自对物质利益的追求，个人享有极大的追求物质利益的权利。韩国属于市场经济体制，这在韩国宪法中有所体现。

韩国市场经济体制在宪法中的体现：

> 宪法第 15 条：所有国民享有选择职业的自由。（对公民职业自由选择的保护）
>
> 宪法第 23 条：国民的财产权受法律保护。（对公民财产权的保护）
>
> 宪法第 119 条第 1 款：大韩民国的经济秩序以尊重个人和企业在经济上的自由与创新为根本。（尊重个人的自由和创新）

在市场经济体制下，人们可以自由地进行经济活动，可以自由选择所从事的职业。与此同时，人们的财产权受到相应的法律保护，所以只要努力工作便可以获得相应的报酬，并拥有自己名下的财产。人们也会因此而更加努力地工作，更加勇于创新。

2. 韩国的经济民主化

市场经济追求效率优先，在自由的市场竞争中，就会出现为了自身利益，而损害他人和社会利益的情况。另外，贫富差距如果不断拉大，也会使弱势群体的生活难以为继。为应对这些问题，韩国采取了一系列措施，保障市场经济体制得以持续健康发展。

韩国宪法中的经济民主化：

> 宪法第119条第2款：国家可以对经济进行制约和调整，以维持国民经济均衡发展，确保收入所得平衡、合理，防止市场控制力和经济力的滥用，促进经济主体间的和谐，实现经济民主化。

第一，韩国政府通过法律法规，阻止经济活动中危害社会的行为的发生。如：对生产过程中释放污染物的污染企业进行处罚。

第二，韩国政府努力维护市场的公平竞争。如：公平交易委员会（공정거래위원회）会对垄断企业等实施制约，以防止其损害其他企业和消费者。

第三，韩国政府通过多种福利政策，帮助和扶持经济弱势群体，为他们提供物质保障和服务，满足他们在基本生计、医疗、住房等方面的基本需求，保护低收入群体、残障人士等经济弱势群体的基本权益。

3. 韩国"大型超市义务休业制度"的背后

零售业由于进入门槛较低，市场易趋于饱和，容易因为激烈的竞争而面临较大生存压力，因此一些国家会通过法律来干预零售业态。韩国曾在1997年制定《流通产业发展法（유통산업발전법）》，并于2012年对《流通产业发展法》进行了修正，出台《大型超市营业时间和义务休业日规定（대형마트 영업시간 및 의무휴업일 규제）》（以下简称《规定》），要求大型超市和企业型超市（SSM）休业，通过限制其营业时间，来保护中小型超市。根据《规定》，大型超市在0时至早8时不能营业，每月第二个和第四个周日停业。

韩国政府与国会缩短大型超市的营业时间，意在保护在市场竞争中处于劣势的小零售商。韩国有"财阀垄断"的沉疴，财阀在韩国市场上垄断了产品、原料的定价权，集中了资本和优秀劳动力，凭借强势地位持续增长；中小企业经营环境则会因此日益恶化，甚至倒闭。中小企业倒闭会导致失业，若与内需不足形成了恶性循环，易引发大量社会问题。《规定》的颁布与施行目的就是为了缓解这样的矛盾。

但《规定》实施后，赞成方和反对方展开了激烈的争论。

赞成方表示这一规定的实施可以提高传统市场和中小超市的营收，切实保护小工商业者和地方商业经济的利益，避免传统市场和中小超市受大型超市挤压退出市场，从客观上保护了消费者的选择权，另外对大型超市营业时间的限制也保障了大型超市员工的休息时间。

针对《规定》也有不少反对的意见。大型超市认为这一制度侵犯了企业的经营自由权和消费者的自由选择权，违背宪法精神，也违背世贸组织（WTO）的有关规定。另外，规定实施一年后，有关机构调查发现大超市供货商在一年里承受了大量损失，因此有些农民、渔民和中小企业和大超市一起加入了"反休业制度"行列。与此同时，休业规定实施期间，大型超市和传统市场的销售额均有所下降，销售额上升的是网络超市，这也让"大超市休业规定"的有效性和必要性受到了质疑。还有一些人认为，不考虑各地的具体情况，对大型超市的营业时间进行一刀切的限制，反而会对一部分地区的商业经济带来负面影响。一些消费者也表示大型超市提供的商品更加便捷丰富，超市休业给生活带来了不便。

在这一问题上，韩国政府意在推行经济民主化政策，旨在遏制财阀资本垄断、扶植中小企业、保护劳动者权益。但通过立法和行政手段对市场进行干预，与韩国奉行的自由市场竞争理念又相悖。大型超市何时开门的背后，是市场调节与政府干预之间的一种抉择。如何既避免经济政策引发政府与市场主体之间责权失衡，又能平衡自由与公平之间的复杂关系，是难题，也是考验。

参考资料：

1. 韩国大型超市的营业时间争论的背后，人民网韩国频道，2013年5月15日，刘玉晶、樊海旭。
2. 대형마트 영업시간 및 의무휴업일 규제, 위키백과
3. 유통산업발전법, 다음백과
4. 대형 마트 의무 휴업 꼭 필요한가?, 시시각각교과서토론회, 중학독서평설.

空气净化器 Pro，Mini2航拍无人机

空气净化器 Pro

中文网站：

空气净化器 Pro

澎湃动力，净化能力更快更强

OLED显示屏幕 | 激光颗粒物传感器 | 500m³/h 颗粒物CADR | 60m²适用面积

大空间，快循环，更强大的净化能力

我们享受的生活品质，最后都是对健康的追求。每时每刻的呼吸，对于好身体无比重要，吃得新鲜、勤于锻炼，更离不开干净的空气作基础。为了真正获得具有品质的生活，空气净化器Pro应运而生，它具有高达500m³/h 颗粒物CADR、适用面积可达60m²，采用了全新OLED显示屏幕和高精准的激光颗粒物传感器，带来全新的健康生活！

500m³/h 颗粒物CADR大循环！室内空气迅速焕然一新

全新的空气净化器Pro优化了空气增压系统，创造出高达500m³/h的颗粒物CADR值。独特的塔式设计，让室内迅速形成空气的360°大循环，成为室内独一无二的"空气树"，吸附灰尘、Pm2.5、甲醛等物质。仿佛室内充满了森林的新鲜空气，让你足不出户，感受科技带来的纯净空气与品质生活。

[1] 数据来源：中国国家电器检测所CADR值检验报告，编号WCK-16-50858；

[2] 适用面积通过CADR值计算得出，适用面积的大小同样受空间高度和面积率等因素的影响。空气净化器Pro的使用面积依据《空气净化器》（GB/T 18801-2015）测算：适用面积= CADR × (0.07~0.12)，数据来源：中国家用电器检测

所CADR值检验报告，编号WCk-16-50858；

[3] CADR（Clean Air Delivery Rate）洁净空气量，是指空气净化器在额定状态和规定的试验条件下，针对目标污染物（颗粒物和气态污染物）净化能力的参数；表示空气净化器提供洁净空气的速率。其单位是立方米每小时（m³/h）。

Mini 2 航拍无人机

中文网站：

轻装上阵，自在飞行

轻于 249 克，相当于一个苹果的重量，在部分国家和地区无须注册即可起飞；手掌大小，随手装进口袋或背包，轻装出行，不再迟疑。

性能强大，随时派上用场

Mini 2 性能全面升级，技术有实力，航拍更惬意。无论是记录亲友相聚的美好时光，还是拍摄山川湖泊的壮阔场面，Mini 2 都能应对自如，为你的日常创作增添别样风采。

动力充沛
续航和动力都是硬实力，去哪飞都经得起考验

31 分钟最长续航时间，让你在喜欢的地方一次拍个够，乘兴起飞，尽兴返航。最大抗风等级 5 级，最大起飞海拔高度 4000 米，动力更加充沛，无论是高原还是海边，去哪都好飞。

OcuSync 2.0 图传系统
DJI 最出色的图传系统，我也有

图传距离远达10公里，抗干扰能力出众，画面稳定流畅。不论在城市还是旷野，你都能借助高清图传画面操控无人机，将远方美景尽收于手中的屏幕。

照片画质智能优化
你拍出的大作，立刻就可以分享

App 内置照片画质智能优化功能，智能识别场景并优化图像细节，令画面明暗

过渡更自然，色彩鲜亮、层次分明，每一幕都绚丽迷人，忍不住立刻就分享。

丰富模板

App 的全新编辑器内置丰富的创作模板，飞行、拍摄、剪辑和分享一气呵成，让你随拍随剪，快速出片。

공기청정기 프로

韩文网站：

공기청정기 프로
강해진 동력으로 더 빠르고 강력한 정화
OLED 디스플레이 | 레이저 미립자 센서 | 500m^3/h CADR | 60m^2 사용 면적

넓은 공간, 빠른 순환, 더 강해진 정화 능력
생활의 질을 얘기할 때 가장 중요한 요소는 건강일 것입니다. 건강의 가장 기본적인 부분은 깨끗한 공기의 호흡입니다. 더 나은 생활의 질을 위해 공기청정기 프로가 탄생하게 되었습니다. 본 제품은 최고 500m^3/h의 미립자 CADR의 효율로 60m^2의 유효 면적을 가지고 있습니다. 고정밀도의 레이저 미립자 센서와 OLED 디스플레이를 채택하여 더욱 건강한 생활을 가져다 줄 것입니다.

500m^3/h CADR의 고성능 순환으로 실내 공기를 빠르게 정화
새로워진 공기청정기 프로는 최적화된 공기 증압 시스템으로 500m^3/h CADR의 성능을 갖췄습니다. 독특한 타워형 디자인은 실내 공기를 360°로 크게 순환시키고 먼지, Pm2.5, 포름알데히드 등을 제거합니다. 실내의 공기를 산림에 있는 신선한 공기처럼 느끼게 해줍니다. 과학 기술이 선물한 깨끗한 공기를 느껴보십시오.

[1] 데이터 출처: 중국 가정용 전자제품 검측소의 CADR 실험 보고서, 보고서 번호 WCK-16-50858

[2] CADR의 효율은 방의 면적과 높이의 영향을 받습니다. 공기청정기 프로의 유효 면적은 GB/T 18801-2015공기청정기 표준을 기반으로 합니다.

유효면적=CADR×(0.07~0.12), 데이터는 중국 가정용 전자제품 검측소의 CADR 실험 보고서, 보고서 번호 WCK-16-50858에 근거합니다.

[3] CADR(공기 정화율)은 공기 정화 효율의 국제 표준입니다. 공기청정기의 CADR은 다양한 조건과 좋지 않은 환경에서의 오염 상태를 m^3/h로 계산합니다.

Mini 2 항공 촬영 드론

韩文网站:

가방은 가볍게, 비행은 자유롭게

Mini 2, 얼마나 가볍냐고요? 249g이 채 되지 않는 무게로 사과 1개랑 비슷해요. 손바닥에 딱 들어가죠. 컴팩트한 크기와 편리성! Mini 2는 여행의 완벽한 동반자로 멋진 추억을 소중히 담아줍니다.

'작은 고추가 맵다'

작은 휴대용 폼팩터에 직관적인 고급 기술을 담은 덕분에, Mini 2로는 어디서든지 맘껏 창작의 날개를 펼칠 수 있습니다. 인적이 드문 해변, 북적이는 가족 모임 등 어떤 상황이든지 Mini 2 하나면 OK.

강력한 성능
크기는 작지만, 이 작은 드론에 담을 건 다 담아 강력하게

Mini 2의 최대 비행시간 31분, 원하는 장면을 완벽하게 찍을 수 있는 충분한 시간입니다.

Mini 2는 보퍼트 풍력 5등급(29~38km/h) 저항, 최대 실용 상승 한계 고도 4,000m 사양을 자랑해 바람이 강하게 부는 해변이나 나무가 울창한 숲에서도 안정적으로 비행할 수 있죠.

OcuSync 2.0 동영상 전송 시스템
제한 없이, 좀 더 여유롭게

Mini 2는 최대 10km HD 동영상 전송을 지원하며, 우수한 간섭 저항 성능으로

좀 더 멀리 비행하면서 선명한 영상을 제공해 줍니다.

이미지 화질, 자동 보정
내 베스트 컷, 왜 기다리세요?

앱의 스마트한 '사진 화질 향상' 기능이 있으니 걱정 마세요. 앱이 사진을 다운로드한 후 자동으로 더 선명하고 디테일한 사진으로 만들어 주니까요.

창의적인 템플릿
다양한 창의적인 템플릿이 앱에 포함되어 있어 직관적인 편집이 가능합니다. 비행, 촬영, 편집, 공유까지. 원하는 장면을, 그 순간에 거의 즉시 한 번에 할 수 있어요. 제작과 공유, 이보다 더 쉬워질 수 있을까요?

译法解析

1. 经贸翻译中的修辞处理

汉语是一门修辞考究的语言，在一些宣传或推介类语篇中，行文会使用一些富有感染力的词汇，比如四字成语，也会使用一些修辞手法，有时甚至不惜"夸大其词"。韩语不会过多地使用溢美之词，所以在将汉语文本翻译为韩语时，可根据情况，在保持文本信息和美感的前提下，将修辞成分适当简单化。如：

空气净化器 Pro
澎湃动力，净化能力更快更强
OLED显示屏幕 | 激光颗粒物传感器 | 500m³/h 颗粒物CADR | 60m²适用面积

공기청정기 프로
강해진 동력으로 더 빠르고 강력한 정화
OLED 디스플레이 | 레이저 미립자 센서 | 500m³/h CADR | 60m² 사용 면적

汉语网页上的内容体现了汉语的一种典型用词特点，"澎湃动力""更快更强"这样四字词的运用使表达抑扬顿挫、朗朗上口，而"澎湃"一词的使用更是增添了画面感。但在翻译成韩语时，往往简单处理，译出意思即可。如：

轻装上阵，自在飞行

轻于 249 克，相当于一个苹果的重量，在部分国家和地区无须注册即可起飞；手掌大小，随手装进口袋或背包，轻装出行，不再迟疑。

가방은 가볍게, 비행은 자유롭게

Mini 2, 얼마나 가볍냐고요? 249g이 채 되지 않는 무게로 사과 1개랑 비슷해요. 손바닥에 딱 들어가죠. 컴팩트한 크기와 편리성! Mini 2는 여행의 완벽한 동반자로 멋진 추억을 소중히 담아줍니다.

上例中，汉语部分同样选择使用了四字词"轻装上阵，自在飞行"，汉语简练又极具表现力的措辞增强了表达效果、宣传效果，而在翻译为韩语时，可以选择淡化修辞效果，而将重点放在用明了易懂的语言将核心信息传达出来。

2. 网站中中韩敬语的差异与翻译

韩语相较于汉语有着发达的敬语体系，汉韩两种语言间的翻译需要注意敬语的处理。

$500m^3/h$ 颗粒物CADR大循环！室内空气迅速焕然一新

全新的空气净化器Pro优化了空气增压系统，创造出高达$500m^3/h$的颗粒物CADR值。独特的塔式设计，让室内迅速形成空气的360° 大循环，成为室内独一无二的"空气树"，吸附灰尘、Pm2.5、甲醛等物质。仿佛室内充满了森林的新鲜空气，让你足不出户，感受科技带来的纯净空气与品质生活。

$500m^3/h$ CADR의 고성능 순환으로 실내 공기를 빠르게 정화

새로워진 공기청정기 프로는 최적화된 공기 증압 시스템으로 $500m^3/h$ CADR의 성능을 갖췄습니다. 독특한 타워형 디자인은 실내 공기를 360° 로 크게 순환시키고 먼지, Pm2.5, 포름알데히드 등을 제거합니다. 실내의 공기를 산림에 있는 신선한 공기처럼 느끼게 해줍니다. 과학 기술이 선물한 깨끗한 공기를 느껴 보십시오.

从上面的表述中可以看出，汉语使用了"你"，没有使用表示敬语的"您"，汉语的表述语气平和，在保持正式语气的基础上亲近读者。而韩语部分，无论是在终结语尾上，还是先语末语尾"-시"的使用，都采用了很尊重的敬语表达，体现了对消费者、顾客的尊重。

无人机网页的语言风格与净化器的相比，要更加活泼和口语化一些，但韩语仍选择使用了敬语终结语尾。

但需要指出的是，这并不是说中文网站就一定使用非敬语，韩文网站就一定使用敬语。是否使用敬语，由网站的语气风格定位决定，有很大的自由选择空间。但韩文网站更倾向于使用敬语，不仅是网站，韩文的企业宣传介绍类语篇也惯用敬语。

3. 网站中产品介绍的翻译技巧

本课与上一课虽然同属于对网站进行翻译，但在内容性质上有很大的区别。本课截取的内容是网站上关于产品的宣传介绍，是运用说明的表达方式对产品进行诠释。因此，翻译主要还是体现在语言的转换上。既然属于产品介绍，就具有很强的信息性，需要让目标读者了解产品性能和品质等信息，译时就需要将信息准确、富有层次和逻辑地用译入语表述清楚，让译文读者见文就能立即把握文本的讯息。与此同时，网站上的产品宣传介绍又不同于一般的产品说明书，它为了更好地宣传产品，带有广告语色彩。因此语言就不能仅仅停留在抽象的说明上，需要有生动形象的语言让表述带有热度，为读者带来实感。翻译时，也要将这种生动的形象效果翻译出来。但语言需要简练、通俗，避免晦涩艰深的修辞。

不过即便同属于对产品宣传介绍的网页翻译内容，也会因网页内容设计理念的不同而派生出不同的翻译风格。比如本课中，净化器网页的翻译处理上，韩语译文与汉语源语文本在内容和措辞上统一度、一致性较高，而航空无人机网页的翻译在内容和措辞上做了较多的改动，独立于汉语源语文本的语句设计性更强。

本课截取的网站内容上，有五种常见的产品介绍翻译技巧——直译、意译、增译、减译、改译。

(1) 直译

直译就是意义内涵和叙述顺序上按照源语文本进行翻译，它既忠实源语语篇的内容，又符合源语文本的结构形式。翻译时尽量使译文的措辞、句子结构、修辞手段等与原文保持一致，同时要求语言流畅易懂。

大空间，快循环，更强大的净化能力

넓은 공간, 빠른 순화, 더 강해진 정화 능력

上句中译文没有做调整，按照源语文本的语意语序进行了翻译。

[1] 数据来源：中国国家电器检测所CADR值检验报告，编号WCk-16-50858；

[2] 适用面积通过CADR值计算得出，适用面积的大小同样受空间高度和面积率等因素的影响。空气净化器Pro的使用面积依据《空气净化器》（GB/T 18801–2015）测算：适用面积＝ CADR × (0.07~0.12)，数据来源：中国家用电器检测所CADR值检验报告，编号WCK-16-50858；

[1] 데이터 출처: 중국 가정용 전자제품 검측소의 CADR 실험 보고서, 보고서 번호 WCk-16-50858

[2] CADR의 효율은 방의 면적과 높이의 영향을 받습니다. 공기청정기 프로의 유효 면적은 GB/T 18801-2015공기청정기 표준을 기반으로 합니다. 유효면적=CADR× (0.07~0.12), 데이터는 중국 가정용 전자제품 검측소의 CADR 실험 보고서, 보고서 번호 WCk-16-50858에 근거합니다.

以上截取部分同样来自净化器网站，源语文本和译文的词汇基本对应，只是译文语序按照韩语的表达习惯做了必要的调整，属于直译。

航拍无人机网页中，同样有如上截取部分采用直译进行翻译的部分。

(2) 意译

意译，顾名思义，看重的是翻译过程中意义内核和核心主旨的传达，强调意义在译文中的再现，与语言形式相比，更在意源语文本内容的表达。只有在正确理解源语文本内容的基础上，运用相应方法调整结构并用规范的译入语加以表达，才是真正的"意译"。

我们享受的生活品质，最后都是对健康的追求。

생활의 질을 얘기할 때 가장 중요한 요소는 건강일 것입니다.

以上净化器网站截取部分，韩语采用了意译的方法，这样翻译更加浅显易懂，达意顺畅。

$500m^3/h$ 颗粒物CADR大循环！室内空气迅速焕然一新

$500m^3/h$ CADR의 고성능 순환으로 실내 공기를 빠르게 정화

上句中的"大循环"，在翻译时采用意译的方法译为"고성능 순환"，用"고성능"对"大"的所指进行了解释，避免了读者理解困难。对成语"焕然一新"的翻译，"室内空气焕然一新"，就是空气得到了净化，空气变得新鲜，这里采用意译的方法，将在语境中"焕然一新"的含义进行了解释，确保了信息传达的正确无误、简练通俗。

(3) 增译

增译是在翻译时，在译文中增加了源语文本中没有的内容，增译的目的是为了在译语中实现更好的表达效果，适当地增译会使译文更加明确、清晰、生动。比如，

> 轻装上阵，自在飞行
>
> 轻于 249 克，相当于一个苹果的重量，……
>
> 가방은 가볍게, 비행은 자유롭게
>
> Mini 2, 얼마나 가볍냐고요? 249g이 채 되지 않는 무게로 사과 1개랑 비슷해요.

上面内容截取自航空无人机网页，画线部分是源语文本中没有，而韩文网站中增加的内容。在译入语网页中增加原网页中没有的内容，一方面是为了塑造出设定的译入语网页语言风格，另一方面是为了强调主推的亮点。

韩文版航空无人机网页的语言风格整体上更加活泼自由，上面截取部分中增加的"Mini 2, 얼마나 가볍냐고요?"很符合这种活泼的语言风格，表达得非常形象化，而且能够更加突出产品轻便的特点。

(4) 减译

减译是为了将源语文本翻译得简单、简明、简洁而采用的一种翻译技巧。采用减译，不是为了折损源语文本的信息内容，而是为了更好地传情达意。通常在强调引起读者内心共鸣、强调意义和情感传达效果的语篇中，会采用减译的方法。减译可以是直接略去源语文本的某些措辞，也可以对源语文本的内容进行提炼浓缩。

上面净化器网站中的汉语画线部分在韩语中没有被译出，而是被删减掉了。汉语善用修辞，所以采用了比喻的方法将前文已经阐明的信息再次表述。在翻译成韩语的时候，没有照实译出，但并没有影响源语文本信息的传达。

通过对比中韩网页内容可以看出，源语文本中的"乘兴起飞，尽兴返航"的内容在韩文网页并没有体现出来，被删减了。但句子的核心信息和核心内容已经带出，删去的依旧是具有修辞效果的溢美之词。这样的减译不会造成内容意义的缺失，反而会使译文简洁明快。

需要指出，减译要慎重，翻译不能随意删减源语文本，不能将减译作为逃避难译之处的托词。

(5)改译

　　一般情况下，翻译中是不建议对源语文本进行擅自改动的。但有些情况下，受社会意识形态、翻译赞助人、翻译目的、文本功能和对象读者等因素影响，会存在对源语文本内容和表述进行调整的情况。特别是在网站本地化、网页编译当中，往往是可以，甚至为了迎合译入语语境、译入语文本读者心理和表达习惯更倾向于进行一些改动，或是进行一定程度的语句重新设计。这时进行的改动或语句重新设计就是改译。以下例举几处本课中改译的例子。

> 500m³/h 颗粒物CADR大循环！室内空气迅速焕然一新
>
> 全新的空气净化器Pro优化了空气增压系统，创造出高达500m³/h的颗粒物CADR值。独特的塔式设计，让室内迅速形成空气的360° 大循环，成为室内独一无二的"空气树"，吸附灰尘、Pm2.5、甲醛等物质。仿佛室内充满了森林的新鲜空气，让你足不出户，感受科技带来的纯净空气与品质生活。
>
> 500m³/h CADR의 고성능 순환으로 실내 공기를 빠르게 정화
>
> 새로워진 공기청정기 프로는 최적화된 공기 증압 시스템으로 500m³/h CADR의 성능을 갖췄습니다. 독특한 타워형 디자인은 실내 공기를 360°로 크게 순환시키고 먼지, Pm2.5, 포름알데히드 등을 제거합니다. 실내의 공기를 산림에 있는 신선한 공기처럼 느끼게 해줍니다. 과학 기술이 선물한 깨끗한 공기를 느껴보십시오.

　　上面语段截取自净化器网页，画线部分韩语将汉语中的措辞进行了一些修改，并且将陈述句改写为敬语形式的命令句。这样的改译其实并没有让译文与源语文本有所背离，反而增加了与读者的互动感。

照片画质智能优化

你拍出的大作，立刻就可以分享

APP内置照片画质智能优化功能，智能识别场景并优化图像细节，令画面明暗过渡更自然，色彩鲜亮、层次分明，每一幕都绚丽迷人，忍不住立刻就分享。

이미지 화질, 자동 보정

내 베스트 컷, 왜 기다리세요?

앱의 스마트한 '사진 화질 향상' 기능이 있으니 걱정 마세요. 앱이 사진을 다운로드한 후 자동으로 더 선명하고 디테일한 사진으로 만들어주니까요.

  上面语段截取自无人机网页中，画线部分的韩语同样对汉语中的内容进行了修改。"你拍出的大作，立刻就可以分享"改译为了"내 베스트 컷, 왜 기다리세요?"，其体现出的表达意图并没有差异，但在措辞和语言逻辑上做了变动，并将陈述句改为反问句。反问句的使用，增加了宣传语言的生动感。而上面语段的其他阴影部分，可以看出在保证基本信息的条件下，做了较大的改动。

  本课内容是网站上的产品宣传与介绍类内容，语篇除了具备信息传达的功能之外，还有号召功能，即激发读者购买的欲望。因此改译的使用，应该是既能让译入语读者通过客观叙述了解产品相关情况，看到厂商的诚意，对产品产生信任感，又能通过符合读者心理需求和表达习惯的语言使读者对产品购买兴趣。

网站本地化创意练习：

P9 Plus

无缝设计，精致细节

精湛外观工艺从P9延续至P9 Plus。5.5英寸显示屏与金属机身的无缝融合，彰显细节之美。

天籁级的立体音效

超乎寻常的高音表现。

使用竖屏模式时，P9 Plus的听筒可以作为高频扬声器，再配合中低音扬声器。频率范围可达20千赫兹。

使用横屏模式时，P9 Plus可以输出立体音效，在播放音乐或视频时，能为你带来更真实的视听体验。

画质清、成像快、对焦准，这才是轻松愉悦的拍摄体验

采用内置双核ISP、专业级DSP和独立的深度芯片，使P9 Plus在对焦、成像和图像处理的速度上都有了更大的提升。

采用激光对焦、深度对焦和对比度对胶相结合的混合对焦技术，可以在瞬间拍摄到画面清晰，层次分明的精彩照片。

麒麟955内置一枚双核ISP，更好的优化色彩表现以及进行噪点管理，与此同时，配备专用DSP，快速完成图像后期处理。

无论白天黑夜，展现美好一面

800万像素的前置摄像头，即使在低光环境下也可以展现你的美好一面。

AIR 2S

这一台，满足你对旅行航拍的所有想象

1英寸影像传感器，出色的智能拍摄功能，不到600克轻便紧凑的机身，Air 2S囊括一台强大旅拍无人机所需，帮你发现久违的感动。带上Air 2S，一步一步丈量世界，一寸一寸记录旅程。

影像系统

一英寸装下全世界

旅途中总有些瞬间会击中内心，想永远攥在手心。Air 2S搭载1英寸影像传感器，拥有感光能力惊人的2.4μm大像素，以及强悍的5.4k/30fps，4K/60fps视频拍摄性能，忠实还原触动你的每一幕，给波澜不惊的人生加点悸动。

还原自然色彩，让夜色发光

朦胧夜色，令人倾心。高动态范围、高解析力、自然的色彩还原与光影表现，让镜头之下的夜景晶莹剔透，动人不已。

10-bit Dlog-M模式，每种色彩都值得。喜欢在路上的感觉，爱着多姿多彩的世界。10bit DLOG-M模式，可记录多达10亿种色彩，同时保留更多亮部及暗部细节。万般色彩，尽在手中。

畅享飞行，自由之旅

Air 2S轻巧便携，飞行体验也更加震撼，让你尽享飞行与旅行的自由。带上Air 2S，天高海阔，任意驰骋。

APAS 4.0，行不受限

穿梭树林间，游走建筑群，如飞鸟般灵活。Air 2S拥有上、下、前、后四向环境感知能力，APAS 4.0（高级辅助飞行系统）的算法也更加先进，可在更为复杂的场景下以及告诉飞行时主动避障。

O3图传，视野不妥协

Air 2S采用最先进的O3图传技术，身未动，心已远，妙不可言。

经贸知识

韩国的劳动者

1. 劳动者的基本权利

人一旦走上工作岗位，就站在了劳动者的位置。一般来说，劳动者与雇佣者相比处于弱势，因此韩国设有一系列保护劳动者权益的制度。

第一，劳动者可以与雇佣者自由商定工资，但韩国设有最低工资基准来保障劳动者获得的最低工资，确保维持劳动者基本生计、维持劳动者再生产。近十余年来韩国的最低时薪情况如下表：

表1　近十余来年韩国最低时薪情况[1]

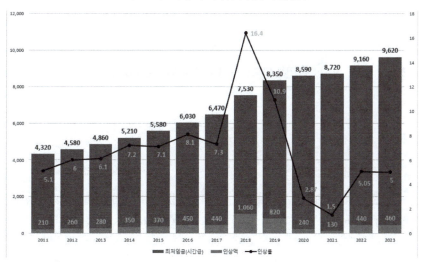

第二，劳动者可与雇佣者商定劳动时间，但韩国通过《劳动基准法（근로기

---

[1] 信息出自韩国"最低工资委员会(최저임금위원회)"网站，更多关于韩国劳动者收入相关信息可通过网站了解。

준법)》保护劳动者不会工作时间过长。原则上来说，劳动者每天规定工作时间为8小时，每周40小时，有加班需要时，每周加班时间不得超过12小时。

第三，雇佣者应保证在每月固定时间向劳动者发放一次或一次以上工资。韩国不允许拖欠工资发放，不允许一次性发放数月工资。

工资被拖欠时可采取的措施

> 1. 可寻求供职所在地"地方雇用劳动部门(지방고용노동관서)"的帮助。
>   陈情：向该部门陈情之后，可要求该部门敦促拖欠工资的发放。
>   指控：对于仍未发放拖欠工资的单位，可要求该部门对用人单位进行处罚。
>   替当金(체당금)申请：用人单位破产时，可向国家提出发放拖欠工资。
> 2. 可对拖欠工资的用人单位提起诉讼。
>   免费法律援助：月收入不满400万韩元时，可得到免费法律援助。

2. 韩国劳动者的权益保护

在韩国，劳动者的权益受宪法保护。劳动者享有团结权(단결권)、集体交涉权(단체 교섭권)、集体行动权(단체행동권)，这三种权力被称作"劳动三权"。

团结权

有团结起来，争取劳动条件改善的权力

劳动三权

集体交涉权力

有就工资、劳动时间、福利等
进行协商的权力

集体行动权

协商不成功时，有罢工以解决
纠纷的权力

团结权是指劳动者有组建工会的权力。集体交涉权是指劳动者可以通过工会与用人单位进行交涉的权力，用人单位无正当理由不得拒绝。集体行动权是指交涉不成功时，劳动者可以进行罢工的权力。劳动三权赋予了劳动者可以与用人单位进行平等协商的权力。

在工作中，劳动者有可能会遇到困难，甚至会遭遇不幸。针对于此，韩国设有社会保险制度，并要求用人单位参与其中。比较有代表性的是"产业灾害补偿保险（산업재해보상보험）"和"雇用保险（고용보험）"。"产业灾害补偿保险"是劳动者在工作中身体负伤时，为劳动者提供赔偿的保险。"雇用保险"是劳动者遭遇突然失业时，为劳动者提供失业补贴（실업급여），以满足劳动者稳定生活的保险。失业补贴可一次性领取，以满足劳动者积极再就业时的需要。失业补贴从失业第二个月开始计算，超过十二个月后不可领取。

失业补贴的领取

在韩国要如何领取失业补贴呢？失业后，劳动者应立即向所在地的就业支援中心（고용지원센터）申告已经失业。之后，劳动者需向就业支援中心证实自己在积极努力再就业，得到认可后方可领取失业补贴。劳动者根据失业时的年龄和加入雇用保险的年限，可领取最少90天、最长240天的失业补贴。2015年失业补贴的标准是失业前平均工资的50%，但可领取的日最高金额不得超过4.3万韩元。如果存在骗取失业补贴的情况，一经发现，国家相关部门将会予以处罚。

中国的最低工资制度

最低工资标准是国家为了保护劳动者的基本生活，在劳动者提供正常劳动的情况下，强制规定用人单位必须支付给劳动者的最低工资报酬。最低工资制度最早产生于19世纪末的新西兰、澳大利亚，其后，英国、法国、美国等资本主义国家也结合本国实际，建立了各自的最低工资制度。随着20世纪工人运动的高涨和社会经济的发展，资本主义国家很快普遍实行了最低工资制度。二次世界大战以后，不少发展中国家也实行了最低工资制度。到目前为止，世界所有发达国家，绝大部分发展中国家都实行了最低工资制度或类似规定。

早在民主革命时期，中国共产党在 1922 年 8 月拟定的《劳动法案大纲》中，就提出应定制保障劳动者最低工资的保障法。中华人民共和国成立后，最低工资制度的建立与发展可以大致分为如下四个时期：

探索期 （1993年以前）	– 1949年9月全国政协通过《共同纲领》，明确规定"人民政府应按照各地企业情况规定最低工资"。 – 1984年，国务院宣布承认就中国1930年批准加入国际劳工组织的26号公约。
导入期 （1993年）	– 1993年劳动部颁发[1993]333号《企业最低工资规定》。 – 制定《关于实施最低工资保障制度的通知》《工资支付规定》等配套法规。 – 上海开始最先实施最低工资制度。
发展期 （1994年~2003年）	– 1994年第八届全国人民代表大会常务委员会第八次会议通过《中华人民共和国劳动法》第四十八条明确规定："国家实行最低工资保障制度。" – 2003年12月30日，《最低工资规定》[中华人民共和国劳动和社会保障部令（第21号）]颁布。 – 北京、山东、海南等地开始实行最低工资标准后，逐渐发展实施到全国各地。
落实期（2004年）	– 《最低工资规定》正式在全国范围内施行。

　　最低工资标准的适用人群很广泛，凡以工资为主要生活来源的劳动者都应实行最低工资制度。最低工资标准一般采取月最低工资标准和小时最低工资标准两种形式，月最低工资标准适用于全日制就业劳动者，小时最低工资标准适用于非全日制就业劳动者。全日制劳动者每天规定工作时间为8小时，每周40小时，非全日制劳动者每天工作时间不得超过4小时，一周不超过24小时。确定最低工资标准一般要考虑的因素有：当地城镇居民生活费用支出、职工个人缴纳社会保险费、住房公积金、职工平均工资、失业率、经济发展水平等。我国各省市最低工资标准不同，截至2019年4月，上海、广东、北京、天津、江苏、浙江这6个省市月最低工资标准超过2,000元。上海月最低工资标准达到2,480元，为全国最高。在小时最低工资标准方面，北京、上海、天津、广东的小时最低工资标准超过20元大关，其中小时最低工资标准最高的是北京，为24元。

参考资料：

1. <주요국가의 최저임금제도>보고서, 최저임금위원회, 2018년6월.
2. 网络资源："最低工资标准"百度百科。

第六单元 合 同

学习目标

1　了解合同的结构组成，了解合同的法律特征、句型特征、用词特征。

2　熟悉中韩合同翻译的原则和技巧。

合同的文体特点和翻译

合同是当事人或当事双方之间设立、变更、终止民事关系的协议，依法成立的合同受法律保护。合同规定了当事人的权利，当事人的"可为"与"不可为"，所以合同的主要功能在于提供信息。同时，合同要求当事人履行义务，所以合同又具有祈使功能。

合同是一种法律文体，以准确严谨为首要特点。合同在用词方面非常正式，以表现出庄重的语气。合同中还包含大量的专业术语，这些术语一部分是关于行业的，比如技术转让合同包括技术转让方面的术语，电子产品进出口合同包含电子产品相关术语；另有一部分是合同本身的术语，如"仲裁（중재）""不可抗力（불가항력）"等。合同要求表述具体、明确、严密，如时间、地点、数量、金额、结算方式、运输方式等，再如合同缔结当事人的要求、权力、义务等，不能有半点似是而非、模棱两可，要避免在合同履行过程中引起不必要纠纷。在句子上，合同中多复杂句、长句、条件句，还有一些常用套语。语气上，合同的特点是正式、公正、客观、严肃。

翻译合同时，基于合同文体上的特点，译语同样应符合法律文体的语言特点。用词上，译语要选择正式庄重的词汇；专业术语也要在译语中找到相应领域的术语，合同文体常用语要在目的语中找到相应的合同用语；措辞要译得严密、具体、准确，特别是重点信息不得漏译，不得有半点误读、含糊。合同中，为了将各方的权利、义务明确和完整地表达出来，同时又为了确保逻辑严密，语句往往较长，翻译时要谨慎分析原句，厘清句意和逻辑关系，然后进行译语句子重组。合同中经常使用条件句，来假定出现某种情况时所带来的结果或针对这种假设提出某种解决方案。中韩文合同中，都较常使用条件句，翻译时注意采用目的语合同中常用的措辞。另外合同中的一些常用套话，翻译中要在目的语中找到相应的表达。

재해복구센터 기술 서비스 계약서

재해복구센터 기술 서비스 계약서

<중화인민공화국합동법(中华人民共和国合同法)>의 규정에 의거하여, "을" 은 "갑"에게❶ 재해복구센터 기술 서비스를 제공하기로 합의하였으며, 아래와 같은 계약을 체결합니다❷.

제1조 정의

본 계약서의 아래 명사는 다음과 같은 의미를 가진다.

1.1 "불가항력"은 지진, 태풍, 해일, 전쟁, 파업, 정부행위, 쌍방의 원인 이외 의 화재❸, 예상치 못한 기초 통신 네트워크의 중단 및 쌍방의 원인이 아닌 예 측 불가능한❹, 피할 수 없는 사건의 발생과 그 결과를 불가항력의 원인이라 한 다.

1.2 "재해복구센터"는 XX시 공업원구 29호 창의산업원 A2 건물 2층 남4 기 계실에 위치한 첨부문서1의 규정❺에 부합하는 재해복구센터이다.

1.3 "서비스 수준 협의(Service Level Agreement, SLA)"는 서비스 공급 상과 서비스 사용자 간의 서비스 범위, 서비스 요건, 서비스 서약, 성능평가 및 규약사항 등에 대한 협의 규정을 말한다.

제2조 서비스내용

2.1 을은 서비스 수준협의(SLA) 서약(상세내용 첨부문서1 참조)에 근거해 갑에게 재해복구센터 기술 서비스(상세내용 첨부문서2 참조)를 제공할 것을 보장한다.

제3조 서비스 비용 및 서비스 기한, 지불방식

3.1 서비스 비용

3.1.1 재해복구센터 기술서비스 비용

A. 갑은 을의 XX시 재해복구센터 2층 남4 기계실 3개 <u>표준상면</u>을 임대하며 (기계실 도면 첨부파일4 참조), 재해복구센터 기술서비스 비용은 RMB6,800/ 표준상면/월이다. 상술비용은 9A(약 1,317.6도/월)의 전력제공이 포함되어 있다. 만약 갑의 월평균/상면당 전력사용량이 9A 이하일 경우, 갑은 전기세를 부담하지 않으며, 갑의 월평균/상면당 전력사용량이 9A 초과일 경우, 갑은 초과 전력량에 대해 RMB 1.05/도의 기준으로 비용을 <u>산정</u> 지불한다.❻

3.2 서비스 기한 및 <u>대금</u> 지급방식

3.2.1 서비스 기한: 본 계약의 서비스 기한은 30개월로, 2016년 8월 16일부터 2019년 2월 15일까지를 계약 기간으로 한다.

3.2.2 대금 지급방식

갑은 선지급 방식으로 을에게 재해복구센터 기술서비스 비용을 지급할 것에 동의하며, 서비스 기간내 발생하는 전기(9A을 초과할 경우), 네트워크 통신비 등은 갑이 <u>실비</u> 부담하며, 을은 서비스 항목에 대한 근거 및 영수증을 제공한다.

제4조 갑의 권리와 의무

4.1 갑은 을이 제공하는 재해복구센터 기술서비스를 사용할 권리를 가지며, 을이 제공하는 재해복구센터 기술서비스 수준은 첨부1의 요구사항에 부합할 것을 요구할 권한을 가진다.

제5조 을의 권리와 의무

5.1 을은 본 계약 및 첨부문서의 규정에 따라 갑에게 IT 기초시설 서비스를 제공하며, 제공 시설, 설비, 환경, 네트워크 등의 양호한 업무상태를 유지하여야 한다.

5.2 갑의 요구에 따라 을은 본 계약에서 규정한 서비스 항목 이외의 서비스를 제공할 경우, 갑에게 해당 비용을 청구할 수 있으며, <u>요금표</u>는 갑을 쌍방이 별도로 협의 결정한다❼.

제6조 서비스 종결 및 중지

6.1 서비스 기간 <u>만기시</u>, 본 계약은 종결된다. 만약 서비스 기간을 연장할 경우, 갑은 계약 종료 30일 전^❽에 을과 협의를 진행한다.

6.2 갑은 계약 종결 후, 5일(업무일)^❾내, 을의 통제^❿와 지도하에 <u>자체</u> 설비를 철거하여야 한다.

제7조 재해복구센터 기술 서비스 보증금

갑은 2016년 9월 31일 이전, 을에게 계약에 규정한 2개월의 재해복구센터 기술 서비스 비용을 보증금으로 RMB 40,800^⓫을 지불한다.

제8조 위약책임

쌍방은 본 계약서의 규정을 준수할 것에 동의하며, 어떠한 일방도 직접 혹은 간접적으로 본 계약서의 규정 조항을 위반하고, 적절한 시간에 이행하지 않거나 효율적이지 않게 이행할 경우,^⓬ 계약을 준수한 일방("守约方")은 서면형식으로 위약한 일방("违约方")에게 행위의 중지를 요청할 수 있으며 계약을 준수한 일방은 위반행위에 대한 손해배상을 위약한 일방에게 청구할 수 있다.

제9조 면책조건

불가항력적인 원인으로 인해 쌍방 혹은 일방이 계약서의 규정 의무를 이행할 수 없을 경우(전체 혹은 부분), 쌍방은 모두 위약의 책임을 지지 않는다.^⓭

제10조 비밀유지

쌍방은 계약 이행 과정에서 획득한 상대방이 대외적으로 공개하지 않은 기술정보 및 비즈니스 <u>기밀</u>에 대한 비밀을 준수할 의무가 있다. 어떠한 일방도 상대방의 서면 동의 없이 제3자에게 관련 내용을 <u>누설할</u> 수 없으며, 그렇지 않을 경우 그에 상응하는 위반책임 및 손해 배상의 책임을 진다.

제11조 논쟁의 해결

본 계약서로 인해 발생하거나 본 계약서 내용과 관련된 사항으로 인한 분쟁은 서로간의 양해를 바탕으로 협의 하에 우호적으로 해결할 것을 우선하며, 해결되지 않을 경우, 일방이 본 계약을 체결한 지역의 관할 법원에 소송할 수 있다.⑭

제12조 기타

12.1 본 계약서상 규정되지 않은 사항은 쌍방의 우호적인 협상으로 해결하며, 필요시 보충협의를 체결한다.

12.2 본 계약은 동일한 양식의 4부로 구성되며, 쌍방의 날인 후 효력이 발생한다. 갑을 쌍방이 각 2부씩 보관하며, 해당 문서는 동일한 법적 효력을 가진다. 을은 계약 만기 30일 전 갑에게 알린다.

12.3 본 계약서는 한국어와 중국어로 작성되고, 한국어와 중국어의 의미가 상이한 경우, 한국어 해석을 기준으로 한다.⑮

(이하 본문 내용 없음)

년　월　일

갑　한국 ○○○주식회사

대표　　　인

년　월　일

을　중국 ○○○유한공사

대표　　　인⑯

재해복구센터: **灾备中心**

> 灾备技术是指在一个数据中心发生故障或灾难的情况下，其他数据中心可以正常运行并对关键业务或全部业务实现接管，达到互为备份的效果，好的灾备技术可以实现用户的"故障无感知"。一般在大型企业和金融行业应用较多。

해일: **海啸**

기계실: **机房**

규정: **规定，评定，约定**

> 在合同中，针对合同签订双方所使用的"규정"比起"规定"，译为"约定"更加合适。签订合同时双方经过商讨后订立的协议，体现双方的意愿，往往用"约定"。"规定"一般用在政策、行政法规等政府性质的文件或具有普遍约束力的文件中。如"<중화인민공화국합동법>의 규정에 의거하여"可译为"依据《中华人民共和国合同法》的规定"。

서약: **誓约，承诺**

규약사항: **约束机制**

표준상면: **标准机柜位**

> 机柜是用以存放计算机和相关控制设备的，它可以为存放的设备提供保护，屏蔽电磁干扰，有序、整齐地排列设备，方便设备的维护。

이하: **以下**

초과: **超过**

> 本课源语文本中的"9A 이하"是指"小于等于9A"。韩语中的"이하"和"이상"分别是"小于等于"和"大于等于"，即都含有"等于"的概念。"미만"和"초과"分别是"小于"和"大于"，其中不包含"等于"的含义。

산정: **计算，核算**

대금: **价钱，费用**

실비: **实际费用**

요금표: **资费表，价目表**

만기시: **到期时**

업무일: **工作日**

통제: 控制

자체: 自身，自己

조항: 条款，条目

기밀: 机密，秘密

누설하다: 泄漏，泄露，走漏

날인: 捺印，盖印

灾备中心技术服务合同

依据《中华人民共和国合同法》的规定，经友好协商，**①**甲乙双方就乙方为甲方提供灾备中心技术服务有关事项，达成一致，签订本合同**②**。

① 合同中的套话及其翻译

② 合同中的套话及其翻译

第一条　定义

合同中下列名词应有以下意义：

1.1 "不可抗力"指由于地震、台风、海啸、战争、罢工、政府行为、非因双方原因发生的火灾**③**、基础电信网络意外中断，以及其他非因双方原因造成的不能预见**④**、不能避免的事件的发生及其结果的不可抗力原因。

③ 加译——加定语

④ 合同中的套话及其翻译

1.2 "灾备中心"是指位于XX市工业园区29号创意产业园A2栋2层南四机房的符合本合同附件一约定**⑤**的灾备中心。

⑤ 译词的选择——根据语境确定译词

1.3 "服务水平协议"（Service Level Agreement，SLA）是服务提供商和服务使用者之间就服务范围、服务要求、服务承诺、性能评价和约束机制等达成的协议约定。

第二条　服务内容

2.1 乙方基于《灾备中心服务水平协议（SLA）》（具体内容详见附件一）的承诺，应为甲方提供灾备中心技术服务（具体内容详见附件二）。

第三条　服务费、服务期限及支付方式

3.1 服务费

3.1.1 灾备中心技术服务费用

A. 甲方租赁乙方XX市灾备中心二层南四机房内的3个标准机柜位(机房图纸见附件4)，灾备中心技术服务费用标准为人民币6,800元/标准机柜位/月。上述费用中含有不超过9A（约1,317.6度/月）的电费。如果甲方每个机柜电量月平均值小于等于9A，则甲方无须负担电费。如果甲方每机柜电量月平均值大于9A，则超出部分的电量甲方按照人民币1.05元／度的费用标准支付电费。❻

❻ 合同中的条件句及其翻译

3.2 服务期限及付费方式

3.2.1服务期限：本合同约定的服务期限为30个月，自2016年8月16日至2019年2月15日。

3.2.2 付费方式

甲方同意按照季度预付费的方式向乙方支付灾备中心技术服务费用，服务期内发生的电费(超过9A时)、网络通信费等均由甲方据实承担，乙方负责提供相关单据及发票。

第四条　甲方权利及义务

4.1甲方有权使用乙方提供的灾备中心技术服务，有权要求乙方提供的灾备中心技术服务水平达到附件一的要求。

第五条　乙方权利及义务

5.1 乙方应依本合同及附件规定向甲方提供灾备中心技术服务，并维护设施、设备、环境、网络等良好的工作状态。

5.2 根据甲方的要求，乙方提供本合同约定服务项目以外的服务时，有权向甲方收取相应服务费，收费标准由甲乙双方另行商定❼。

❼ 合同中的套话及其翻译

第六条　服务的终止与暂停

6.1 服务期满，本合同终止。如需延长服务时间，甲方需提前30个日历日[8]与乙方进行协商。

6.2 甲方应在合同终止后的5个工作日[9]内，在乙方的监督[10]与指导下拆卸并搬走自有设备。

第七条　灾备中心技术服务费用押金

甲方应在2016年9月30日前向乙方支付相当于合同约定2个月的灾备中心技术服务费用的押金，即¥40,800元（大写：人民币肆万零捌佰元整）[11]作为服务费用押金。

第八条　违约责任

双方同意遵守本合同的规定，任何一方直接或间接违反本合同的任何条款，不及时或不充分有效地承担义务的，[12]守约的一方（"守约方"）有权以书面形式通知违约的一方（违约方）停止其违约行为，并赔偿守约方因违约方之违约行为而招致的损失。

第九条　免责条款

因不可抗力导致甲乙双方或一方不能履行或不能完全履行本合同的有关义务时，甲乙双方互不承担违约责任。[13]

第十条　保密条款

合同任何一方在签订和履行本合同过程中，对所获知的对方未向社会公开的技术情报和商业秘密均负有保密义务，未经对方书面许可，任何一方不得将其泄露给第三方，否则应承担违约责任并赔偿损失。

8 合同中时间的表达及其翻译

9 合同中时间的表达及其翻译

10 译词的选择——根据语境确定译词

11 合同中金额的表达及其翻译

12 合同中的条件句及其翻译

13 合同中的条件句及其翻译

第十一条　争议的解决

因本合同而发生或与本合同有关的任何争议，双方应首先在友好、互谅的基础上进行协商；如协商不成，任何一方均有权向合同履行地法院提起诉讼。⑭

⑭ 合同中的套话及其翻译

第十二条　其他

12.1 涉及本合同未尽事宜，甲乙双方友好协商解决，必要时可签署补充协议。

12.2 本合同一式四份，经双方加盖公章或合同章后生效，甲乙双方各持两份，具有同等法律效力。乙方在合同到期前30个日历日通知甲方。

12.3 本合同采用韩文和中文两种文本订立，若中韩文意思不一致之处，则以韩文版本为准。⑮

⑮ 合同中的条件句及其翻译

（以下无正文）

甲方：韩国〇〇〇株式会社（盖章）

法定代表人/授权代表人：

年　　月　　日

乙方：中国〇〇〇有限公司（盖章）

法定代表人/授权代表人：

年　　月　　日⑯

⑯ 合同中落款的差异与翻译

1. 合同中的套话及其翻译

　　合同属于一种公文文体，有些固定的表达经长期使用沉淀下来，成为合同常用的程式化了的语言表达，也就是套话。下面列举的是本课韩语合同中出现的常用套话及其汉语翻译，

❶❷ 〈중화인민공화국합동법(中华人民共和国合同法)〉의 규정에 의거하여, "을"은 "갑"에게 …… 제공하기로 합의하였으며, 아래와 같은 계약을 체결합니다.

依据《中华人民共和国合同法》的规定，经友好协商，甲乙双方就乙方为甲方提供……，达成一致，签订本合同。

❹ 예측 불가능한

不能预见的

❼ 별도로 협의 결정한다

另行商定

⓮ 본 계약서로 인해 발생하거나 본 계약서 내용과 관련된 사항으로 인한 분쟁은 서로간의 양해를 바탕으로 협의 하에 우호적으로 해결할 것을 우선하며, 해결되지 않을 경우, 일방이 본 계약을 체결한 지역의 관할 법원에 소송할 수 있다.

因本合同而发生或与本合同有关的任何争议，双方应首先在友好、互谅的基础上进行协商；如协商不成，任何一方均有权向合同履行地法院提起诉讼。

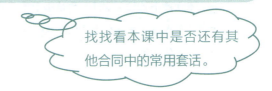

找找看本课中是否还有其他合同中的常用套话。

2. 加译——加定语

　　加译是增添原文没有的部分词语来进行翻译。通过加译，可以明确语意，

措辞完整，使译文更符合译入语的表达习惯。加译不是增添原文没有的内容，而是补充源语文本省略的某些表达或是因语言思维差异没有明确体现的措辞，以便准确、完整地表达原文内容的同时，符合译语的语言思维和表达习惯。如本课中，

❸ 쌍방의 원인 이외의 화재

非因双方原因发生的火灾

如果按照韩语原文的字面表达直接译为"双方原因之外的火灾"或"非双方原因的火灾"，表达都不够清晰到位，而加上定语"发生的"，译为"非双方原因发生的火灾"，语意表达才明确完整。

3. 合同中的条件句及其翻译

合同中要考虑到合同履行过程中可能出现的种种情况，并给出处理办法、解决方案，因此会出现大量的条件句。韩语合同中的条件句，经常会通过"……ㄹ/을 경우"句型来实现。翻译为汉语时，可以译为"如果……""若……"，也可以译为"……时"，有时还可以不在语言形式上体现，而是在语义逻辑上体现。下面是本课中出现的几处"……ㄹ/을 경우"条件句及其参考译文：

❻ 만약 갑의 월평균/상면당 전력사용량이 9A 이하일 경우, 갑은 전기세를 부담하지 않으며, 갑의 월평균/상면당 전력사용량이 9A 초과일 경우, 갑은 초과 전력량에 대해 RMB 1.05/도의 기준으로 비용을 산정 지불한다.

如果甲方每个机柜电量月平均值小于等于9A，则甲方无须负担电费。如果甲方每机柜电量月平均值大于9A，则超出部分的电量甲方按照1.05元／度的费用标准支付电费。

⑫ 쌍방은 본 계약서의 규정을 준수할 것에 동의하며, 어떠한 일방도 직접 혹은 간접적으로 본 계약서의 규정 조항을 위반하고, 적절한 시간에 이행하지 않거나 효율적이지 않게 이행할 <u>경우</u>,……

双方同意遵守本合同的规定，任何一方直接或间接违反本合同的任何条款，不及时或不充分有效地承担义务<u>的</u>，……

⑬ 불가항력적인 원인으로 인해 쌍방 혹은 일방이 계약서의 규정 의무를 이행할 수 없을 <u>경우</u>(전체 혹은 부분), 쌍방은 모두 위약의 책임을 지지 않는다.

因不可抗力导致甲乙双方或一方不能履行或不能完全履行本合同的有关义务<u>时</u>，甲乙双方互不承担违约责任。

⑮ 본 계약서는 한국어와 중국어로 작성되고, 한국어와 중국어의 의미가 상이한 <u>경우</u>, 한국어 해석을 기준으로 한다.

本合同采用韩文和中文两种文本订立，<u>若</u>中韩文意思不一致之处，则以韩文版本为准。

4. 合同中时间的表达及其翻译

　　合同中一定要注意诸如有效时间范围等时间相关的翻译，这一点非常严格。翻译的时候，必须要严格根据原文所设定的内容进行翻译。

⑧ 만약 서비스 기간을 연장할 경우, 갑은 계약 종료 <u>30일 전</u>에 을과 협의를 진행한다.

服务期满，本合同终止，如需延长服务时间，甲方需提前<u>30个日历日</u>与乙方进行协商。

⑨ 갑은 계약 종결 후, <u>5일(업무일)</u>내, 을의 통제와 지도하에 자체 설비를 철거하여야 한다.

甲方应在合同终止后的<u>5个工作日</u>内，在乙方的监督与指导下拆卸并搬走自有设备。

以上课文译例中，"30일전"和"5일(업무일)"可以译成"30个日历日"和"5个工作日"。"업무일"对应汉语中的"工作日"，是以日为计算单位的工作时间，是除去双休日和法定节假日的日子。"日历日"是日历上的日期，是自然天数，每一个日历日就是一天。民事合同中，未定义为工作日时，默认指日历日。比如，一周有7天日历日，有5天工作日。

5. 合同中金额的表达及其翻译

合同中一个很重要的方面就是有关支付款项的约定，翻译时要万分小心，避免疏漏。特别是金额中如若涉及小数点、货币符号等，务必要使用正确。为了堵塞合同漏洞，规避法律风险，合同中的金额和数字汉语要大、小写并用，即在小写之后，再在括号内用大写重复一次。另外，在翻译合同金额时要特别注意金额中是小数点（.）还是分节号（，）。一旦出现翻译失误，后果不堪设想。如本课中，

⑪ 갑은 2016년 9월 30일 이전, 을에게 계약에 규정한 2개월의 재해복구센터 기술 서비스 비용을 보증금으로 RMB 40,800을 지불한다.

甲方应在2016年9月30日前向乙方支付相当于合同约定2个月的灾备中心技术服务费用的押金，即￥40,800元（大写：人民币肆万零捌佰元整）作为服务费用押金。

6. 合同中落款的差异与翻译

落款也是合同中的重要部分，位于合同的结尾。落款内容一般包括签订合同的各方单位名称和法人代表姓名、签名、盖章处，以及合同签订日期。中韩合同的落款虽然都包括这些内容，但位置上却有差异。汉语中日期位于落款最后，韩语中日期在落款中先于其他内容。翻译时，要按照译入语的表达习惯进行调整。

⑯ 년 월 일

　　갑: 한국 ○○○주식회사

　　대표　　　　인

　　년 월 일

　　을: 중국 ○○○유한공사

　　대표　　　　인

甲方：韩国○○○株式会社（盖章）

法定代表人/授权代表人：

年　　月　　日

乙方：中国○○○有限公司（盖章）

法定代表人/授权代表人：

年　　月　　日

부품공급계약서

자동차 제조를 위하여 필요한 부품과 그 부속품(이하 "제조용부품"이라 한다) 및 자동차 보수를 위하여 필요한 부품과 그 부속품(이하 "보수용부품"이라 한다. 제조용부품 및 보수용 부품을 총칭하여 "부품"이라 한다)의 거래에 있어 *********(이하 "갑" 이라 한다)와 *******(이하"을"이라 한다)는 다음과 같이 부품공급계약을 체결한다.

제 1조 기본원칙

1. 거래는 상호이익 존중 및 신의성실의 원칙에 따라 하여야 한다.
2. 갑과 을은 계약의 이행에 있어서 <중화인민공화국합동법(中华人民共和国合同法)> 및 관련 법률 법규를 준수하여야 한다.

제 8 조 사급재[1]의 지급

1. 갑은 품질의 유지, 개선, 생산성 또는 안전도의 향상, 관련 법령의 준수, 기타 정당한 사유가 있는 경우에는 부품의 제작에 사용되는 재료, 부품, 반제품 또는 제품 등(이하 "사급재"라 한다)을 을과 협의하여 지급할 수 있다.
2. 사급재의 유·무상 여부, 품명, 수량, 제공일 또는 지급장소, 대가, 그 지급방법 및 지급 기일 등은 상호 협의하여 정한다.
3. 을은 갑으로부터 사급재를 수령한 때에는 이를 신속하게 검사하여야 하며, 이에 품질, 수량 등에 이상이 있는 때에는 즉시 갑에게 통지한 후 상호 협

1　可译为 "供应材料" 。

의하여 처리한다. 갑이 정한 공급업자로부터 직접 수령한 때에도 <u>또한 같다</u>[2].

4. 을은 무상으로 사급재를 수령한 경우(즉, <u>내료가공</u>[3]) 이를 사용하고 남은 재료, <u>스크랩</u>[4] 등의 처리에 대하여 갑의 요구에 따라야 하며, 스크랩처리에 비용이 발생할 경우에는 갑과 협의하여 조치한다.

5. 을은 갑의 사급재에 가공 불량을 발생시킨 경우 또는 갑의 사급재로 인하여 제조 부품에 불량이 발생한 경우에는 신속히 갑에게 이를 통지하여야 하며 불량 발생에 대한 손해 배상책임은 <u>원인제공자</u>[5]가 부담한다. 다만, 책임의 소재가 명확하지 아니한 경우에는 상호 협의하여 처리한다.

제 19 조 대금의 지급

1. 납품대금의 지급기일은 매월 마감 정산 후 60일 이내에 지급한다. 정산은 매월 1회로 한다.

2. 을은 납품대금을 직접 수령하는 때에는 갑에게 미리 등록한 인장이 날인된 <u>수금 증명 서류</u>[6]와 대표법인 신분증 사본을 갑에게 제출하여야 하며, 을이 등록한 인장 및 영수증을 분실하거나 도난 등의 사고가 발생한 경우에는 지체 없이 이를 갑에게 통지하여야 한다. 이 경우 인장 및 영수증의 도난, 분실로 인하여 발생하는 모든 사고에 대한 책임은 을이 부담한다.

3. 대금의 지급방법은 100% 현금지급으로 한다.

제 30 조 비밀유지

1. 갑과 을은 본 계약 또는 개별계약으로 알게 된 상대방의 업무상, 기술상 일체의 정보를 상대방의 승인이 없는 한 제3자에게 누설하여서는 아니된다.

2. 갑과 을은 계약기간 중, 계약기간의 만료 또는 계약의 해제·해지 후에도 제1항에서 정한 의무를 부담하며, 이에 위반하여 상대방에게 손해를 입힌 경우에는 이를 배상한다.

---

2 可译为 "做出同样的处理"。
3 可译为 "来料加工"。
4 可译为 "碎料"。
5 可译为 "造成方"。
6 可译为 "收账证明材料"。

제 38조 계약의 존속기간[7]

1. 본 계약은 계약 체결일로부터 1년간 효력을 가진다. 다만, 갑 또는 을이 계약기간만료 3월 전까지 이의를 제기하지 아니하는 한[8] 본 계약은 종전과 동일한 조건으로 1년간 자동 연장되는 것으로 본다.

2. 제1항의 규정에 의하여 본 계약의 효력이 소멸된 이후에도 개별계약의 효력이 존속되는 경우에는 제1항의 규정에 불구하고 본 계약의 효력은 당해[9] 개별 계약의 존속기간까지로 한다.

국문과 중문의 의미가 서로 모순되거나 충돌될 경우, 국문이 우선한다.

본 계약의 체결을 증명하기 위하여 계약서 2통을 작성하여 갑과 을이 기명날인 후 각각 1통씩 보관한다.

년 월 일

갑: 한국 ○○○주식회사

　　　　대표　　　　　인

년 월 일

을: 중국 ○○○유한공사

　　　　대표　　　　　인

7　可译为"存续期限"，即"有效期"。

8　可译为"甲乙双方在期满前3个月内未提出异议时"。

9　可译为"该"。

经贸知识

中韩大蒜风波

2014年11月，韩国政府对华招标采购大蒜，山东省临沂市兰陵县的蒜农王某全和多位老乡一起投标。2014年11月，兰陵县蒜农中标对韩出口大蒜2,200吨，王某全600吨，李某富1,000吨，宋某财600吨。按照韩方要求，2014年11月21日，蒜农们给对方汇去10%保证金。王某全委托当地的食品公司代理出口，并组织当地蒜农按照标书进行备货。为了准备充足的资金，很多人以向朋友、乡邻、亲戚借款方式筹资备货。

2014年12月初，货源备齐，按照标书规定，官方质检机构韩国农水产食品流通公社专职质检人员对大蒜进行检验、监装，检验内容为大蒜质量检查，一切顺利。检验合格后封箱，每个包装箱由韩国农水产食品流通公社打上铅封后放入集装箱进行运输。2014年12月7日，第一批大蒜运出，12月9日到达韩国釜山港；2014年12月14日，第二批大蒜发运，12月16日到目的港。但货到达港口后，韩国农管所进行质量检测后表示，大蒜检验不合格，重缺点大蒜超标，要求将货物返送回中国（重缺点指有病虫害、带伤、形状不良及发霉、腐烂）。

蒜农拿出标书，标书上对质量部分的要求是：重缺点大蒜占所有大蒜的5%以下。随后，蒜农递交复检申请书，但复检结果仍显示质量不合格。

蒜农无法接受大蒜被返送中国。首先，大蒜发货前已按照标书规定，由韩国农水产食品流通公社验货人员对大蒜进行质量检验，合格后才按照标书规定流程进行装箱运输。货物运送至釜山港口后，却被韩国农管所认定为质量不合格，前后不一致的检验结果令蒜农无法理解。其次，蒜农不能理解，按照标书规定，有权要求货物返送的机构是韩国食品医药安全处，现在突然出现了韩国农管所，这不符合标书规定的流程。此外，蒜农根据拿到的标书流程显示，货物到达韩国港口后，应该先由韩国食品医药安全处进行动植物检疫，检疫合格后，韩国农水产食品流通公社应该予以收货并付给蒜农90%的货款，收货后再由韩国农管所进行质量检验，如有质量不合格，可在剩下10%的货款中进行扣除。但现在，韩方在没有卸货的情况下，韩国农管所和食品医药安全处直接来港口进行检测，蒜农认为，这不符合标书流程。

那么，问题到底出现在哪里？

韩国方面认为主要原因是第三方沟通、传达方面出现了问题。韩国国防部政策研究人士表示，第一次质量检查是由韩国农水产食品流通公社在中国国内进行的。该公社当时委托其他检测机构进行检测，只对基本食品状态和标签进行了检查，对于食品安全方面并没有做详细建议检查。大蒜运抵韩国后，韩国食品医药安全处对大蒜进行动植物检疫合格，韩国农管所检验中国大蒜使用一氧化碳熏蒸消毒(COT)不符合韩国标准。

此次贸易的代理公司韩国D农产公司针对蒜农的疑问给出的解释是，发货前和货物到港后质检结果不同，原因是两次质检的方法不同。另外，针对蒜农提出，具备港验货或返送资格的是韩国食品医药安全处，对突然出现的农管所表示不能接受，D农产公司表示，蒜农们拿到的标书是D农产将韩国农水产食品流通公社的韩文标书翻译成中文之后的版本。原本韩国农水产食品流通公社的标书内容多达40多页。翻译的时候只翻译了其中的基本内容和重要信息，对于其他D农产认为无用的信息没有进行翻译。而根据原标书，韩国食品医药安全处负责大蒜动植物检疫，农管所负责质量检查，两家机构均可同时验货，但翻译时只保留了韩国食品医药安全处的部分。韩国D农产根据公司多年的经验，从未有过农管所质检不合格的先例，常发生的是食品医药安全处检疫不合格，因此，在翻译时直接去掉了韩国农管所部分的内容。

2015年2月4日，中国商务部外贸司就韩国退运大蒜一事作出回应，将此次事件定位为商业合同纠纷。

这一事件本身给农产品出口商敲响了警钟。首先在贸易中重叠产品容易成为摩擦焦点。中韩在农产品领域是重叠的，因此该领域成为中韩贸易摩擦和纠纷的主要集中点。韩国农业资源匮乏，农产品大量依赖进口，这就造成了一个矛盾：不可能不进口农产品，同时又要保护韩国的农民。因此，韩国在执行进口食品政策时，一直都秉持保守谨慎的态度。韩国有近万种条款和标准限制农产品进口。比如，针对农产品农药污染，韩国《食品公典》总共对264种农药和重金属规定了残留基准。如果抽检不合格率高，可随时对出口国和对象农产品实施"临时精密检验"。另外，还需要注意到，跨国贸易中，在合同上应保证注意到每一个字句、每一条规定。

参考资料：

1. 韩美看中国大蒜遭退事件：中韩FTA应字句慎重，人民网，2015年02月04日。

2. 大蒜退运是常态还是偶发——中韩贸易摩擦观察，中国质量新闻网，2015年03月04日。

3. 山东两千吨大蒜被退"真相"是一氧化碳超标？韩方：媒体误报，澎湃新闻，2015年02月09日。

中韩自由贸易协定

中韩自由贸易协定

中华人民共和国政府和大韩民国政府自由贸易协定

……上略……

第一章

初始条款和定义

第一节 初始条款

第1.1条 建立自由贸易区

在与《1994年关税与贸易总协定》第二十四条和《服务贸易总协定》第五条相一致的基础上，缔约双方特此建立自由贸易区。

第1.2条 目标

缔约双方缔结本协定的主要目标包括：❶

(一) 鼓励缔约双方之间贸易的扩大和多样化；❷

(二) 消除缔约双方之间的货物贸易和服务贸易壁垒，便利缔约双方之间货物和服务的跨境流动；

(三) 促进缔约双方市场的公平竞争；

(四) 创造新的就业机会；及

(五) 为进一步促进双边、地区和多边合作建立框架，以扩大和增强本协定利益。

第1.3条 与其他协定的关系

缔约双方确认在世界贸易组织（WTO）协定和双方均为成员的其他现存协定项下的现存权利和义务。

第1.4条 义务范围

缔约双方应确保采取一切必要措施，保障本协定条款在各自领土内的效力，包括确保其地方政府遵守本协定项下的所有<u>义务和承诺</u>。

第1.5条 地理范围

一、就中国而言，本协定适用于中国全部<u>关税领土</u>，包括领陆、<u>内水</u>、领海、领空，以及根据国内法和国际法，中华人民共和国可行使<u>主权权利</u>或<u>管辖权</u>的领海以外区域；❸以及

二、就韩国而言，本协定适用于韩国行使主权的领陆、领水和领空，以及根据国内法和国际法，韩国可行使主权权利或管辖权的包括海床和毗连底土的领海以外水域。

……中略……

第十七章 经济合作

第一节 一般条款

……中略……

第17.3条 争端解决不适用

对本章下产生的任何事项，任何一缔约方不得诉诸第二十章（争端解决）。❹

……中略……

第三节 工业合作

第17.8条 钢铁合作

一、作为钢铁产品的主要出口国，缔约双方将推动在这些领域的合作。

二、钢铁行业合作领域可包括，但不限于以下：

(一) 交换缔约双方关于钢铁市场的<u>国内法规</u>和支持政策的信息；❺

(二) 交换缔约双方国内钢铁市场，包括供应和需求方面的信息；以及

(三) 推动营造钢铁市场公平竞争的环境。

第17.9条 中小企业合作

一、缔约双方应致力于为中型和小型企业（以下简称"中小企业"）的发展创造良好环境。

二、缔约双方将通过鼓励相关私人和政府机构开展中小企业能力建设，开

展中小企业领域的合作，包括利用现行由缔约双方相关或主管机构建立的中韩中小企业政策交流委员会双边机制。

三、中小企业合作领域可包括，但不限于以下：

（一）促进缔约双方中小企业的相互投资；

（二）促进中小企业贸易商在贸易程序、贸易促进网络、联合商业论坛、商务合作手段以及其他相关统计数据和信息方面的交流；

（三）推动缔约双方中小企业贸易商的培训和交流项目，并开发探讨中小企业方面适合政府间合作的潜在领域❻；

（四）加强缔约双方的公共机构在企业发展的相关举措和政策措施的经验交流，并给予中小企业特别关注；以及

（五）通过政府和私人机构的合作和微型企业相关信息的交流，提高微型企业的竞争力。

······中略······

第二十二章 最终条款

第22.1条 附件、附录和脚注

本协定的附件❼、附录和脚注构成本协定的组成部分❽。

第22.2条 修订

一、按照附件22–A确定的一般原则和谈判准则，缔约双方将通过在本协定生效日后开始的第二阶段谈判（以下简称"第二阶段谈判"）修订服务贸易和投资相关章节和其对应附件。

二、第二阶段谈判结果将被并入、成为本协定组成部分，并且替代本协定相应章节。新修订章节的生效取决于第22.4条包含的程序。

三、除上述修订外，经缔约双方同意可以修订本协定。经缔约双方同意并按照第22.4 条生效的修订将构成本协定的组成部分。❾

第22.3条 WTO 协定的修正

如果缔约双方❿已并入本协定的WTO协定的任何条款被修正，缔约双方⓫应协商是否修正本协定。

第22.4条 生效和终止

一、本协定的生效取决于⑫各缔约方完成各自国内必需的法律程序⑬。

二、缔约双方应通过外交途径相互书面通知已完成国内法律程序。本协定自后一份通知书发出之日起60日后⑭或缔约双方均同意并在书面通知中确认的其他期限后生效。

三、任一缔约方均可通过外交途径向另一缔约方书面通知终止本协定，本协定应于该书面通知发出之日起180日后⑮终止。

第22.5条 加入

任何国家或单独关税区如就加入条件与缔约双方达成一致，可加入本协定，其后续批准程序应符合各缔约方和加入国家或单独关税区适用的法律及程序要求。

第22.6条 作准文本

本协定以中文、韩文和英文书就，三种文本同等作准。如有分歧，以英文文本为准。⑯

……中略……

下列代表经各自政府授权签署本协定，以昭信守。⑰

本协定于2015年6月1日在首尔签订。本协定一式两份，双方各持⑱一份，以中文、韩文和英文写成。

中华人民共和国政府代表   大韩民国政府代表

条款：규정

自由贸易区：자유무역지대

1994年关税与贸易总协定：1994년도 GATT

> 关税与贸易总协定，简称关贸总协定，英文General Agreement on Tariffs and Trade（GATT），是政府间缔结的关于关税和贸易准则的多边国际协定和组织，其宗旨是通过削减关税和其他贸易壁垒，促进国际贸易自由化，扩大商品的生产与流通。GATT是世界贸易组织(WTO)的前身。
>
> 二次世界大战后，国际经济萧条，国际贸易秩序混乱。1946年，联合国国际经济及社会理事会决定召开一次国际贸易与就业会议，并成立了筹备委员会着手起草国际贸易组织章程，以推动全球经济的复苏和发展。1947年4月至10月，在日内瓦召开了第二次筹备会同意将正在起草的国际贸易组织宪章草案中涉及关税与贸易的条款抽取出来，构成一个单独的协定，并命名为《关税及贸易总协定》，23个国家和地区签署了该"临时使用"的议定书。1948年1月1日起正式生效，并根据该文件成立了相应机构，总部设在日内瓦，成员最后发展到130多个。关税总协定从1947至1994年共举行了八轮多边贸易谈判。1993年12月15日，第八轮谈判（即乌拉圭回合）谈判取得更为重大的进展，代表批准了一份"最后文件"。文件规定将建立世界贸易组织，以取代关贸总协定的临时机构，同时对几千种产品的关税进行了削减，并把全球贸易规则扩大到农产品和服务业。1994年12月12日，关贸总协定128个缔约方在日内瓦举行最后一次会议，宣告关贸总协定的历史使命完结。根据乌拉圭回合多边贸易谈判达成的协议，从1995年1月1日起，由世界贸易组织(World Trade Organization，简称WTO)取代关贸总协定。

服务贸易总协定：GATS

> 服务贸易总协定，是关税总协定乌拉圭回合谈判达成的第一套有关国际服务贸易的具有法律效力的多边协定，于1995年1月正式生效。

缔约双方：양 당사국

贸易壁垒：무역 장벽

> 对国外商品劳务交换所设置的人为限制，主要是指一国对外国商品劳务进口所实行的各种限制措施。

跨境流动：국경 간 이동

双边合作：양자 협력

多边合作：다자 협력

框架：기틀

义务和承诺：의무와 약속

关税领土：관세 영역

内水：내수

> 内水是一国领陆范围以内的河流、湖泊和领海基线向陆一面的内海、海湾、海港和海峡内的水域。内水完全处于一国主权管辖之下，非经该国许可，他国船舶不得驶入。

主权权利：주권적 권리

管辖权：관할권

争端：분쟁

国内法规：국내 규제

机制：메커니즘

政策措施：정책수단

微型企业：영세기업

谈判准则：협상 지침

生效日：발효일

外交途径：외교 경로

书面通知：서면통보

关税区：관세 영역

대한민국 정부와 중화인민공화국 정부 간의
자유무역협정

······상략······

제1장 최초규정 및 정의

제1절 최초규정

제1.1조 자유무역지대의 창설

양 당사국은 1994년도 GATT 제24조 및 GATS 제5조에 합치되게 자유무역지대를 창설한다.

제1.2조 목적

양 당사국은 특히 다음의 목적을 위하여 이 협정을 체결한다.❶

❶ 标点符号的差异和翻译——冒号

가. 양 당사국 간 무역의 확대 및 다양화 장려❷

❷ 标点符号的差异和翻译——分号

나. 양 당사국 간 상품 및 서비스의 무역 장벽 제거 및 국경 간 이동 촉진

다. 양 당사국의 시장에서 공정 경쟁 증진

라. 새로운 고용 기회 창출, 그리고

마. 이 협정의 이익 확대 및 증진을 위하여 양자, 지역 및 다자 협력을 강화하기 위한 기틀 마련

제1.3조 다른 협정과의 관계

양 당사국은 세계무역기구협정 및 양 당사국이 당사국인 그 밖의 기존 협정상의 서로에 대한 자국의 기존 권리 및 의무를 확인한다.

제1.4조 의무의 범위

양 당사국은 각국의 지방 정부에 의한 이 협정상 모든 의무와 약속의 준수를 보장하는 것을 포함하여, 각국의 영역 내에서 이 협정의 규정을 이행하기

위하여 모든 필요한 조치가 이루어지도록 보장한
다.

제1.5조 영역적 적용

1. 중국에 대하여, 이 협정은 육지, 내수, 영해 및
상공을 포함한 중국의 전체 관세 영역, 그리고 중국
이 그 안에서 국제법과 그 국내법에 따라 주권적 권
리 또는 관할권을 행사할 수 있는 중국의 영해 밖의
모든 지역에 적용된다.❸ 그리고

❸ 标点符号的差异和翻译——分号

2. 한국에 대하여, 이 협정은 한국이 주권을 행사
하는 육지, 해양 및 상공, 그리고 한국이 국제법과
그 국내법에 따라 주권적 권리 또는 관할권을 행사
할 수 있는 영해의 외측한계에 인접하고 그 한계 밖
에 있는 해저 및 하부토양을 포함한 해양지역에 적
용된다.

……중략……

제17장 경제협력

제1절 일반 규정

……중략……

제17.3조 분쟁해결의 비적용

어떠한 당사국도 이 장에서 발생하는 어떠한 사
안에 대하여도 제20장(분쟁해결)을 이용하지 아니
한다.❹

❹ 合同中书面语和古体词的使用

…중략…

제3절 산업 협력

제17.8조 철강 협력

1. 양 당사국은, 철강 제품의 주요 수출국으로서,
이 분야에서의 협력 활동을 증진한다.

2. 철강 산업 협력의 분야는 다음을 포함할 수 있
으나, 이에 한정되지 아니한다.

⑤ 加译——加宾（补）语

가. 철강 시장에서의 국내 규제 및 지원 정책에 관한 양 당사국의 정보교환⑤

나. 수요와 공급을 포함한 국내 철강 시장에 관한 양 당사국의 정보교환, 그리고

다. 철강 시장에서의 공정한 경쟁 환경 증진을 위한 협력

제17.9조 중소기업 협력

1. 양 당사국은 중소기업의 발전을 위한 우호적인 환경을 증진하도록 노력한다.

2. 양 당사국은 양 당사국의 관련 또는 권한 있는 기관에 의하여 설치된, 기존의 양자 중소기업 정책교류위원회 메커니즘의 활용을 포함하여 관련 민간 및 정부기관이 중소기업의 역량을 강화하도록 장려함으로써 중소기업 분야에서 협력할 것이다.

3. 중소기업 협력 분야는 다음을 포함할 수 있으나, 이에 한정되지 아니한다.

가. 양 당사국의 중소기업 간 투자 흐름을 촉진하는 것

나. 무역 절차, 무역 진흥 네트워크, 공동 비즈니스 포럼, 사업 협력 수단 및 중소기업 무역업자를 위한 그 밖의 모든 관련 통계 및 정보의 교환을 촉진하는 것

다. 양 당사국의 중소기업 무역업자를 위한 훈련 및 교류 프로그램을 증진하고 중소기업에 대한 정부 간 협력에 적합한 유망 분야⑥를 모색하는 것

⑥ 翻译的具体化

라. 중소기업에 특히 중점을 둔, 기업의 발전을 위한 이니셔티브 및 정책수단에 대한 양 당사국의 공공기관 간 경험의 교환을 증진하는 것, 그리고

마. 민간 및 정부기관의 협력 및 영세기업과 관련된 정보교환을 통하여 영세기업의 경쟁력을 제고하는 것

···중략···

제22장 최종규정

제22.1조 부속서, 부록 및 각주

이 협정의 **부속서**[7], 부록 및 각주는 이 협정의 **불가분의 일부**[8]를 구성한다.

7 合同中用词的规范性

8 合同中用词的规范性

제22.2조 개정

1. 양 당사국은 서비스 무역 및 투자 관련 장과 그에 상응하는 부속서를 부속서 22-가에 구체화된 일반 원칙 및 협상 지침에 따라 이 협정의 발효일부터 개시되는 후속 협상(이하 "후속 협상"이라 한다)을 통하여 개정한다.

2. 후속 협상의 결과는 이 협정에 통합되어 그 불가분의 일부를 구성하며, 이 협정의 해당 장을 대체한다. 새로 개정된 장의 발효는 제22.4조에 포함된 절차에 따른다.

3. **앞서 언급한 개정에 더하여, 양 당사국은 이 협정의 개정에 합의할 수 있다. 그러하게 합의되어 제22.4조에 따라 발효된 때 그러한 개정은 이 협정의 불가분의 일부를 구성한다.** [9]

9 合同中书面语和古体词的使用

제22.3조 세계무역기구협정의 개정

양 당사국이[10] 이 협정에 통합한 세계무역기구협정의 규정이 개정되는 경우, **양 당사국은**[11] 이 협정을 그에 따라 개정할 것인지에 관하여 협의한다.

10 合同中用词的规范性

11 合同中用词的规范性

제22.4조 발효 및 종료

1. 이 협정의 발효는 각 당사국의 **필요한 국내 법적 절차의 완료**[12]를 **조건으로 한다**[13].

12 翻译的具体化

13 翻译的具体化

2. 이 협정은 양 당사국이 그러한 절차가 완료되었다는 서면통보를 외교 경로를 통하여 교환한 날 **후 60일째 되는 날**[14] 또는 양 당사국이 합의하고 서

14 合同中时间的表达及其翻译

면통보로 확정하는 그 밖의 기간 후에 발효한다.

3. 어느 한쪽 당사국은 다른 쪽 당사국에 대한 외교 경로를 통한 서면통보로써 이 협정을 종료할 수 있다. 이 협정은 그러한 통보가 발송된 날부터 180일 후[15]에 종료된다.

제22.5조 가입

어떠한 국가 또는 관세영역도, 그 국가나 관세영역과 양 당사국 간에 합의될 수 있는 조건에 따라, 그리고 각 당사국과 가입국 또는 관세영역의 적용 가능한 법적 요건 및 절차에 따른 승인 후에, 이 협정에 가입할 수 있다.

제22.6조 정본

이 협정은 한국어, 중국어 그리고 영어로 작성된다. 그 세 가지 협정문은 동등하게 유효하며 정본이다. 불일치가 있는 경우, 영어본이 우선한다.[16]

···중략···

이상의 증거로, 아래의 서명자는 그들 각자의 정부로부터 정당하게 권한을 위임 받아 이 협정에 서명하였다.[17]

2015년 6월 1일 서울에서 한국어, 중국어 및 영어로 각 2부씩 작성되었으며, 각 당사국은 1부를 보관한다[18].

대한민국 정부를 대표하여
중화인민공화국 정부를 대표하여

⑮ 合同中时间的表达及其翻译

⑯ 合同中书面语和古体词的使用

⑰ 合同中书面语和古体词的使用

⑱ 翻译的具体化

1. 标点符号的差异和翻译——冒号

冒号是汉语行文中常用的标点符号。韩语中同样有冒号，但用法上与汉语有差别。鉴于汉语和韩语在冒号使用上的差别，翻译时要注意，以免在使用上进行了错误操作。

汉语用冒号"："来提示下文，韩语冒号"："也有这样的用法。但韩语冒号主要用来提示某一类别或项目名称，因此冒号后常为单词。如，"문방사우: 붓, 먹, 종이, 벼루"。汉语冒号也有这种用法，如"文房四宝：笔墨纸砚"。但此外，汉语冒号后的提示性内容可以包含整句，甚至更大篇幅的内容，韩语则不行。如本课中，

❶ **缔约双方缔结本协定的主要目标包括：**

양 당사국은 특히 다음의 목적을 위하여 이 협정을 체결한다.

另外，汉语冒号最典型的用法是和引号一起在"说"字以后，引出说话内容，韩语冒号没有这样用法。如，

△ **戴家干说："一个人一生要经历很多次考试，如果把这些数据集中起来，就会发现数据背后孩子的潜能、胜任力、思维模式等。"**

다이자간(戴家干)은 "사람은 평생 수많은 시험을 치릅니다. 그 데이터들을 모두 결집한다면 학생들의 잠재력, 실행력, 사고방식 등을 알 수 있을 것입니다."라고 말했다.

2. 标点符号的差异和翻译——分号

分号也是汉语重要的标点符号，表示停顿，停顿介于逗号和句号之间。汉语中，分号可以分隔单重并列复句的分句，也可以分隔非并列关系（如转折关

系、因果关系等）多重复句的第一层分句。此外，分号还用在分行列举的各项之间。韩语没有分号，停顿和间隔往往用逗号和句号。本课中，

② （一）鼓励缔约双方之间贸易的扩大和多样化；

（二）消除缔约双方之间的货物贸易和服务贸易壁垒，便利缔约双方之间货物和服务的跨境流动；

（三）促进缔约双方市场的公平竞争；

（四）创造新的就业机会；及

（五）为进一步促进双边、地区和多边合作建立框架，以扩大和增强本协定利益。

가. 양 당사국 간 무역의 확대 및 다양화 장려

나. 양 당사국 간 상품 및 서비스의 무역 장벽 제거 및 국경 간 이동 촉진

다. 양 당사국의 시장에서 공정 경쟁 증진

라. 새로운 고용 기회 창출, 그리고

마. 이 협정의 이익 확대 및 증진을 위하여 양자, 지역 및 다자 협력을 강화하기 위한 기틀 마련

课文例子中，分号的作用是"分行列举"，韩语中没有分号，翻译时不能使用分号。分号的使用又如下例，

△ 智能感知通过摄像机、雷达和激光传感器来实现，可追踪车外境况，从而控制汽车的行进；激光测距仪可精确测量前后车车距；全球定位系统可确定每辆汽车在地球上的位置和时间节点，误差不到10厘米；数字地图将海量实时数据转化为虚拟图景。

스마트 센서는 카메라, 레이더, 레이저 센서를 이용하여 외부 환경을 감지하고 차량 주행을 컨트롤한다. 레이저 거리측정기는 앞뒤 차량과의 거리를 정확하게 측정할 수 있다. GPS는 지구 상에 있는 모든 차량의 위치와 시간을 확인할 수 있으며 오차 거리는 10cm도 안 된다. 디지털 지도는 방대한 양의 실시간 데이터를 그래픽 지도로 바꿀 수 있다.

汉语源语文本是一个用分号分隔的多重并列分句，各分句分别对智能感知、激光测距仪、全球定位系统、数字地图进行了介绍。韩语没有分号，表达这种"分隔"，需要使用句号，把这一多重并列复句分拆为若干单句。

又如本课中，

> ❸ 一、就中国而言，本协定适用于中国全部关税领土，包括领陆、内水、领海、领空，以及根据国内法和国际法，中华人民共和国可行使主权权利或管辖权的领海以外区域；以及
>
> 1. 중국에 대하여, 이 협정은 육지, 내수, 영해 및 상공을 포함한 중국의 전체 관세 영역, 그리고 중국이 그 안에서 국제법과 그 국내법에 따라 주권적 권리 또는 관할권을 행사할 수 있는 중국의 영해 밖의 모든 지역에 적용된다. 그리고

3. 合同中书面语和古体词的使用

经贸合同中较常见一些书面语和古体词，这类书面表达和古体词的运用可使合同简练、严密、庄重，而且具有很强的文体效果。

> ❹ 对本章下产生的任何事项，任何一缔约方<u>不得诉诸</u>第二十章(争端解决)。
>
> 어떠한 당사국도 이 장에서 발생하는 어떠한 사안에 대하여도 제20장(분쟁해결)을 <u>이용하지 아니한다</u>.

文中"诉诸"为汉语文言文用法，意为"借助"。在文中翻译时从意义上来说，"诉诸"可译为"이용하다"，"不得诉诸"则应译为"이용하지 않는다"。但需要注意，在韩语的合同、文书、论文等中，往往会使用词语的原词形式（"본말"形式）使文风庄重、正式，书面语风格强烈。本例中，"不得诉诸"译为"이용하지 아니한다"就是这样的效果。下例中同样，

⑨ 除上述修订外，经缔约双方同意可以修订本协定。经缔约双方同意并按照第22.4条生效的修订将构成本协定的组成部分。

앞서 언급한 개정<u>에 더하여</u>, 양 당사국을 이 협정의 개정에 합의할 수 있다. <u>그러하게</u> 합의되어 제22.4조에 따라 발효된 때 <u>그러한</u> 개정은 이 개정의 불가분의 일부를 구성한다.

上例中没有使用"에 더해""그렇게""그런"，而是用了它们的非缩略的原词形式("본말"形式)"에 더하여""그러하게""그러한"，使译文富有庄重感。

汉语合同文书中，有时会使用古体词来表达庄重之感，译者要明晰这些汉语古体的意义，翻译时将意义翻译得妥帖到位。如下面两例中，

⑯ 本协定以中文、韩文和英文书就，三种文本<u>同等作准</u>。<u>如有分歧</u>，以英文文本为准。

이 협정은 한국어, 중국어 그리고 영어로 작성된다. 그 세 가지 협정문은 <u>동등하게 유효하며 정본이다</u>. <u>불일치가 있는 경우</u>, 영어본이 우선한다.

⑰ 下列代表经各自政府授权签署本协定，<u>以昭信守</u>。

이상의 증거로, 아래의 서명자는 그들 각자의 정부로부터 <u>정당하게 권한을 위임받아</u> 이 협정에 서명하였다.

4. 合同中用词的规范性

合同语言要求准确、具体、严密，避免出现任何含混不清和模棱两可的表述。翻译中的合同中用词规范性，首先体现在译时要严谨，要准确把握合同的意义内涵，选用最精准的词语来翻译。如下例中，

7 8 本协定的附件、附录和脚注构成本协定的<u>组成部分</u>。

이 협정의 <u>부속서</u>, 부록 및 각주는 이 협정의 <u>불가분의 일부</u>를 구성한다.

　　译时要找准译词，汉语合同中所指的"附件"对应到韩语中是"부속서류""부속서"，切勿译成电子邮件的附件之"첨부 파일"。

　　另外此句中的"组成部分"如果译成"구성 부분"虽然也做到了"忠实"，但表达并不到位，显得笼统。根据合同中的内容可以看出，此句强调的是附件、附录和脚注在合同中具备同正文内容同样的效力，所以译为"불가분의 일부"更加严谨、准确。

　　再如下例中，

10 11 如果<u>缔约双方</u>已并入本协定的WTO协定的任何条款被修正，<u>缔约双方</u>应协商是否修正本协定。

<u>양 당사국</u>이 이 협정에 통합한 세계무역기구협정의 규정이 개정되는 경우, <u>양 당사국</u>은 이 협정을 그에 따라 개정할 것인지에 관하여 협의한다.

　　"缔约双方"在汉语语篇中出现了两次，在合同中往往会有一句话中不惜多次重复同一名词或词组的情况，其用意在于把内容交代得更加清楚明白。在韩语中也会重复翻译重复出现的名词，以体现出合同的明确性。上例中"缔约双方"对应的韩语表达是"양 당사국"，该词出现了两次，翻译时也要注意严谨、规范，将之译出。

5. 加译——加宾(补)语

　　作为一种补充原文中省略成分的翻译技巧，加译可以使译文句子表达完整、准确。下面两例是课文中加译了宾语和补语的例子。

⑤ 二、钢铁行业合作领域可<u>包括</u>，但<u>不限于</u>以下:

（一）交换缔约双方关于钢铁市场的国内法规和支持政策的信息；

철강 산업 협력의 분야는 <u>다음을 포함할 수 있으나, 이에 한정되지 아니한다.</u>

가. 철강 시장에서의 국내 규제 및 지원 정책에 관한 양 당사국의 정보교환

上例中汉语原文中，"包括"和"不限于"的宾语都是"以下"，句中"包括"的宾语被省略掉，与"不限于"共用宾语。在汉语中这是符合语法规范和思维习惯的，而且省略可以使语言表达紧凑精炼。但在翻译为韩语时，一旦省略，便属于误译。韩语中"包含"和"不限于"对应的分别是"포함하다"和"한정되지 아니한다"，这两个词一个为他动词、一个为自动词否定式，因此无法像汉语一样共用宾语。翻译时"포함하다"带宾语"다음을"，"한정되지 아니한다"补加补语"이에"。又在下例中，

△ 关税包括任何海关或进口的关税以及与货物进口相关征收的任何种类的费用，包含与上述进口相关的任何形式的附加税或附加费，<u>但不包含</u>任何:

(一) 根据关税与贸易总协定1994第三条第二款，对缔约方相似、直接竞争或可替代的货物或对用于制造或生产进口货物的全部或部分的货物所征收的相当于国内税的费用；

관세는 모든 관세 또는 수입세와 상품의 수입과 관련한 모든 형태의 추가세 또는 추가금을 포함하여 그러한 수입과 관련하여 부과되는 모든 종류의 부과금을 포함하나, <u>다음의 어떠한 것도 포함하지 아니한다.</u>

가. 동종의, 직접적으로 경쟁적인, 또는 대체 가능한 당사국의 상품에 대하여, 또는 그 상품으로부터 수입 상품의 전체 또는 부분이 제조되거나 생산된 상품에 대하여 1994년도 GATT 제3조 제2항에 합치되게 부과되는 내국 세에 상당하는 부과금

上例中，汉语划线的"不包含"所带的宾语是冒号后内容，汉语的基本语序是"主语＋谓语＋宾语"，因此"冒号之前给出谓语，冒号之后出现宾语"是成立的。但韩语的基本语序是"主语＋宾语＋谓语"，这就要求本例中在谓语前要添加宾语。

翻译练习

第四章
海关程序与贸易便利化

第4.1条 定义

就本章而言：

海关法指与货物的进口、出口、移动或储存相关，特别由海关当局进行管理或执行的法律及管理规定，以及任何由海关当局依其职权制定的任何规章；

海关程序指由各海关当局根据海关法对货物及运输工具实施的措施；以及

运输工具指进入或离开一缔约方关境的载有人员、货物或物品的各类船舶、车辆、航空器及驮畜[1]。

第4.2条 范围与目标

一、本章应依照缔约双方各自国际义务及国内海关法，适用于缔约双方间贸易往来的货物及缔约双方间来往运输工具移动所适用的海关程序。

二、本章的目标是：

（一）简化与协调缔约双方的海关程序；

（二）促进缔约双方间贸易；及

（三）在本章范围内促进双方海关当局合作。

…中略…

第4.6条 海关估价[2]

缔约双方应根据关税及贸易总协定（GATT）1994第七条以及《海关估价协

1　可译为 "짐 싣는 동물"。
2　可译为 "관세평가"。

定》的规定对双方贸易货物进行海关估价。

第4.7条 税则归类[3]

缔约双方应当对双方货物贸易适用《商品名称及编码协调制度的国际公约》。

第4.8条 海关合作

一、缔约双方确认其承诺，将便利双方合法的货物移动，并交流提高海关技术与程序及自动化系统应用的专业技术。

二、在各自国内法律允许范围内，各方海关当局应在以下方面相互协助：

（一）本章的实施与操作；及

（二）双方同意的其他事项。

…中略…

第4.11条 处罚

各缔约方应当采用或沿用措施，允许对违反海关法律法规的行为，包括在税则归类、海关估价、原产地、享受本协定规定的优惠关税待遇等方面的违法行为，进行行政处罚，必要时追究刑事责任。

…中略…

第4.14条 货物放行

一、各缔约方应当采用或应用简化的海关程序，高效放行货物以便利双方贸易。确切而言，本款不得要求一缔约方在未能满足货物放行要求时放行货物。

二、根据第一款，各方应采用或沿用以下程序：

（一）规定在满足特定条件或要求的情况下，在货物实际到达前可预先以电子形式提交信息并进行处理，以使得货物到达后尽快放行；

（二）如进口商提交了足额和有效担保，且货物已被决定无须进一步审核、查验或提交任何其他材料，可允许进口商在符合所有进口要求之前获得货物放行；

3　可译为"품목분류"。

（三）规定货物<u>放行</u>[4]的期限不超过执行海关法及其他贸易相关法律及手续所必需的时间，并且尽可能在货物到达后48小时内放行；及

（四）允许除禁止、限制、或管制以外的货物在海关监管地点予以放行<u>自由流转</u>[5]，无须临时转入<u>仓库</u>[6]或其他设施。

4　可译为"반출하다"。
5　可译为"자유로운 유통"。
6　可译为"보세창고"。

经贸知识

自由贸易区与中韩自由贸易协定

自由贸易区（Free Trade Area），是指签订自由贸易协定的成员国（或地区）相互彻底取消商品贸易中的关税和数量限制，使商品在各成员国（或地区）之间可以自由流动，但各成员国（或地区）仍保持自己对来自非成员国（或地区）进口商品的限制政策。

截止到2021年1月，中国已经和26个国家和地区签署了19个自由贸易协定，韩国已同56个国家和地区签署自由贸易协定。中韩自贸区是中国迄今涉及国别贸易额最大、覆盖领域最全面的自贸区。中韩自由贸易协定是一项全面的合作协定，不仅包括传统的货物贸易自由化条款，还包括服务贸易条款和投资条款，以及更广泛的经济政策。在开放程度方面，根据中韩协定关税减让方案，中国零关税的产品最终将达到税目数的91%，进口额的85%；韩国最终零关税的产品将达到税目的92%，进口额的91%。

中韩自由贸易协定的签署经历了漫长的过程。2005年至2006年11月民间研究、2006年11月至2010年产官学联合研究。2012年韩国时任总统李明博访华后，双方于2012年5月启动双边自由贸易协定谈判，经14轮谈判，于2014年11月完成实质性谈判。2015年6月1日，两国政府正式签订《中韩自由贸易协定》，同年12月20日正式生效。以下为中韩FTA谈判进展过程：

2004年9月：中韩经贸部长在"东盟10+3"财长会议上就民间联合研究中韩自由贸易协定一事达成协议。

2005年—2006年：中国国务院发展研究中心（DRC）和韩国对外经济政策研究院（KIEP）开展有关中韩FTA的研究。

2006年11月17日：中韩经贸部长在亚太经济合作（APEC）高官会上就双方产官学联合研究FTA达成协议。

2007年3月22日—23日：中韩FTA产官学共同研究第一次会议在中国北京举行。

2007年7月3日—4日：中韩FTA产官学共同研究第二次会议在韩国首尔举行。

2007年10月23日—25日：中韩FTA产官学共同研究第三次会议在中国威海举行。

2008年2月18日—20日：中韩FTA产官学共同研究第四次会议在韩国济州举行。

2008年6月11日—13日：中韩FTA产官学共同研究第五次会议在中国北京举行。

2010年2月：中韩FTA产官学共同研究首席代表在中国北京达成协议。

2010年5月23日：中韩经贸部长在首尔就产官学共同研究的结束方案进行探讨。

2010年5月28日：中韩经贸部长签署关于完成产官学共同研究的谅解备忘录。

2010年9月28日—29日：中韩在北京召开有关自贸协定的第一次工作会议，就敏感问题进行协商。

2011年4月11日：中韩经贸部长在中国北京进行会谈。

2012年1月9日：中韩两国领导人就启动中韩FTA谈判达成协议。

2012年2月24日：为启动中韩FTA谈判，韩国首次进行中韩FTA听证会。

2012年3月—4月：中韩两国召开有关签署中韩FTA的工作会议。

2012年5月2日：中韩两国正式宣布启动FTA谈判。

2012年5月14日：中韩在中国北京举行第一轮FTA谈判，设立以双方首席代表为共同秘书长的贸易谈判委员会（TNC）。

2012年7月3日—5日：中韩在韩国济州岛举行韩中FTA第二轮谈判，就商品、服务、投资等领域的谈判指南进行磋商。

2012年8月22日—24日：中韩在中国威海举行FTA第三轮谈判。

2012年10月30日—11月1日：中韩在韩国庆州举行FTA第四轮谈判。

2013年4月26日—28日：中韩在中国哈尔滨举行FTA第五轮谈判，就原产地和通关手续等基本方针（modality）达成协议。

2013年6月27日：中韩两国领导人在中国北京举行首脑会谈，就签署高水平的FTA达成共识。

2013年7月2日—4日：中韩在韩国釜山举行FTA第六轮谈判，就开放水平、一般·敏感·超敏感商品比重进行磋商。

2013年9月3日—5日：中韩在中国潍坊举行FTA第七轮谈判，就"基本方针"（Modality）达成共识。中韩FTA第一阶段谈判基本完成。

2013年11月18日—22日：中韩在韩国仁川举行FTA第八轮谈判，启动第二阶段谈判。双方互换商品关税减让表，就产品的开放程度进行磋商。

2014年1月6日—10日：中韩在中国西安举行FTA第九轮谈判，互换包括超敏感产品清单在内的所有清单和商品关税减让表，就商品的开放程度进行磋商，但未能缩小意见分歧。

2014年3月17日—21日：中韩在韩国京畿道一山举行FTA第十轮谈判，双方根据在第九轮谈判上互换的包括超敏感产品清单在内的所有清单，针对各类产品进行关税谈判，但没有取得积极进展。

2014年5月26日—30日：中韩在中国四川眉山举行FTA第十一轮谈判，就竞争领域相关规则中的普通原则达成协议，商定在竞争领域进行合作。

2014年7月3日：中韩两国领导人在韩国首尔举行首脑会谈，就争取在今年年底前完成中韩FTA谈判达成一致。

2014年7月14—18日：中韩在韩国大邱举行FTA第十二轮谈判，就服务贸易、投资领域的自由化方式达成一致。

2014年9月22日—26日：中韩在中国北京举行FTA第十三轮谈判，就四个领域达成一致，但就货物贸易领域未能缩小分歧。

2014年11月6日：中韩在中国北京举行FTA第十四轮谈判。

2014年11月10日：在中国北京宣布完成实质性谈判。

2015年2月25日：中韩双方完成中韩自贸协定全部文本的草签，对协定内容进行了确认。至此，中韩自贸区谈判全部完成。

2015年6月1日：中韩两国政府正式签订《中韩自由贸易协定》。

2015年12月20日：中韩FTA正式生效。

2015年12月20日，中韩自贸协定正式生效当日，进行了第一轮降税。2016年1月1日中韩启动第二轮降税，除2015年关税已经为零的商品外，72%的韩国商品和43%的中国商品在对方获得了进一步的关税削减。韩国进口的医疗器械、机电产品等商品和中国出口的纺织材料、机械设备等商品获得了更大的关税优惠。2017年1月1日，中韩自贸协定实施第三轮产品降税，部分中韩进出口商品的关税税率按自贸协定中承诺的减让比例再次降低。经过前三轮降税，中方降税共涉及全部税目92%的产品，其中20%的产品实现零关税；韩方降税涉及全部税目93%的产品，其中50%的产品实现零关税。2018年1月1日，中韩实施了第四轮产品降税。

　　中韩自由贸易协定是一项全面的合作协定，不仅包括传统的货物贸易自由化条款，还包括服务贸易条款和投资条款，以及更广泛的经济政策，如竞争政策、知识产权、电子商务、环境、经济合作等，协定范围涵盖17个领域。

　　中韩 FTA 将发挥中韩两国间的贸易和投资潜力，对双边服务贸易将有较大的促进作用。对于中国来说，自贸协定的实施有助于中国构建开放型经济新体制，推动了国内经济的转型升级；对于韩国来说，有助于借助中国市场和资金，推动多元化发展，提振国内经济。与此同时，中韩FTA也将促进东亚生产网络的深化。

参考资料：

1．东艳，中韩自贸协定—谈了十年，终于定了，《中国报道》2015年第04期，2015年，第46～47页。

2．中国自由贸易区服务网。

3．网络资料：FTA강국, KOREA。

附录1

一般性翻译技巧索引

词的层面

句的层面

附录2

经贸翻译技巧索引

网站

合同